Pendo

1. Auflage 2007

Umschlaggestaltung: Hauptmann & Kompanie Werbeagentur,
München und Zürich
Gesetzt aus der Celeste und der GillSans
Satz: Fotosatz Reinhard Amann, Aichstetten
Druck und Bindung: GGP Media GmbH, Pößneck
Printed in Germany
ISBN 978-3-86612-133-1

www.pendo.de · www.pendo.ch

Eva Herman

Das Prinzip Arche Noah

Warum wir die Familie retten müssen

Pendo München und Zürich

Inhalt

Ein persönliches Vorwort 11

Einleitung: Alles bestens oder fünf vor zwölf? 15

1 Frauen – was sie tun können 23
Emanzipiert – welche Leitbilder uns steuern 23
Superfrauen – eine Chance? 32
Abrüstung – warum Frauen nicht mehr gegen Frauen kämpfen sollten 35
Partnerschaft – wie sie zum Problem herabgewürdigt wurde 41
Verantwortung – was Frauen in der Familie lernen können 47
Perspektiven für neue Handlungsspielräume der Frauen 53

2 Männer – die verkämpften Einzelgänger 59
Endlich Single – wie sich Männer entziehen 59
Weichei – das Phänomen verunsicherter Mann 64
Superman – warum Männer alten Mythen hinterherlaufen 71
Sprachlos – warum Männer nicht mehr diskutieren wollen 75
Perspektiven für neue Männerbilder 82

3 Kinder und Jugendliche – zwischen Ängsten und Alleinsein 87
Zukunft – ein schwarzes Loch 87
Kindheit – mal Langeweile, mal Übermutterung 90
Alkohol – aus Frust wird Lust 93
Schmerzventile – ADHS und Essstörungen 97
Angesagt – Gewalt und Sex 102
Verhängnisvoll – staatlich empfohlener Kindesmissbrauch? 107
Perspektiven für bessere Kinder- und Jugendwelten . . . 110

4 Familie – ein Auslaufmodell? 115
Patchwork – wie sich die Familienstrukturen verändern 115
Scheidungskinder – die ewigen Probleme 119
Alleinerziehende – warum sie es besonders schwer haben 123
Generationenzusammenhalt – alles bröckelt 133
Solidarität – wie sie uns abhandenkam 139
Perspektiven einer neuen Familienkultur 143

5 Bildung – der Zugriff des Staates 149
Windelalarm – was die Kleinsten lernen sollen 149
Qualität – ein Begriff ohne Debatte 159
Erziehung – Leistung statt Wertevermittlung? 170
Wegorganisiert – die Tendenz zum Tagesinternat 176
Perspektiven für neue Erziehungskonzepte 182

6 Familienpolitik – die momentanen Weichenstellungen . 187
Gender-Mainstreaming – die Karriere eines Kampfbegriffs 187
Familienpolitik – die Ziele des Staates 192
Rechtlos – Kinderrechte und Verfassung 198
Eingriffe – die Lufthoheit über den Kinderbetten 200
Soziale Schieflagen – das Wahlkampfthema 203
Perspektiven für mehr Familiengerechtigkeit 206

7 Gemeinsinn – eine vergessene Tugend 211
Egotrip – ich will alles! 211
Eiszeit – wie wir unser Umfeld aus dem Blick verlieren . 214
Voll geil – schnelle Kicks statt Nachhaltigkeit 218
Bindung – warum sie so wichtig ist 221
Perspektiven für ein verantwortungsvolles Miteinander . 226

Nachwort 229

Anmerkungen 239
Literatur 243
Danksagung 245
Schlussbemerkung 247

Ein persönliches Vorwort

Unsere Taten müssen vor allem ein Ausdruck der Freiheit sein, sonst gleichen wir Rädern, die sich drehen, weil sie von außen dazu gezwungen werden.

Mark Twain

Vor einem Jahr wurde das *Eva-Prinzip* veröffentlicht. Was ich zu diesem Zeitpunkt noch nicht wusste: Es sollte eines der umstrittensten und am heißesten diskutierten Bücher der Gegenwart werden. Es wurde darin ein bisher gut bewachtes Tabu gebrochen, nämlich, dass die Vereinbarkeit von Beruf und Familie eine mühelose Angelegenheit sei, welche die moderne Frau heute ohne Schwierigkeiten und persönliche Einbußen hinbekommt. Die hier vertretenen Standpunkte mussten manche Frauen unvermittelt getroffen haben wie der berühmte Blitz aus heiterem Himmel. Denn die jahrelang zu einer der beliebtesten Nachrichtenfrauen Deutschlands gewählte Moderatorin rechnete offenbar mit ihren Karrieregenossinnen ab. Sie ignorierte dabei den jahrhundertelang andauernden Leidensweg unterdrückter Frauen, und sie trat die Errungenschaften der Moderne mit Füßen, so schien es. Manche sprachen vom Saulus, der zum Paulus wurde, andere warfen mir Inkonsequenz und Geschäftemacherei vor.

Viele dieser Reaktionen sind weitgehend verständlich. Denn die Aufregung war riesig, wurde durch die Diskussion doch deutlich, mit welchen Problemen sich Frauen heute wirklich herumplagen müssen, die den Beruf gegen das Mutterdasein eintauschen oder dieses vereinbaren möchten. So traten die tief sitzenden Ängste zutage, die das Gründen einer Familie häufig unmöglich machen, und damit auch die Motive, warum sehnlichst erwünschte Kinder zunehmend seltener geboren werden. Immer klarer wurde, dass wir vor einigen Jahrzehnten einen ausgesprochen schwierigen Weg eingeschlagen hatten, der lange Zeit jedoch alleine als der richtige angesehen wurde, denn er galt als fortschrittlich und modern. Es wurde offensichtlich, dass all die gepriesenen Errungenschaften der Frauen in Wirklichkeit oftmals schwere Bürden waren, für einige kaum zu bewältigen. Und diese Einsicht brachte zunächst einmal alle möglichen Kritiker auf den Plan, die derartige Erkenntnisse am liebsten in einen großen Sack gestopft und zum Mond geschossen hätten. Darüber sprach man bisher nicht, und das war auch fürderhin nicht nötig!

Nach dem Erscheinen des *Eva-Prinzips* sah ich mich einigen Erklärungszwängen ausgesetzt. Natürlich befriedigt es die Frau von heute, einen interessanten Beruf zu erlernen und auszuüben. Und das sollte auch jede Frau tun, gar keine Frage. Ich habe niemals gefordert, dass Frauen an den Herd zurück müssten. Mir geht es darum, neu über die Familie nachzudenken. Vielleicht ist das ein Weg, dieses für alle wichtige Thema neu zu bedenken.

Anscheinend ist es schwer, zusammenhängend zu erkennen, welche fatalen Auswirkungen diese von uns als emanzipiert propagierte Lebensweise einst bringen wird. Aber was ist, wenn wir am Ende nicht mehr in der Lage sind, als empfindende Menschen miteinander zu sprechen, sondern lediglich als Mitglieder einer Leistungsgesellschaft zu argumentieren, für die Gewinnmaximierung und Kostensenkung die wahren Lebensschienen sind? Sollten wir nicht erkennen, dass das »Humankapital«, also wir, die Menschen, häufig nur als ökonomisch brauchbares Allgemeingut dienen, die willig den Forderungen von Industrie, Wirtschaft und Politik nachkommen? Kann das unser Ziel sein? Sind wir denn wirklich glücklicher und stabiler geworden?

Auch für dieses Buch stelle ich mich, wie in der Vergangenheit, gern wieder meinen Kritikern. Doch wünsche ich mir weniger persönliche Angriffe und mehr Sachlichkeit, bei allem Verständnis für die Emotionen der Einzelnen. Es gibt nicht den Königsweg, den man einschlagen kann, das Patentrezept, das alle Missstände wie von Zauberhand beseitigt. Doch ohne Frage muss es dabei immer um das gehen, was man heute Sozialkompetenz nennt: die Fähigkeit, emotional echt und verantwortungsvoll mit seinen Mitmenschen umzugehen, Gefühle zu zeigen und zu leben. Dazu gehört auch, Empfindungen für andere zuzulassen, den Beziehungen und Bindungen untereinander wieder Vorrang einzuräumen gegenüber den wirtschaftlichen Interessen; die Familie erneut in den Mittelpunkt zu stellen, anstatt sie wegzuorganisieren.

Vor einiger Zeit sah ich die Abbildung eines gewaltigen Schiffs. Es war eine Illustration zur biblischen Geschichte der Arche Noah. Sofort dachte ich: Das ist es. Es geht auch heute ums Überleben. Unsere Gesellschaft ist bedroht – wenn auch nicht durch eine Katastrophe, die binnen weniger Stunden alles Leben verschlingt, sondern durch langsame Zersetzungsprozesse, die auf Dauer unsere Lebensgrundlagen zerstören werden. Wo aber finden wir heute Rettung? Welche Arche Noah steht bereit, um uns Zuflucht zu geben?

Die Antwort, eine der vielen Antworten lautet: Auch die Familie kann eine Arche Noah sein, ein sicheres Schiff mit einer Zukunft, die uns ein Überleben garantiert. Wenn wir sie denn wertschätzen. In der Familie entscheidet sich, wie unsere Kinder die Welt sehen und auf ihre kommenden Herausforderungen reagieren. Wie Jugendliche mit ihren Unsicherheiten und Ängsten aufgefangen werden können. Und wie nicht zuletzt auch die Partner ihr Zusammenleben gestalten. Viel zu lange haben wir uns im Namen des Individualismus losgelöst von der Familie betrachtet. Als Einzelgänger und Einzelkämpfer.

Wenn ich mein Umfeld beobachte, dann wird mir immer mehr bewusst, dass unsere Zukunft wesentlich davon abhängt, ob wir es schaffen, eine neue Familienkultur zu entdecken. Ein System des Vertrauens und der Verlässlichkeit, ein Netz der Verantwortung und der Nachhaltigkeit, eine Welt der Liebe. Sie ist die Basis für ein menschenwürdiges und verantwortungsvolles Zusammenleben auch außerhalb der Familie.

Lange hielten wir sie für selbstverständlich und haben uns nicht weiter um sie gekümmert. Jetzt liegt sie in Trümmern. Zurück bleiben vereinzelte Beziehungsversehrte, zurück bleiben Kinder, die zu wenige feste Bezugspersonen haben, zurück bleiben auch alte Menschen, die irgendwo einsam auf den Tod warten.

Willkommen also auf der Arche Noah. Sie ist ein Bild, keine Theorie. Im Lauf des Buches möchte ich zeigen, wie wir ihr Überlebensprinzip verstehen und anwenden können. Mit vielen Beispielen. Und ich hoffe, dass meine Vorschläge zumindest angehört werden, jenseits von allen Grabenkämpfen.

Hamburg, August 2007 — Eva Herman

Einleitung

Alles bestens oder fünf vor zwölf?

Erst allmählich zeigt sich nun, dass die säkularisierte Emanzipation und das ungebremste Streben nach immer neuem Fortschritt, nach Befriedigung der ständig zunehmenden Erwartungen und nach wachsender Macht – immer größer, immer weiter, immer höher –, dass dies alles zu Sinn-Armut, Vereinsamung und Entfremdung führt.

Marion Gräfin von Dönhoff

Ein Junge dringt bewaffnet in seine Schule ein und richtet Mitschüler und Lehrer mitleidlos hin. Entsetzt stehen wir vor der brutalen Wirklichkeit und fragen uns nach den Ursachen. Eine Mutter überlässt ihre vier halbwüchsigen Kinder ein Jahr lang sich selbst in einer völlig verdreckten, verwahrlosten Wohnung. Wir sind fassungslos! Ein Stiefvater missbraucht das zweijährige Kind seiner Lebensgefährtin, mit Wissen der Mutter, anschließend tötet er es; und der Ehemann einer Tagesmutter vergeht sich im Laufe weniger Jahre an neunzehn Kindern.

Keine Sprache der Welt hat dafür Worte!

Dies sind Vorfälle, die uns zutiefst schockieren. Vorfälle, wie sie in der täglichen Berichterstattung jedoch fast schon zu unserer Alltagswahrnehmung gehören. Es sind Ereignisse, bei denen wir oft gar nicht in der Lage sind, sie zu bewerten: Handelt es sich nun schlicht um menschliches Versagen, wie es immer schon in der Geschichte des *Homo sapiens* vorgekommen ist und auch stets wieder passieren wird? Oder sind dies ernst zu nehmende Alarmzeichen? Signale dafür, dass etwas nicht stimmt im Wohlstandsstaat Deutschland?

Schlagzeilen haben ihre eigene Realität. Sie spielen Tragödien zu Sensationen hoch, über die wir alle miteinander diskutieren, am Arbeitsplatz, beim Friseur, zu Hause. Sie sind mediales Entertainment geworden, flimmern allabendlich in unsere Wohnstuben, gehören für kurze Zeit zu unserer Wirklichkeit, befriedigen die Lust am Zuschauen, bedienen den Voyeurismus. »Wie schrecklich«, sagen wir mit gruseligem Erschauern. Danach geht man zur Tagesordnung über.

»Alles bestens«, beruhigen wir uns, »solche Dinge spielen sich zum Glück woanders ab.« Scheinbar. Denn in Wirklichkeit ereignen sie sich Tür an Tür mit unserem eigenen Leben, diese Unglücke, Schicksale und Katastrophen. Wir lassen sie lediglich nicht zu nah an uns heran, weil wir hoffen, verschont zu bleiben von den beunruhigenden Ereignissen. Und wollen oft nicht wahrhaben, dass jeder Einzelne von uns ein verantwortlicher Teil einer Gesellschaft ist, die zu den reichsten der Erde gehört und es dennoch nicht schafft, eklatante Missstände in den Griff zu bekommen.

Panikmache? Ja, dieses Argument verwenden viele nur allzu gern. Nach all den vielen dramatischen Schilderungen in der Tagespresse vergeht uns allmählich die Lust, uns wieder aufzuregen, erneut mitzufühlen und uns abermals hineinzudenken in das traurige Leben anderer Menschen. Wir gewöhnen uns an das Elend.

Die Statistiken jedoch sprechen eine eindeutige Sprache: Unsere Gesellschaft befindet sich im Umbruch. Dazu gehört der demografische Wandel mit erschreckend wenigen Geburten und einer immer älter werdenden Bevölkerung, dazu gehört aber auch ein beklemmender Anstieg von Kinderarmut und -verwahrlosung sowie Jugendkriminalität. Viele junge Menschen flüchten angesichts der vielschichtigen gesellschaftlichen Probleme in Einsamkeit und Depression, andere in Gewalt oder Drogenwelten. Und es drängt sich die Frage auf: Sind wir überhaupt gewappnet für das, was auf uns zukommt? Sind wir darauf vorbereitet, dass wir uns in Zukunft in einer sich auflösenden Gesellschaft orientieren müssen? Haben wir die Kraft, die Einsicht und die Fantasie, zu ändern, was uns bedroht?

Als ich vor einiger Zeit in einem Taxi in Frankfurt unterwegs war, begann der Fahrer plötzlich unaufgefordert mit mir über seinen beruflichen Alltag zu sprechen. Ihn grause es inzwischen vor den nächtlichen Wochenendfahrten, berichtete er. Das Bild, welches die Jugendlichen am späten Abend böten, sei verheerend und erschreckend. So habe er es nicht selten erlebt, dass halb besinnungslose junge Frauen von anderen Jugendlichen in sein Fahrzeug gelegt worden seien. Diese flohen dann, während er verzweifelt auf der Suche nach einer Adresse gewesen sei. Die volltrunkenen Mädchen seien oft nicht mehr in der Lage zu sprechen oder sich zu artikulieren. Eine »soziale Entkoppelung« der jungen Generation erfahre er täglich bei seiner Arbeit. Woran das liege und welche Ursachen diese dramatische Veränderung wohl habe?, fragte ich ihn. Seine kurze Antwort, die in drei Worten die kalte, nüchterne Wahrheit formulierte, ließ mich erschauern: »Sie sind ungeliebt!«

Der Überbringer der schlechten Nachricht ist traditionell derjenige, dem die Kritik gilt. Das habe ich selber erfahren. Als ich mit meinem Buch *Das Eva-Prinzip* den Finger in die Wunde legte und unbequeme Fragen stellte nach den Folgen der Emanzipation und dem Zustand unserer Familien, war die Empörung bekanntermaßen groß. Doch es gab auch viele, die dankbar waren. Die ebenso wie ich ein tiefes Unbehagen spürten darüber, wie sich unser Leben verändert hat. Die zweifelten, ob man es als Fortschritt bezeichnen kann, wenn immer mehr Familien zerfallen, immer mehr Menschen als Singles leben, immer mehr Frauen zerbrechen an den Anforderungen, die an sie gestellt werden, wenn immer mehr Kindern die liebevolle Bindung innerhalb der Familie verweigert wird.

Auf meinen vielen Lesungen sind mir Menschen begegnet, die meine Sicht teilten, die aber auch ratlos waren und mich fragten: Was können wir denn jetzt tun? Was können wir verändern? Welche Möglichkeiten haben wir?

Ich bin zutiefst davon überzeugt, dass wir alle etwas verändern können. Die Bedingung ist allerdings, dass wir uns einer schonungslosen Bestandsaufnahme stellen. Das hat nichts mit Hysterie oder Panikmache zu tun. Wir müssen nur bereit sein, genauer hinzusehen: Leben wir so, wie wir es uns einmal erträumten? Haben wir die unerschütterlichen Beziehungen, die uns über Höhen und Tiefen hinwegbegleiten und stützen? Sind wir offen für unser Umfeld, interessiert es uns, wie es unserer Familie, unseren Freunden, unseren Nachbarn geht? Oder stecken wir den Kopf in den Sand und hoffen, dass alles schon irgendwie wieder ins Lot gerät?

Wenn ein menschenwürdiges und erfülltes Zusammenleben gefährdet ist, können wir nicht länger so tun, als hätten wir es mit bedauerlichen Einzelfällen zu tun. Der Amoklauf von Erfurt, die jüngsten erschütternden Fälle von Kindesmisshandlung und -vernachlässigung, die Gewaltausbrüche an Schulen und die überfüllten Jugendgefängnisse sind ein deutliches Zeichen dafür, dass wir nicht mehr auf staatliche Eingriffe warten können, die diese Fehlentwicklungen korrigieren.

Die Zeit des bangen Beobachtens und Abwartens ist vorbei. Nicht länger können wir die Verantwortung an andere delegieren.

Jedes Mal, wenn eine grausame Tat bekannt wird, ein Mord, eine Kindesvergewaltigung, ein Fall von Jugendkriminalität, wird nach Instanzen gerufen. Nach dem Jugendamt, nach der Polizei, nach einer härter durchgreifenden Justiz, nach mehr staatlicher Kontrolle. Und jedes Mal frage ich mich: Wo war die Familie? Wo waren die Mütter und Väter, die Großeltern, die Geschwister? Wo die Nachbarn, die Freunde, Lehrer? Warum haben sie nicht bemerkt, was da vor sich ging? Wieso haben sie sich nicht eingemischt, sich engagiert? Warum ist den Erziehern, den Lehrern, den Ärzten nichts aufgefallen?

Das große Schweigen umgibt die vielen schrecklichen Fälle von Gewalt und Vernachlässigung, die uns immer wieder aufwühlen, sofern wir davon hören oder lesen. Doch niemand will selbst hineingezogen werden in die täglichen Tragödien und noch weniger wird eingegriffen.

Da ist das Kleinkind, das an der Supermarktkasse quengelt und von seiner Mutter geohrfeigt wird – vor schweigendem Publikum. Da ist die Erstklässlerin, die nie ein Schulbrot dabei hat und trotz einer fiebrigen Bronchitis zur Schule geschickt wird – die Lehrer schweigen. Da ist der torkelnde Jugendliche, der in der S-Bahn eine alte Frau belästigt – die anderen Fahrgäste sehen aus dem Fenster.

Da sind die verzweifelten Kinderschreie aus der Nachbarwohnung, die nicht enden wollen – niemand klingelt oder ruft die Polizei.

Solche Beispiele könnte man beliebig fortsetzen. Was uns verloren ging, ist nicht nur Zivilcourage, es ist schlicht das Interesse an unserem Nächsten, den Mitmenschen. Ängstliche Bequemlichkeit macht sich breit. Jeder zieht sich in seine Einzelzelle zurück und behauptet, ihn ginge all das nichts an. Dabei ist das Gegenteil der Fall. Niemand von uns lebt auf einer Insel. Auch wenn wir die Gesellschaft als anonym und unüberschaubar erleben, sind wir doch unmittelbar mit ihren Entwicklungen konfrontiert.

Eltern wissen das schon lange. Sie können ihr Kind noch so gut erziehen und vor schlechten Einflüssen schützen wollen – wenn auf dem Schulhof Vergewaltigungsvideos auf den Handys die Runde machen, müssen sie das hilflos hinnehmen. Wenn ihre Kinder auf dem Schulweg von aggressionsbereiten Jugendlichen bedroht, erpresst, zusammengeschlagen oder bestohlen werden, sind sie machtlos. Wenn sie ihren Kindern Werte mit auf den Lebensweg geben, die die Kinder weder in der Schule noch in den Medienwelten wiederfinden, wird ihr Einfluss schwächer werden.

Doch Resignation allein genügt nicht mehr. Es geht um unser Überleben. Das mag vielleicht pathetisch klingen. Doch wenn wir uns und unseren Kindern keine lebenswerte Welt mehr einrichten können, stoßen wir an die Grenzen unserer Existenz, dann sind wir verloren. Wie können wir noch optimistisch in die Zukunft sehen, wenn doch alles dagegen spricht, dass ihre Bedingungen dazu angetan sind, Glück, Bindung und Dauerhaftigkeit zu schaffen? Dabei geht es nicht um Einzelne, die im letzten Augenblick noch einmal davonkommen, es geht um den Fortbestand des Lebens überhaupt, um Hoffnung und Zukunft.

Noah und seine Familie bauen die Arche gemeinsam, sie wissen um die bestehende Gefahr und tun alles, um dieser zu begegnen. Sie machen das solidarisch: Jeder legt mit Hand an, keiner drückt sich vor der Arbeit. Es ist ein riesiges Projekt, und es dauert lange, bis das Schiff fertig ist. Das Gelingen hängt vom Individuum ab, von der Tatkraft und dem Engagement des Einzelnen.

Mir scheint das Bild der Arche Noah heute aktueller denn je zu sein. Denn es ist ein Bild der Hoffnung, nicht der Panik. Es ist die Vorstellung von einem Handlungsprinzip, das der drohenden Katastrophe ganz konkret etwas entgegensetzt. Mit Ruhe, Ausdauer und Überlegenheit. Und mit einem ganz festen Ziel: zu überleben!

Wir alle können an der Arche Noah mitarbeiten. Und wir können andere mit in die Arche ziehen. Diejenigen, die nicht einsichtig sein wollten und deswegen die Gefahr nicht erkannten, überlebten die biblische Sintflut nicht.

Im Gegensatz zu der alttestamentarischen Katastrophe einer tödlichen Überschwemmung zeigt sich die Bedrohung heute in vielen kleineren und größeren Katastrophen. Doch in der Summe wirken sie nicht weniger vernichtend. Es beginnt damit, dass Kinder nicht mehr unbeaufsichtigt spielen können, weil es zu gefährlich ist. Dass an manchen Schulen schon kein Unterricht mehr möglich ist, der die Chance auf eine verlässliche berufliche Perspektive gibt. Dass Gewalt zur alltäglichen Erfahrung gehört. Dass die Verrohung der Sexualität unter Jugendlichen das Entstehen von dauerhaften und zärtlichen Bindungen zerstört. Dass Familien keinen Zusammenhalt mehr erfahren, weil Eltern, Kinder und Großeltern getrennt werden, die einen sind bei der Arbeit, die anderen in Betreuungseinrichtungen, die Alten in Heimen. Wer diese Beobachtungen für hysterische Übertreibung hält, verschließt sich den tatsächlichen Entwicklungen.

Die Geschichte von der Arche Noah enthält aber auch noch einen anderen, mindestens ebenso wichtigen Aspekt: Er ist auch ein Appell. Wir haben viel zu lange gekämpft. Im Geschlechterkrieg traten Frauen und Männer gegeneinander an, mittlerweile streiten Frauen mit Frauen um den »wahren Feminismus«. Die Fronten sind deutlich: Hausfrauen gegen Berufstätige, Kinderlose gegen Mütter.

Die Diskussionen sind natürlich wichtig und notwendig, und wir müssen sie weiterführen. Doch oft erscheint es mir heute so, dass wir im Toben der Kämpfe die Inhalte völlig aus dem Blick verlieren. Wie in einem realen Krieg, der ursprünglich aus völlig anderen Gründen entfacht wurde, als die Handlungen sich dann später entwickelten. Immer neue Nebenkriegsschauplätze werden eröffnet, die mit dem anfänglichen Motiv an sich kaum noch etwas zu tun haben.

Ein eindringliches Beispiel dafür ist die Debatte um das Frauenbild. Da bekriegten sich in den vergangenen Monaten aufgebrachte Frauen, beleidigten einander und griffen auch mich heftig an. Mit keinem Wort aber erwähnten sie das, worum es mir in Wirklichkeit immer gegangen ist: um das Wohl und den Schutz unserer Kinder und die fehlende Weiblichkeit in unserer Gesellschaft als den wichtigsten Motor für das Familienglück.

Wir können es uns nicht mehr leisten, einander zu attackieren und unsere Kräfte aufzureiben. Dafür sind die Probleme, mit denen wir es zu tun haben, viel zu ernst. Warum setzen wir uns nicht – bildlich gesprochen – alle an einen Tisch und überlegen, wo wir ansetzen können und müssen, um aktiv zu werden und erfolgreichere Entscheidungen zu treffen als bisher? Warum werden Zeit und Energie damit verschleudert, das neumodische Gender-Mainstreaming, also den politischen Vorsatz zur Gleichmacherei der beiden Geschlechter, voranzutreiben und damit die Freiheit von Mann und Frau weiter zu belasten, statt uns um die Not derer zu kümmern, für die solche Überlegungen Luxusprobleme sind?

Eine Veränderung und Verbesserung unserer Lebensumstände ist keine Frage von Ideologien, sondern von Werten. Sie zu formulieren und ihre Umsetzung zu ermöglichen, muss das oberste Ziel sein. Wer also in diesem Buch eine Streitschrift erwartet, eine schäumende Antwort auf meine Kritiker und einen munteren Gegenangriff, den muss ich enttäuschen. Stattdessen plädiere ich für die Abrüstung unserer Debatten. Es geht nicht um Rechthaberei, sondern um die Diagnosen und die Therapien, die wir so dringend benötigen.

I

Frauen – was sie tun können

Eine Frau hat das Recht, einen eigenen Beruf zu haben, selbstständig zu sein und Geld zu verdienen. Aber wenn sie Kinder bekommt, so sollte sie diese so lieben, dass sie mit ihnen zumindest die ersten Jahre verbringt. Sie sollte nicht denken: ›Was für eine Schande, dass ich jetzt an die Kinder gebunden bin.‹

Astrid Lindgren

Emanzipiert – welche Leitbilder uns steuern

Noch vor etwa eineinhalb Jahren hätte es wohl kaum jemand für möglich gehalten, dass über die Rolle der Frau wieder so erbittert gestritten werden könnte. Landauf, landab wird diskutiert, und das ausgerechnet über ein Thema, das längst abgehakt schien: Wie wollen Frauen heute leben? Welche Wünsche, welche Ziele haben sie? Wo suchen – und wo finden – sie ihr Lebensglück?

Solche Fragen überhaupt zu stellen, hielten manche für rückständig, andere aber atmeten auf: Endlich war ein Tabu gebrochen. Denn die Errungenschaften der Emanzipation überhaupt auf den Prüfstand zu stellen, empfanden einige schon als Verrat, auch wenn es sich um eine überfällige Debatte handelt. Denn so klar wie die Gleichstellungsbemühungen der vergangenen Jahrzehnte auch gesiegt haben mochten, so unklar waren ihre Auswirkungen für die Lebenswirklichkeit der Frauen. Die leidenschaftlichen Gefühle, die nicht zuletzt auch durch meine Thesen ausgelöst wurden, kamen nicht von ungefähr. Es schien so, als sei ein besonders empfindlicher Nerv berührt worden. Was war da geschehen?

Jede Theorie, die in die Jahre kommt, läuft Gefahr, sich irgendwann zur Ideologie zu verfestigen. Das betrifft auch den Feminismus. Ideologien haben den Nachteil, dass man sich ihnen ohne Einschränkungen anschließen muss, ohne Wenn und Aber. Für unterschiedliche Ansichten bleibt wenig Raum. Und noch weniger darf darüber nachgedacht werden, ob die Ideologie Nebenwirkungen haben könnte, die so nicht beabsichtigt waren. Die vielleicht sogar das Gegenteil bewirkten von dem, was einst erklärtes Ziel der Theorie gewesen war: freie, glückliche Lebensformen für Frauen.

Und so war meine Frage, ob die Emanzipation der Frauen zu Anfang des 21. Jahrhunderts vielleicht mehr Schaden als Nutzen gebracht hatte, für die Anhängerinnen des Feminismus bereits Frevel genug. Wer vorsichtig am Glanz der Bewegung kratzte, galt als Nestbeschmutzerin. Wahr ist: Der Feminismus hat sicherlich Verdienste, die nicht wegzudiskutieren sind. Unterdrückung, Missachtung und Versklavung von Frauen sind in unseren westlichen Demokratien ein Straftatbestand. Die Rechte der Frauen sind eine wichtige Errungenschaft, ihr Schutz durch Gesetze ein Meilenstein der modernen Gesellschaft. Prinzipiell können Frauen heute dasselbe tun wie Männer, sie haben Zugang zu allen Ausbildungseinrichtungen, sie können jeden Beruf ergreifen, sie werden auch als alleinstehende Frauen nicht mehr geächtet, sind kein Freiwild mehr.

All das ist ohne Frage ein Fortschritt, der noch deutlicher hervortritt, wenn wir die skandalöse Situation von Frauen in manch anderen Kulturen betrachten – mit erniedrigenden Gepflogenheiten wie der Zwangsverheiratung, der Zwangsbeschneidung, der sozialen Isolation durch rücksichtslose Patriarchen und einer weitgehenden Rechtlosigkeit. So verlieren in vielen islamischen Staaten Frauen mit der Scheidung auch automatisch ihre Kinder, was sie zumeist in bedrückenden familiären Verhältnissen ausharren lässt. All das ist bei uns zum Glück undenkbar, und wir Frauen können froh sein, dass über unsere Rechte gewacht wird und dass wir die Freiheit haben, über unser Leben selbst zu entscheiden.

Andererseits sind mit der neuen Freiheit auch neue Konflikte aufgetaucht. Viele Frauen stehen angesichts der unüberschaubaren Möglichkeiten eher ratlos da und sind unsicher, welche Prioritäten sie setzen sollen. Der Markt der Angebote ist verwirrend vielfältig:

berufstätiger Single? Ehefrau und Hausfrau? Hausfrau und Mutter? Berufstätige Mutter und Ehefrau? Alleinerziehend und berufstätig? Ein Blick auf die Ratgeberliteratur einer beliebigen gut sortierten Buchhandlung zeigt, wo heute die Mängel liegen. Noch vor einigen Jahren überwogen die Bücher, die mehr Erfolg im Beruf versprachen, auch und gerade für Frauen. Mittlerweile hat sich das Bild verändert: Bücher über »Glücksformeln« und andere Untersuchungen über das Seelenheil stürmen die Bestsellerlisten, Beziehungsratgeber und Anleitungen für beständige Partnerschaften boomen.

Offensichtlich haben wir heute die größten Schwierigkeiten, unser persönliches Lebensglück zu finden. Und ebenso offensichtlich haben die Leitlinien des Feminismus wenig daran ändern können, dass viele Frauen heute unzufrieden oder sogar unglücklich sind. Sie sind tief darüber verunsichert, welchen Stellenwert ihr Frausein in der Gesellschaft hat, welche weiblichen Eigenschaften und Fähigkeiten ihnen zugestanden werden, was ihre spezifisch weibliche Variante sein könnte. Viele ziehen jetzt Bilanz. Auf der »Habenseite« stehen finanzielle Unabhängigkeit, Selbstverwirklichung, gesellschaftliche Anerkennung und wachsendes Selbstbewusstsein, vor allem durch die Berufstätigkeit. Doch es gibt auch eine »Sollseite«: flüchtige Partnerbeziehungen, Kinderlosigkeit, ein hektisches Familienleben, Stress, zu wenig Verlässlichkeit und Beständigkeit sowohl im Berufsleben als auch im Privatbereich. Und von der »Würde der Frau« spricht außerhalb der Kirche schon lange niemand mehr. Gewinn und Verlust also – aber wo liegt der Königsweg?

So begeistert auch viele Frauen im Namen der Emanzipation ein eigenständiges Leben gewählt hatten, immer mehr von ihnen gestehen in stillen Momenten ein, dass die Wirklichkeit wenig mit den kühnen Zielen und Wünschen von einst zu tun hat. Wenn sie denn den Mut haben, innezuhalten und selbstkritisch zu betrachten, ob ihre Lebensform ihnen Zufriedenheit gebracht hat. Sie spüren eine Sehnsucht, die sie sich oft gleich wieder verbieten, weil diese nach einer »Rolle rückwärts« klingt: eine feste Partnerbeziehung, die auch Krisen und Belastungen aushält, Kinder, zu denen sie eine feste Bindung aufbauen können, Zeit für Menschen, die ihnen nahestehen.

All das war durch den Feminismus als altmodisch gebrandmarkt worden. So wie Weiblichkeit überhaupt. Frauen, die äußerlich weiblich auftreten, wird noch immer vorgeworfen, sich zu weibchenhaften Objekten zu machen, Frauen, die Empathie und Mütterlichkeit zu ihrem Lebensprinzip machen, gelten als sentimental, wenn nicht gleich als Verliererinnen. Maskulines Auftreten und emotionale Härte dagegen erscheinen als einzige Konsequenz, wenn man es ernst meint mit der Emanzipation. Und so finden sich viele Frauen in einer widersprüchlichen Situation wieder: Ausgerechnet die Leitlinien des Feminismus drängen sie dazu, ihr Frausein zu verleugnen.

Durch Zufall lernte ich auf einer Leseveranstaltung eine Frau von etwa fünfzig Jahren kennen, die im gehobenen Management eines großen Versicherungskonzerns arbeitet. Sie ist genau das, was wir uns heute unter einer Karrierefrau vorstellen, eine, die es geschafft hat, eine Vorzeigefrau für jede Feministin. Stufe für Stufe war sie auf der Karriereleiter hinaufgeklettert und jetzt verantwortlich für Hunderte von Mitarbeitern. Besonders zufrieden wirkte sie allerdings nicht. Als wir uns eine Weile unterhalten hatten, fragte ich sie, ob sie ihren Erfolg auch als Erfolg des Feminismus betrachtete. Sie dachte eine Weile nach. Dann sagte sie: »Ja, schon. Doch genau das ist das Fatale daran.« Ich horchte auf. Warum das?

Ihre Antwort geriet zu einer bestürzenden Lebensbilanz. »Dieser Feminismus hat uns Frauen und auch den Männern eingeredet, Frauen seien im Grunde wie Männer«, stellte sie fest. »Oder vielmehr: Frauen müssten wie Männer sein. Also trat ich betont männlich auf: von den dunklen Hosenanzügen bis zum dominanten Gehabe, das ich mir bei den erfolgreichen Kollegen abschaute. Und es hat lange gedauert, bis mir klar wurde, dass ich in Wirklichkeit ganz anders bin. Um ehrlich zu sein: Ich habe mich total verbiegen müssen. Ich tue so, als ob ich cool sei, immer stark, immer effizient. Gefühle werden als unprofessionell abgewertet, also verdränge ich meine Gefühle im Job. Ich darf keine Enttäuschung zeigen, keine Überforderung, nicht mal Mitleid, wenn bei einem Kollegen was schiefläuft. Das ist das Schreckliche: Ich darf nicht authentisch sein.«

Wie sie das aushalte, wollte ich wissen. »Manchmal schließe ich mich in meinem Büro ein und heule heimlich«, bekannte sie. Danach spiele ich wieder die Coole. Total schizophren. Die Emanzipation hat leider nicht dazu geführt, dass Frauen Frauen sein dürfen, stattdessen müssen sie sich gnadenlos anpassen. Auch ich. Abends bin ich völlig fertig von dieser Schauspielerei. Ich hänge nur noch vor dem Fernseher und esse, esse, esse. Und obwohl ich gut verdiene und unabhängig bin, empfinde ich mich eigentlich als eine Sklavin dieser Männerwelt. Freiheit ist das in meinen Augen jedenfalls nicht. Und für eine Familie hat's auch nicht gereicht. Leider.«

Nicht nur bei dieser Vorzeigefrau wird der vermeintliche Sieg über typisch weibliches Verhalten zum Bumerang. Denn die Wirklichkeit hat in der Tat wenig gemeinsam mit dem Bild der »befreiten Frau«. Symptomatisch dafür ist nicht nur das Heer der neuen, vielfach einsamen Singlefrauen, sondern auch die Doppelbelastung durch Familie und Beruf, die weit anstrengender ist, als oft zugegeben wird. Die Folgen sind mittlerweile auch in den medizinischen Statistiken ablesbar. War etwa der Herzinfarkt viele Jahrzehnte lang eine männliche Domäne, so sind heute zunehmend auch Frauen davon betroffen. Viele stressbedingte Krankheiten wie Herz-Kreislauf-Beschwerden, Magenleiden, chronische Kopfschmerzen und Depressionen plagen immer mehr Frauen.

In diesem Zusammenhang steht auch die Beobachtung, dass Frauen in höheren Positionen ein größeres Alkoholproblem haben als Männer, weil die Belastungen der überwiegend männlich geprägten Arbeitswelt offenbar übermächtig sind und nach Ventilen verlangen. Die Ergebnisse einer Studie von 2004 über gesundheitliche Risiken von Frauen in Führungspositionen, durchgeführt von den englischen Psychologen Jennifer Head und Stephen A. Stansfeld und dem Medizinsoziologen Johannes Siegrist an der Universität Düsseldorf sprechen eine deutliche Sprache: »Frauen in Führungspositionen neigen zu Alkohol«, heißt es da, »der Konkurrenzkampf mit den Männern lässt die Frauen zur Flasche greifen«, oder: »Gestresste Frauen greifen zum Alkohol.«[1]

Für diese Untersuchung waren in den Jahren 1991 bis 1993 rund

8000 Regierungsmitarbeiter aus zwanzig verschiedenen Londoner Dienststellen unter anderem zu ihrem Umgang mit Alkohol befragt worden. Etwa ein Drittel der befragten Mitarbeiter waren Frauen. Bei der Auswertung der Daten zeigte sich, dass die Häufigkeit von Alkoholproblemen bei den Frauen mit ihrer hierarchischen Position anstieg: Frauen auf der untersten Ebene – wie Sekretärinnen oder Büroangestellte – waren nur zu vier Prozent alkoholabhängig. Auf den obersten Rängen, etwa bei den Abteilungsleiterinnen, fand man dagegen zu 14 Prozent Alkoholabhängigkeit. Im Gegensatz dazu betrug die Häufigkeit bei den Männern auf allen Ebenen zehn bis zwölf Prozent.

Erschütternde Zahlen. Der Druck ist hoch, ihm standzuhalten, zumal wenn gleichzeitig eine Familie zu versorgen ist, scheint nicht nur Opfer zu verlangen, sondern zuweilen sogar in die Selbstzerstörung zu führen.

Eine Psychologin erzählte vor einiger Zeit, dass die meisten ihrer Klientinnen Probleme mit ihrem Selbstwertgefühl hätten – und das betreffe interessanterweise weniger die Hausfrauen, die ja keine große Anerkennung in unserer Gesellschaft genießen, sondern gerade berufstätige Frauen. »Sie kauen an den Nägeln, sie leiden an Essstörungen, viele verletzen sich heimlich mit Messern und Scheren«, erzählte sie. »Es ist schlimm, wenn man ihnen zuhört: Nie sind sie mit sich zufrieden, sie leiden unter Unwertgefühlen, fühlen sich permanent gehetzt, haben den Eindruck, nie etwas richtig zu Ende zu bringen.«

Auf die Frage, welche Lösung sie als Expertin sehe, zuckte die Ärztin mit den Schultern. »Ein entscheidender Punkt ist, dass diese Frauen nicht in sich ruhen. Dauernd wird ihnen eingeredet, sie könnten mehr erreichen, mehr tun, besser werden. Sie dürfen nicht sie selbst sein, sie müssen funktionieren, und das macht ihnen zu schaffen, anders als Männern. Ein ruhender Gegenpol könnte die Familie sein, doch die wird meist nur noch als eine Belastung mehr gesehen.«

Die Psychologin schilderte eindringlich, wie stark gesellschaftliche Leitbilder und intuitive Wünsche miteinander konkurrierten. »Wir bräuchten dringend das Eingeständnis, dass Frauen nicht alles gleichzeitig verwirklichen können«, überlegte sie. »Doch wer das zugibt, wirkt schwach. Dabei wäre es ein Beweis von Stärke, wenn man den Mut zur Entzerrung aufbrächte. Die Grundeinstellung, dass alles gleichzeitig passieren muss, bringt Frauen in eine ausweglose Situation, in der sie sich nur noch überfordert fühlen.«

Doch wie sollen Frauen diesen Mut haben, wenn sie nur als Multitaskerin, also als Tausendsassa, anerkannt werden? Wenn sie sich Sätze wie die folgenden anhören müssen? »Frauen wollen alles. Frauen sind bereit, hart zu arbeiten, um beruflich erfolgreich zu sein. Zugleich wollen sie aber auch ein erfülltes Privatleben. Erfolgreiche Frauen setzen auf sich selbst. Sie sind gebildet und bereit, enorme Leistungen zu erbringen, um ihre Ziele zu erreichen. Oft stellen sie fest, dass sie besser sein müssen als ihre männlichen Kollegen, um Erfolg zu haben.« Das alles sind Aussagen, die man auf der Homepage der österreichischen Karriere-MacherInnen von womanager.com findet.

Stimmt: Viele Frauen wollen oder müssen arbeiten und möchten dazu ein erfülltes Privatleben mit Mann und Kindern. Dafür gehen sie bis an den Rand der physischen und psychischen Kräfte, verausgaben sich durch die unterschiedlichsten Arbeiten, und wer ihnen zusieht, der ahnt, dass die Vereinbarkeit von Familie und Beruf nicht einfach ein organisatorisches Problem ist, sondern auch starke seelische Belastungen mit sich bringt. Es verwundert kaum, dass Frauen mit Karrierewünschen daher lieber allein bleiben. Nach einer europaweiten Befragung von Managerinnen im Bankwesen sind mehr als die Hälfte dieser Frauen in Deutschland alleinstehend, geschieden oder verwitwet. Nur acht Prozent der Befragten hatten Kinder.

Im Gegensatz zu ihren männlichen Kollegen können Karrierefrauen häufig kaum auf soziale und berufliche Netzwerke zurückgreifen. So bleibt ihnen oft nichts anderes übrig, als ein Leben als Einzelkämpferin zu führen, mit all seinen schwierigen Folgen, die immer deutlicher hervortreten, je älter sie werden, je stärker ihnen bewusst wird, dass ihnen eine Familie fehlt. Uneingeschränkte Berufstätigkeit auf Kosten des Privatlebens – eine Konsequenz, die der

Feminismus stets billigend bis zustimmend in Kauf genommen hatte – hat nicht im Mindesten jenen Zauber, den uns das Leitbild der Emanzipation vorgaukelt. So erfolgreich die ersten Jahre sein mögen, irgendwann stellt sich Katerstimmung ein. Doch die Reue über ein verpasstes Familienleben kommt meist zu spät.

Also wieder an den Herd? Nein, die Rückkehr in eine Welt voller Pfannen und Töpfe wird heute wohl niemand als Zukunftsrezept empfehlen und gutheißen wollen. Doch es ist auch bezeichnend, dass das Gegenbild zur berufstätigen Frau, so jedenfalls legt es der Slogan »Zurück an den Herd« nahe, die Köchin sein soll. Ein merkwürdig einseitiges Bild, das Zwischentöne nicht zuzulassen scheint.

Sina, Mutter von zwei kleinen Kindern, hat schon immer darüber lachen müssen. »Klar koche ich auch für meinen Mann und die Kinder«, sagte sie mir, als wir uns zufällig beim Einkaufen trafen und sie mich auf das *Eva-Prinzip* ansprach. »Aber ich stehe doch nicht vierundzwanzig Stunden in der Küche. Ich erziehe meine Kinder, lese ihnen vor, mache Ausflüge mit ihnen, und übrigens halte ich meinen Kopf mit einem Fernstudium fit. Wenn die Kleine vier ist und in den Kindergarten kommt, will ich wieder stundenweise in meinen alten Beruf als Lehrerin für Deutsch als Fremdsprache. Alles hat seine Zeit. Ich sehe das doch bei anderen Müttern, dieses Leben im Laufschritt. Das ist nichts für mich. Lieber verzichten wir im Moment auf große Urlaubsreisen, dafür ist zu Hause alles im Lot.«

Sina verfügt zum Glück über genügend Selbstbewusstsein, die mitleidigen Blicke berufstätiger Mütter auszuhalten. »Sicher, manchmal nervt das. Doch dieselben Mütter fragen: Du, kannst du meinen Jonas mal einen Nachmittag nehmen? Er fühlt sich bei dir immer so wohl. Kein Wunder. Ich nehme mir Zeit für die Kinder. Ja, und ich koche auch für sie – na und?«

Und noch eine Erkenntnis formulierte Sina: »Oft werde ich gefragt, warum ich mich nicht stärker selbst verwirkliche. Was für eine Frage! Ich verwirkliche mich doch, wenn ich mit meinen Kindern spiele, dem Großen bei den Hausaufgaben helfe, all meine Fähigkeiten und Talente einsetze, um ein harmonisches Familienleben zu gestalten. Eine Freundin von mir wollte nach der Geburt ihres Sohnes so schnell wie möglich zurück in ihre Anstellung bei einer Bank. Es ist ein monotoner Job, das sagt sie selbst. Und das soll Selbstverwirklichung sein?«

Worte, die man gar nicht genug wiederholen kann. Die einfache Gleichung, Selbstverwirklichung erschöpfe sich allein in Berufstätigkeit, täuscht darüber hinweg, dass nicht viele Frauen die Chance haben, in einem Beruf zu arbeiten, der sie innerlich erfüllt. Die Normalität sieht anders aus. Die Vorkämpferinnen des Feminismus waren und sind eindeutig bevorzugt, sie arbeiten in den Medien, an Universitäten, für sie ist die Berufstätigkeit eine Quelle der Kreativität. Doch was ist mit der Friseurin? Der Kassiererin im Supermarkt? Oft sind sie finanziell gezwungen zu arbeiten, oft aber auch gilt es einfach nur als schicker und zeitgemäßer, morgens aus dem Haus zu gehen, statt sich um die Familie zu kümmern.

Als mir das Apostolische Schreiben *Mulieris dignitatem* (Über die Würde und Verantwortung der Frau) von Papst Johannes Paul II. vom 15. August 1988 in die Hände fiel, ging mir wieder einmal der Begriff der Selbstverwirklichung durch den Kopf. Darin heißt es: »Die Würde der Frau ist eng mit der Liebe verknüpft, die sie aufgrund ihrer Weiblichkeit selbst empfängt, und andererseits mit der Liebe, die sie ihrerseits schenkt … Die Frau findet nur zu sich selbst, wenn sie ihre Liebe an andere weitergibt.«

Man muss nicht gläubig sein, um die Botschaft zu verstehen: Gerade die Liebe ist ein Weg, sich selbst zu verwirklichen, in engem Bezug zu anderen, als ein glückhaftes Geben und Nehmen.

Doch welche Feministin würde schon die Liebe feiern? Liebe bedeutet Abhängigkeit, würde eine überzeugte »Emanze« dagegenhalten, Liebe macht unfrei, Emanzipation bedeutet Befreiung von den Fesseln der Gefühle. Doch diese Haltung ist ein großer Irrtum. Ohne die Möglichkeit, die ganze Fülle weiblicher Gefühle zu leben, ist das Gerede von der Selbstverwirklichung ein Etikettenschwindel. Das sollten wir nicht vergessen, wenn wir die Parolen derer hören, die uns die Erwerbstätigkeit als allein selig machenden Lebenszweck einreden wollen.

Emanzipiert zu sein, das könnte, das müsste sogar bedeuten:

wahre Gefühle zu leben und sich keine fremd erdachten Modelle aufzwingen zu lassen. Sich beispielsweise Lebensabschnitte zuzugestehen, in denen die Familie Vorrang hat, seien es die Kinder oder auch alte Eltern, die Zuwendung und Pflege benötigen. Die Idee der Selbstbestimmung verträgt sich nicht mit der Leitlinie, dass nur die berufstätige Frau eine emanzipierte Frau ist. Es gibt viele Frauen, die bewusste Entscheidungen treffen, bestens informiert sind, eigene Pläne schmieden, wie ihr Leben aussehen soll – obwohl sie nicht arbeiten gehen. Sollten wir die Klugheit des Herzens wiederentdecken, auf unsere Intuition hören, unsere Gefühle ernst nehmen, statt sie zu verdrängen? Dann erst werden wir Frauen wahrhaft stark sein.

Superfrauen – eine Chance

Alle Chancen zu haben bedeutet momentan auch, alle Chancen nutzen zu *müssen*. Prominentestes Beispiel dafür ist Familienministerin Ursula von der Leyen selbst, vom *Spiegel* sehr treffend als »personifizierte Überforderung« bezeichnet: »Nun versuchen alle Parteien gleichzeitig, Familienpolitik zu betreiben, und es ist durchaus ermutigend, dass es eine CDU-Familienministerin gibt, die sieben Kinder hat und trotzdem Beifall von all diesen kinderlosen fünfunddreißigjährigen Medientanten und Medienonkels bekommt ... Der einzige Haken dabei: Sie ist Superfrau. Wer ist Minister und kann sieben Kinder aufziehen, Schularbeiten kontrollieren, Fieber messen? Lebt die im Kino? Sie lebt auf alle Fälle ein unerreichbares Modell vor, lächelnd. Sie ist die personifizierte Überforderung.«[2]

Dass der Druck auf deutsche Frauen mit einem solchen Vorbild nicht gerade geringer wird, versteht sich. Selbst wenn jeder ahnt, dass hinter diesem Vorzeigemodell etliche Bedienstete stehen werden wie Kindermädchen, Reinigungspersonal und Köchinnen, die der siebenfachen Mutter die Arbeit im niedersächsischen Haushalt abnehmen und die Kinder versorgen, während sie in der fernen Hauptstadt sitzt und Gesetze erlässt, die Müttern angebliche Wahlfreiheit ermöglichen sollen.

Ähnliche Überlegungen löst übrigens das nicht weniger beeindruckende Beispiel des Topmodels und Deutschlands zweiter Vorzeigemutter Heidi Klum aus. Erfolgreich als Schönheitskönigin, Moderatorin und Produzentin einer der beliebtesten Fernsehsendungen (*Germanys Next Topmodel*), ist die schöne Blonde gleichzeitig dreifache Mutter. Und in wohldosierten Abständen finden sich denn auch regelmäßig gut lesbare Familiengeschichten mit Mann und Kind in der Presse wieder. Natürlich sieht man ausschließlich strahlende Gesichter und glückliche Kinder. Wer da als ganz normale erwerbstätige Frau mit ein oder zwei Kindern Organisations- und Zeitprobleme bejammern will, wird denn auch eher mitleidig übergangen.

Die Vorbilder der heutigen, modernen Zeit führen dazu, dass Frauen immer öfter ihre wahren Wünsche verdrängen, verdrängen müssen, weil andere es ja auch »locker schaffen«. Mit aller Macht versuchen sie, dem öffentlichen Beweisdruck der Vereinbarkeit von Kind und Familie gerecht zu werden. Tapfer, oftmals auch anscheinend überzeugt davon, dass sie alles leisten können, was von ihnen verlangt wird, vertreten sie ihre Ansichten denn auch häufig, wo es nur geht.

»Lange Jahre habe ich das Lied der modernen Karrieremutter mitgesungen«, sagt Felizitas, ehemalige Immobilienmaklerin und zweifache Mutter. »Irgendwann merkte ich jedoch, dass das, was ich in Diskussionen behauptete, nicht stimmte. Ich schaffte es eben nicht mühelos, und mir wurde jeden Tag deutlicher, dass ich darunter litt, meine Kinder so selten zu sehen. Mein Mann verdient das Geld jetzt allein, wir haben uns eingeschränkt. Und wir sind glücklich mit dieser Entscheidung, und das sage ich diesmal mit voller Überzeugung.«

Warum Frauen nicht einfach aussteigen aus dieser Tretmühle? Weil die eigene Erwartungshaltung an sich selbst so riesig ist. Weil die Gesellschaft mit dem Finger auf die Mütter zeigt, wenn etwas nicht funktioniert. Der Sohn hat Schulprobleme. »Kein Wunder, die Mutter arbeitet ja auch den ganzen Tag, die hat ja gar keine Zeit für ihn.« Der Vater arbeitet auch den ganzen Tag, doch das spielt keine

Rolle. Die Tochter kleidet sich mit dreizehn schon perfekt nach der neuesten Mode: »Na, die Mutter sieht ja auch aus wie ein Modepüppchen, hat anscheinend den ganzen Tag nichts anderes zu tun, als das Geld ihres Mannes auszugeben.« Der Haushalt ist nie fertig, weil die halbtags arbeitende Mutter nachmittags lieber etwas mit den Kindern unternimmt statt zu putzen: »Da würde mein Mann mir aber was erzählen, wenn es bei uns so schlampig aussähe!« Egal, welches Modell sie leben, Mütter mit Kindern sind angreifbar. Und das wird von allen Seiten ausgenutzt. Ebenso wie jeder glaubt, sich ein Urteil über Lehrer erlauben zu können, weil er selbst mal Schüler war, oder zu wissen meint, wann der Schiedsrichter die rote Karte zu zeigen hat, so sind all die Mütter ständig der Kritik ausgesetzt, weil jeder Mensch eine Vorstellung davon hat, wie Familie sein muss.

Die Frauen müssen endlich aufwachen! Wir werden nicht plötzlich von Gutmenschen regiert, die uns neue Möglichkeiten offerieren wollen. Fachkräftemangel heißt das Zauberwort. Die gut ausgebildeten Frauen werden in den nächsten Jahren händeringend gebraucht. Es sind rein wirtschaftliche Interessen, die hier unter dem Deckmäntelchen der Familienfreundlichkeit verkauft werden. Den Schaden haben – wie immer – die Mütter und die Kinder. Sie werden einmal mehr zum Spielball politischer und wirtschaftlicher Interessen, wie der *FAZ*-Redakteur Volker Zastrow dies in seinem Essay »Politische Geschlechtsumwandlung« aufdeckt: »Die vor allem von der Familienministerin von der Leyen durchgesetzte Gleichstellungspolitik verfolgt mehrere Ziele. In den Vordergrund wird das von vielen jungen Eltern, zumal Müttern, drängend empfundene Problem der ›Vereinbarkeit von Beruf und Familie‹ gestellt. Die geplanten Veränderungen gehören aber haushalts- und gesetzestechnisch teilweise auch zum Ministerium für Arbeit und Soziales … Denn der eigentliche, aber selten offen dargelegte Zweck dieser Politik ist die Erhöhung der Frauenerwerbsquote. Die Gleichstellung von Mann und Frau soll durch die Vollbeschäftigung beider verwirklicht werden.«[3]

Abrüstung – warum Frauen nicht mehr gegen Frauen kämpfen sollten

Zu den erschreckendsten Folgen der neuen Feminismusdebatte gehört für mich die Beobachtung, dass plötzlich Frauen gegen Frauen antreten, so unversöhnlich und bitter, dass einem angst und bange werden kann. Während die Männer sich weitgehend zurückhalten und die Scharmützel aus sicherer Entfernung beobachten, geht es an den Fronten der Frauen zu, als hätte es nie eine weibliche Gesprächskultur gegeben. Es fehlte nur noch, dass die Damen sich öffentlich an den Haaren ziehen.

Offenbar sind eine Menge Gefühle im Spiel, die lange unter dem Deckel gehalten wurden und nun mit aller Macht nach außen drängen. Berufstätige Frauen sprechen verachtungsvoll von faulen Hausfrauen, Hausfrauen und Mütter beschweren sich über die fehlende Anerkennung ihrer Leistungen, arbeitende Mütter verteidigen wütend ihren Lebensentwurf zwischen Krippe und Büro, Singles lästern über gebundene Frauen, Ehefrauen sprechen abfällig von allein lebenden Mannweibern. »Zickenkriege« werden in den Medien inszeniert, und schon so mancher Mann wird sich lachend auf die Schenkel geklopft haben, wenn er zusah, wie Frauen aufeinander losgehen.

Wir Frauen haben verlernt, achtsam mit unseren Gefühlen und den Gefühlen anderer umzugehen, das wurde besonders deutlich, wenn wieder einmal ein Talkshowmoderator die Gegenerinnen vorführte wie wilde Tiere in der Arena.

Emotionen aber gehören zum Thema Frauen dazu, auch wenn das systematisch verdrängt wird. Es wird so getan, als gehe es um Sachthemen. Doch Menschen sind keine Sachen. Und Frauen sind nun einmal sehr viel gefühlsbetonter als Männer, auch wenn man ihre Fähigkeit zu Empathie, Mitleid, zur »Kompetenz des Tröstens«, zu intuitiven Entscheidungen als sentimental schlechtredet. Und so äußern sich die Gefühle nur noch verstümmelt, als Angriffslust, Wut, Frust und Aggression. Schnell wird es dann persönlich, das habe ich selbst allzu oft erleben können. Tatsachen werden gar nicht mehr angehört, völlig legitime Emotionen wie Mutterliebe oder Sehnsucht nach einem festen Partner werden abgetan, als gehöre all das auf den Müllhaufen der Geschichte. Aber es gehört nicht nur dazu, es zielt in den Kern. Schließlich: Warum streiten wir? Weil wir alle zufrieden sind? Weil die Welt in Ordnung ist? Weil wir uns als Frauen geliebt, bestätigt und befreit fühlen?

Nein, es ist das große Unbehagen, das die Feminismusdebatte neu aufleben ließ. Der Kontrast zwischen dem Erreichten, den vorzeigbaren Erfolgen, und der Tatsache, wie sich das alles anfühlt, wird immer größer. Das Gleichgewicht zwischen äußerem Status und innerer Zufriedenheit stimmt nicht. Das habe ich wieder und wieder in Gesprächen, aber auch in den Tausenden von Briefen und Mails erfahren, die ich erhielt. Darin schreiben Frauen geradezu verzweifelt, dass sie sich an ihren Errungenschaften nicht freuen können. Dass sie zwar beruflich viel erreicht hätten, doch als Mensch auf der Strecke geblieben seien. Zugang zur Öffentlichkeit haben diese Frauen kaum. Niemand hört ihnen zu. Stattdessen haben die einschlägig bekannten Lobbyistinnen das Wort.

Und so geriet die wichtige Diskussion zum Streitthema. Aus der Debatte ist ein Wettkampf der Lebensentwürfe geworden. Jeder verteidigt seine Entscheidung, als ginge es um Leben und Tod. Und manchmal erscheint es, dass viele umso lauter streiten, je unsicherer sie sind.

Bezeichnend dafür ist die Auseinandersetzung um die berüchtigten Schuldgefühle. »Rede mir bloß keine Gewissensbisse ein«, bekam ich oft von berufstätigen Müttern zu hören. »Mein Einjähriger fühlt sich pudelwohl bei der Tagesmutter!« Fragt man dann intensiver nach, stellt sich oft heraus, dass es gerade die massiven eigenen – nicht etwa fremdgesteuerten – Schuldgefühle sind, die solche Frauen so reizbar machen. Sie spüren sehr wohl, dass ihr Kind lieber mehr Zeit mit ihnen verbringen würde, und sie selbst vermissen ihre Kinder, wagen aber nicht das zuzugeben, um nicht als »Muttertiere« dazustehen. Lieber beißen sie um sich.

Doch auch viele »Nur-Mütter« gehen in die Offensive. Als eine Schriftstellerin vor einiger Zeit in einer Talkshow äußerte, sie finde

Kinder langweilig und wolle auf keinen Fall welche haben, hagelte es wütende Anrufe und Mails beim Sender. »Was bildet die sich ein?«, war der Tenor. »Wenn die mal alt und krank ist, müssen unsere Kinder ihre Rente bezahlen und ihr vielleicht die Windeln wechseln, wenn sie im Seniorenheim liegt. Wie kann man nur so egoistisch sein?« Andere »Nur-Mütter« pochen darauf, dass vernachlässigte und gestörte Kinder den Staat später weit mehr Geld kosteten als Kinder aus intakten Familien, die leistungsfähig sind und nicht aufwändig therapiert werden müssen.

Starke Argumente. Aber auch Munition in einem wahren Glaubenskrieg. Oft drängt sich der Eindruck auf, dass sich die Diskussion verselbstständigt und die wahren Inhalte aus dem Blick geraten. Rechthaberei macht sich breit.

Die schwedische Kinderbuchautorin Astrid Lindgren sagte zu diesem Thema: »Einmal hat es bei uns eine Umfrage gegeben: Warum werden nicht so viele Kinder geboren wie wir Schweden brauchen, um nicht auszusterben? Da hab ich geschrieben: ›Dafür braucht ihr gar kein Geld auszugeben, das sage ich euch jetzt umsonst, aber das wisst ihr auch selber! Frauen können das einfach nicht aushalten-morgens die Hetze, los, los!‹«[4]

Es gehört zu den traurigen Erkenntnissen, dass der Feminismus das Diskussionsklima nicht etwa auf eine erträgliche Betriebstemperatur heruntergekühlt hat, sondern im Gegenteil alles dafür tut, die Auseinandersetzungen immer hitziger zu gestalten. Gegenseitige Schuldzuweisungen sind an der Tagesordnung. Selbst vor der Keule des Nationalsozialismus wird nicht zurückgeschreckt. Wer für Kinder und Familie eintritt, muss sich Beleidigungen anhören wie die, man wolle zurück in den Hitlerstaat. Eine unerträgliche Verdächtigung. Schlimmste Vorurteile werden geäußert, erschreckend wenige nehmen daran Anstoß.

Auch die Realität des Berufslebens ist mit dem Feminismus nicht friedlicher geworden. Zwar wurden erste Netzwerke gebildet, in denen Frauen sich mit Frauen austauschen, doch das betrifft mal wieder jene, die ohnehin Macht und Einfluss haben, vor allem in den Medien. Welches Interesse sollten Medienfrauen schon an der Situation von Putzfrauen, Krankenschwestern und Fabrikarbeiterinnen haben, die nachts im Schichtdienst arbeiten müssen, ohne Rücksicht auf die Familie? Wann hätte man je gehört, dass sie sich für Kellnerinnen, Friseurinnen oder Sekretärinnen einsetzen? Und dass es Frauen gibt, die zu Hause Erziehungsarbeit leisten, ist den meisten ohnehin keine Erwähnung wert.

Das Wirgefühl, an das viele Feministinnen appellieren, existiert nur für eine winzige Schicht. Und die spielt sich ohnehin die Bälle zu, anstatt wirklich jene zu fördern, die keine Privilegien haben. Es herrscht weitgehende Ignoranz für »normale« Frauen, die sich täglich behaupten müssen und kaum Strukturen vorfinden, die sie als Frauen ermutigen. Besonders perfide daran ist die Tatsache, dass die eifrigsten Verfechterinnen von angeblichen Frauenrechten selbst wenig Probleme haben, sich Au-pairs oder Kindermädchen leisten können, den weniger betuchten Frauen aber öffentliche Betreuungseinrichtungen empfehlen, wie es nicht zuletzt auch die derzeitige Familieministerin Ursula von der Leyen tut. Wasser predigen und Wein trinken – eine bekannte Strategie.

Es ist höchste Zeit für einen Waffenstillstand. Denn die Feindbilder verhindern, dass Frauen sich mit den Inhalten auseinandersetzen. Stattdessen wird weiter aufgerüstet, denn mittlerweile spiegelt sich die Diskussion auch in der Politik wider, wo zurzeit richtungweisende Entscheidungen getroffen werden. Aus der Konkurrenz der Lebensentwürfe ist ein Wettlauf ums Geld geworden, um Förderungen, Erziehungsgelder, »Herdprämien«, Steuererleichterungen. Und bevor wir Frauen überhaupt alle Gesichtspunkte erörtert haben, wird bereits über uns entschieden. Ist es nicht verwunderlich, dass etwa der Ausbau von Krippenplätzen oder die Einführung der Gesamtschule ohne Bedarfsanalysen vor sich geht? Kein Unternehmen würde ein neues Produkt auf den Markt bringen, ohne genaueste Marktforschungen anzustellen. Die Politiker dagegen glauben, darauf verzichten zu können. Meinungsbildung wird ersetzt durch vollendete Tatsachen.

So wird ein friedlicher Diskurs verhindert. Viele werden niedergeschrien, die mit den besten Absichten ihren Anteil dazu beitragen könnten, eine Einigkeit herzustellen, die eine volle Wahlfreiheit ermöglichen könnte.

Eine Anmerkung aus eigener Erfahrung zum Gefühl der »Nur-Mütter« in unserer heutigen Leistungsgesellschaft: Als mein Kind zur Welt kam, nahm ich bei der *Tagesschau* eine Auszeit von über einem Jahr. Ich wollte mich ganz auf das neue Abenteuer einlassen, nach langjährigem Karrierestreben nun eine gute Mutter sein. Das war ein schwieriger Prozess, der nicht von heute auf morgen funktionierte.

Natürlich trat nun genau das ein, wovor ich mich neben all den schönen, neu entdeckten Empfindungen stets gefürchtet hatte und was für die meisten erwerbstätigen Frauen zu einer tiefen Besorgnis bei eintretender Mutterschaft wird: Zunächst fiel mir die Decke auf den Kopf. Ich war allein mit meinem Kind. Ich konnte mich ihm zwar in vollem Umfang widmen, doch nun meldete sich ein Unbehagen nach dem anderen. Ich traf kaum noch auf andere Menschen, außer auf Mütter mit ihren kleinen Kindern, der Kontakt nach außen schien ansonsten wie abgeschnitten – und ich fühlte mich zum Teil wie in einer sozialen Isolation. Beruflich war ich, so schien es mir, nicht mehr gefragt. Und der Rest mied mich zusehends, so meinte ich zumindest. Ich war »Nur-Mutter!« Gehörte zu genau jener Kategorie von Frauen, die ich selber einst mitleidig belächelt, denen ich Perspektivlosigkeit unterstellt hatte.

Diesen unsicheren inneren Zustand, der bis zu Momenten der tiefen Hoffnungslosigkeit führen kann, machen Millionen Mütter durch. Und das kann sehr anstrengende Auswirkungen haben. Man fühlt sich unterfordert, verkannt und abgeschoben. Vor allem die ehemaligen »Schwestern,« die Frauen, die noch berufstätig sind, erscheinen einem nun wie Feindinnen, ihre vermeintlich mitleidigen Blicke, wenn sie im Nadelstreifenkostüm vorüberrauschen, sind kaum zu ertragen.

Während man also sein Glück über das neue, geliebte Leben hinausschreien möchte, ist man gleichzeitig tief deprimiert über den Verlust der beruflichen Selbstständigkeit. Dazu kommt eine unerwartete Überforderung in der erstmalig gestellten Aufgabe als Mutter. Gefühle der Unzulänglichkeit überlagern die Sehnsucht nach Ruhe, Stille und Frieden für die Zeit mit dem Baby oder auch einmal für sich allein. Ein verrückter Gefühlsmix, der viel Verständnis von der Familie und den Freunden erfordert. Selbstliebe und Respekt sich selbst gegenüber müssen ständig neu erarbeitet, die eigenen Bedürfnisse erforscht und verstanden werden.

Mein persönliches Umfeld war zu dieser Zeit überschaubar bis begrenzt. Denn ich hatte mich in der Vergangenheit auf meine Familie eingelassen und auch verlassen. Meine besten Freundinnen wohnten Hunderte von Kilometern entfernt oder hatten keine eigenen Kinder. Und schmerzlich wurde mir klar, dass ich als Karrierefrau vorwiegend berufliche Freundschaften angestrebt und gepflegt hatte und dass sich in meinem privaten Kreis nur wenige fanden, die sich nicht für meinen Beruf, sondern für mich als Menschen interessierten.

Die modernen Frauen von heute sind hervorragend qualifiziert, sie sind gebildet und selbstständig wie nie zuvor. Ganz selbstverständlich haben sie einen Platz in der Gesellschaft eingenommen, den es zuvor in dieser Art niemals gab. Sie erfüllen ihre beruflichen und gesellschaftlichen Aufgaben, die sie willig annehmen, und stehen täglich neu »ihren Mann«. Doch wenn sie zum ersten Mal in ihrem Leben in die Mutterrolle geraten, dann beginnt für sie eine neue Lehrzeit. Beim ersten Kind muss alles zum ersten Mal erarbeitet, erforscht und erlernt werden, es gibt weder einen Führerschein noch eine gesetzlich verordnete Ausbildung dafür. Warum auch? Schließlich haben Milliarden Mütter vor uns ähnliche Unsicherheiten und Probleme erlebt und sind persönlich jeden Tag aufs Neue daran gewachsen. Doch ausgerechnet im eigenen Erleben türmen sich häufig Probleme und Ängste auf.

Bei all diesen Erfahrungen und Einsichten wurde mir zunehmend klar, dass ich mit der Wahl, zu Hause zu bleiben, den schwierigeren Weg gewählt hatte. Ich hatte mich für mein Kind, für die Stille entschieden, während gleichzeitig draußen das Leben tobte; so erschien es mir jedenfalls. Und so sehr ich mein Kind und auch mein neues Dasein als Mutter liebte, so verführerisch erschien mir auf der anderen Seite immer häufiger mein Beruf, der plötzlich in einem bedeutend spannenderen Licht erschien.

Wie einfach wäre es doch gewesen, das Haus zu verlassen, mein schönes Geld verdienen zu gehen und die Bedürfnisse und Ansprüche des Kindes an andere Menschen weiterzugeben. Immer wieder fiel mir das häufig benutzte Zitat ein: »Nur eine glückliche Mutter ist eine gute Mutter.« Doch wusste ich andererseits genau, dass durch das Zuziehen der Türe ins Schloss die Sehnsucht nach meinem Kind schlagartig gegenwärtig sein würde – welch eine merkwürdige Zerrissenheit! Es ist wichtig zu wissen, dass diese vorübergeht, wenn man sich an die neue Rolle als Mutter gewöhnt hat.

Wie unsere Gesellschaft in zwanzig Jahren aussehen wird, das wird wesentlich davon abhängen, ob wir Frauen weiter gegeneinander kämpfen oder ob wir alles dafür tun, uns endlich an einen Tisch zu setzen. Dass wir alle in einem Land zu Hause sind, täuscht darüber hinweg, dass gerade Frauen oft in völlig unterschiedlichen Welten leben. So wenig eine Hausfrau sich in eine Managerin hineinversetzen kann, kann sich eine Politikerin in den Alltag einer berufstätigen Mutter hineindenken. Wir brauchen dringend mehr Verständigung zwischen diesen Welten. Machen wir Schluss mit den Verdächtigungen und Schuldzuweisungen. Gerade wir Frauen sind nachweislich begabt dafür, uns mit Einfühlungsvermögen und dem festen Vorsatz zur Einigung entgegenzukommen. Wir sollten aufhören, Reviere zu verteidigen. Wir sollten einander zuhören, Probleme, Nöte, Ängste formulieren und ernst nehmen. Das wäre ein großer Schritt in Richtung einer neuen Frauenkultur.

Partnerschaft – wie sie zum Problem herabgewürdigt wurde

»Morgens ein Krieger, nachmittags ein Engel, abends eine Kurtisane«, so brachte die Besucherin einer Lesung kürzlich leicht selbstironisch ihr Leben auf den Punkt. Was nichts anderes bedeutet als: Morgens als Anwältin soll sie die harte Kämpferin sein, nachmittags die einfühlsame Mutter, abends die leidenschaftliche Geliebte.

»Manchmal aber fällt es mir nicht so leicht, den Schalter umzulegen«, gestand sie seufzend. »Dann kommandiere ich die Kinder herum, als müsste ich eine Effizienzkontrolle machen und rede mit meinem Mann wie der Oberstaatsanwalt persönlich. Die Kinder sagen dann immer: ›Rette sich, wer kann, Mama macht wieder den Chef.‹ Und mein Mann rollt genervt mit den Augen und stöhnt, ich solle doch wieder eine normale Frau werden.«

Wie viel Frau darf's denn bitte sein? Und wie viel Frau bleibt übrig, wenn man doch die erfolgreiche Alleskönnerin ist? Das fragt sich nicht nur diese Besucherin, das fragen sich immer mehr Frauen, die sich in einem bezeichnenden Zwiespalt wiederfinden. Sie spüren besonders in der Partnerschaft, dass das ängstlich verteidigte Selbstbild der Stärke nicht immer von Vorteil ist, wenn es um Beziehungen geht. Ist es schon Unterdrückung, wenn eine Frau nach einem langen Arbeitstag dem Ehemann ein Spiegelei brät? Ist es die Anerkennung des altmodischen Patriarchats, wenn sie sich von einem Mann zum Essen einladen lässt und dankend annimmt, dass er ihr in den Mantel hilft?

Nicht nur die eklatant hohen Scheidungsraten belegen, dass die Partnerschaft zum Krisengebiet geworden ist – und nur allzu oft zum Kriegsschauplatz. Theoretisch wissen wir natürlich, dass eine gute Partnerschaft nicht ohne Kompromisse funktioniert, praktisch aber wird oft um alles und jedes erbittert gestritten, so lange, bis das letzte Fünkchen Liebe erloschen ist.

In kaum einem Lebensbereich klaffen die Forderungen des Feminismus und die unausgesprochenen Regeln des sozialen Miteinanders derart unversöhnlich auseinander wie in Liebesbeziehungen. Sobald die Himmelsmacht auf irdischem Boden ankommt und das Zusammenleben gestaltet werden soll, erleben viele Paare eine unsanfte Landung. Plötzlich wird alles zum Problem, die Rechte und Pflichten, die Wohnung, die Freizeitgestaltung, die Wahl des Urlaubsziels, alles wird zäh diskutiert. Und so unangenehm das klingen mag: Es sind vor allem die Frauen, die immer weniger kompromissbereit sind.

Dies war unter anderem das Ergebnis einer Studie der Online-

Partnervermittlung »Parship«, die ihre Klienten befragt hatte.[5] Aber wir kennen solche Muster auch aus unserem Umfeld: Immer mehr Frauen verwechseln Gleichberechtigung mit Vorherrschaft, und sie wachen misstrauisch darüber, ob ihnen etwas weggenommen wird von ihren Rechten. Im Arbeitsumfeld mag das sinnvoll sein – wenn es etwa darum geht, gleichen Lohn für gleiche Arbeit einzuklagen. Doch in Beziehungen gelten andere Regeln.

»Ich mag es kaum zugeben, aber wenn es um Hajo geht, bin ich gern hundertprozentig Frau«, sagte vor einiger Zeit Karina, eine erfolgreiche Geschäftsfrau. Sie hatte viele Jahre lang eher flüchtige Beziehungen gehabt, bis sie ihren Traummann traf, wie sie beteuerte. »Auf einmal war alles anders«, erzählte sie. »Ich genoss es plötzlich, weiblich zu sein, kaufte mir Kleider und schöne Wäsche, obwohl ich früher nur Jeans und T-Shirt getragen habe. Ich überraschte ihn mit einem Candle-Light-Dinner, obwohl ich mir geschworen hatte, niemals für einen Kerl am Herd zu stehen. Und das Verrückteste ist: Er hat nicht etwa den Respekt verloren, sondern behandelt mich viel rücksichtsvoller und auch viel liebevoller als alle Männer zuvor.«

Nein, eine hartgesottene Feministin mag solche Geschichten nicht hören, das ist sicher. Und doch liegt in Karinas Erfahrung eine tiefe Wahrheit verborgen: die Besinnung auf weibliche Eigenschaften, die nicht etwa herabwürdigen, sondern im Gegenteil souverän machen. »Ich spüre bei ihm eine gewisse Achtung vor mir«, überlegte Karina. »Vorher war ich eher der Kumpel, mit dem man sich raufte. Und, ich gebe es zu, ich war ganz schön kompliziert. Ich wollte immer das letzte Wort haben, selbst wenn es um Kleinkram ging. Ein Freund sagte mir mal halb im Scherz: ›Ich würde gern mit dir am Wochenende aufs Land fahren. Soll ich einen schriftlichen Antrag stellen? Mit allen Details, die du dann abnicken kannst?‹«

Eine ungewohnte Sanftheit habe sie neuerdings erfasst, berichtete sie, eine Sanftheit, die ihr selbst guttue. Sie fühle sich ausgeglichen und weniger streitsüchtig. Denn sie gebe jetzt auch mal nach, weil sie genau wisse, dass sie dennoch einen großen Einfluss auf ihren Hajo habe. Doch dieser sei nicht mehr durch endloses Aushandeln und Debattieren erstritten, sondern komme praktisch von selbst, ganz ruhig und ohne Aufregung.

Was Karina erlebt, könnte man als eine Vertrauenskultur bezeichnen. Sie entsteht auf der Basis von Liebe, und sie ist das Gegenteil jenes Misstrauens, mit dem viele Frauen heute den Männern gegenübertreten. Die nämlich sollen erst mal beweisen, dass sie keine Machos sind, lautet das gängige Vorurteil. So kommt es zu quälenden Missverständnissen, die man immer wieder mit einer Mischung aus Mitleid und Belustigung beobachten kann.

Ein paar Beispiele: Ein Freund überraschte seine Lebensgefährtin mit einem Abendessen in einem neuen Restaurant, und schon nörgelte sie: »Immer willst du bestimmen!« Ein anderer Mann gestand seiner Frau, er liebe sie so sehr, dass er so rasch wie möglich ein Kind von ihr wolle. Sie konterte: »Ach so, du willst mich in die Mütterfalle kriegen!« Und dann war da noch der Mann, der seiner Freundin anbot, ihr bei der Steuererklärung zu helfen, worauf sie sich erregte: »Ach so, du hältst mich wohl für zu blöd, um das allein zu machen?«

Viele Menschen empfinden sich heute wie eine einsame Insel. Sie haben tief verinnerlicht, dass sie ihr Gebiet verteidigen müssen und selbst den geliebten Freund oder Ehemann erst einmal als Eindringling betrachten sollten. Im Namen des Individualismus sind sie darauf bedacht, sich bloß nicht zu verändern, von Prinzipien abzurücken, gewohnte Muster aufzugeben. »Ich will so bleiben, wie ich bin!« – dieser Werbeslogan ist zum Schlachtruf einer ganzen Generation geworden. Paartherapeuten könnten kilometerlange Buchreihen mit Beispielen aus ihrer Praxis füllen, in denen harmlose Dinge als Kampfansagen missverstanden werden, als Angriff auf die Souveränität des Einzelnen.

Um es klarzustellen: Männer, die ihre Frauen wie ihr Eigentum behandeln, die sie bevormunden, gängeln, vielleicht sogar schlagen, sind verachtenswert. Keine Frau wünscht sich solch einen Diktator. Doch darum geht es hier nicht. Es geht um ein liebevolles Miteinander, das gegenseitige Nachsicht als Basis hat, und in dem männliche und weibliche Eigenschaften als Schlüssel für eine funktionierende Beziehung anerkannt werden. Frauen haben leider viel von ihrer

Würde verloren, seit sie sich wie Dragoner aufführen, die nun die Männer zu unterwerfen versuchen, weil sie selbst die Unterwerfung fürchten.

Wir kennen noch den Ausdruck »mit den Waffen einer Frau«, und wir wissen, was gemeint ist: einfühlsam, kompromissbereit, auf Harmonie bedacht, steuern Frauen im Idealfall behutsam über die vielen Klippen des Zusammenlebens hinweg. Sie sind meist diejenigen, welche ahnen, was richtig und was falsch ist. Und ihre Aufgabe ist es, den Mann abzuhalten von unvernünftigen Entscheidungen und übereiltem Aktionismus, um ihn hingegen mitzuziehen in die Regionen des Guten und des Friedens. So regelt sich in einer Partnerschaft vieles wie von selbst. Der Ton macht die Musik, auch in der Liebe. Wer sich erst mal an den rauen Umgang der rüden Kämpfe gewöhnt hat, wird es schwer haben, zu einem liebevollen Miteinander zurückzufinden. Dämme reißen ein, Beleidigungen und Verdächtigungen stehen im Raum, Verletzungen werden zugefügt, die für immer Spuren hinterlassen.

Letztlich geht es auch hier um Solidarität, um das Gefühl: Wir sind nicht Konkurrenten im Geschlechterkampf, sondern wir gehören zusammen, ergänzen uns vielmehr gerade in unserer Unterschiedlichkeit. Und: Wir entdecken gegenseitig Eigenschaften, die bisher im Verborgenen schlummerten. »Einen Menschen lieben heißt, ihn so zu sehen, wie Gott ihn gemeint hat«, schrieb der Dichter Fjodor M. Dostojewski. Ein wunderbarer Satz. Denn im harten Alltag zeigen wir nur einen Bruchteil dessen, was wir sein könnten. Erst in einer Liebesbeziehung kommen häufig Qualitäten zum Vorschein, die brachlagen: Verantwortungsgefühl, Zärtlichkeit, Empathie.

Diese Entdeckungen können sich glückhaft einstellen, wenn eine Frau »den Richtigen« und ein Mann »die Richtige« trifft. So jedenfalls scheint es bei Karina geschehen zu sein. Doch es ist nicht nur Schicksal, ob wir es schaffen, Frieden in der Partnerschaft zu finden. Wir müssen vor allem wissen, wie wir den Partner wirklich sehen – als Feind oder als einen Gefährten, eine Entscheidung, die wir bewusst treffen und zur Richtschnur unseres Glücks werden lassen können.

Eine wichtige Rolle spielt auch die Erfahrung, die wir als Kinder gemacht haben. Wenn wir die Familie als Ort des Vertrauens und der Verlässlichkeit kennengelernt haben, wird es uns später wesentlich leichter fallen, einem Partner zu vertrauen. Wenn wir als Kinder die vielen kleinen, aber konstruktiven Kompromisse des Familienlebens als sinnvoll und friedensstiftend erlebt haben, werden wir diese Strategie später umso leichter anwenden können, ohne groß darüber nachzudenken.

Doch gerade Frauen leiden häufig ein Leben lang unter dem Mangel an Aufmerksamkeit und Bestätigung, den sie auch schon in der Kindheit spürten. Sie haben vielleicht erfahren müssen, dass Eltern nicht verlässlich für sie da waren, dass Konflikte zu hasserfüllten Auseinandersetzungen führten, dass sie abgeschoben und als Persönlichkeit nicht akzeptiert wurden. Alle Unsicherheiten der frühen Jahre kehren dann zurück, wenn sie sich später verlieben – und sich fortdauernd fragen: Gibt er mir alle Aufmerksamkeit? Müsste es nicht immer noch mehr sein? Will er mich loswerden? Will er mich beherrschen? Muss ich umgekehrt seine Liebe und Zuwendung erzwingen, weil sie niemals selbstverständlich ist?

Oft ist es äußerst schwierig, sich solcher Unsicherheiten und ihrer katastrophalen Auswirkungen bewusst zu werden – und sie sogar zu ändern. Gerade Frauen nehmen lieber Reißaus, als darüber nachzudenken, warum Unfrieden und Misstrauen ihre Beziehung bestimmen. Bestärkt werden sie von dem tendenziellen Männerhass des Feminismus, der häufig besagt: Männer sind ohnehin schlechte Menschen, sie sind herrschsüchtig, untreu und rücksichtslos, also lieber Finger weg von dieser Spezies! Und wenn die Liebe denn schon zuschlägt, so sollte man beim ersten Konflikt besser die Flucht ergreifen!

So wurde Partnerschaft immer mehr zum Problem zerredet. Zu einer heiklen Sache, die man sich zweimal überlegen sollte. »Ich bin total glücklich – ohne Männer«, behauptet zum Beispiel Ellen, die sich nach zwei gescheiterten Ehen geschworen hat, nie wieder eine feste Beziehung einzugehen. »Für zwischendurch sind die Kerle ja ganz nett, aber ich würde nie wieder einen bei mir einziehen lassen.

Denn dann wollen sie sofort das Ruder übernehmen. Einer hat sogar mal die Möbel verstellt, den habe ich sofort rausgeworden.« Auf die Frage, ob sie nicht die Geborgenheit einer Beziehung vermisse, antwortete sie knapp: »Lieber Single und schmerzfrei als zu zweit und unglücklich.« Ein trauriger Satz. Lieber am Nullpunkt der Gefühle als ein Risiko eingehen – ist das die Frau des 21. Jahrhunderts?

So wie Ellen haben viele Frauen resigniert – und sehen in jedem Mann, dem sie begegnen, eine mögliche Bedrohung. Dass die neuerlichen Partnerschaftsversuche mit dieser Haltung unweigerlich scheitern müssen, verwundert nicht. »Frauen regier'n die Welt«, singt Roger Cicero. Es wäre schade, wenn sie es am Ende als einsame Königinnen täten, die nichts weiter beherrschen als ihre eigene verwaiste Existenz.

Verantwortung – was Frauen in der Familie lernen können

»Erst durch mein Kind habe ich erfahren, was das Leben wirklich bedeutet.« Diesen Satz habe ich in den letzten Jahren immer öfter gehört. Er wurde von den unterschiedlichsten Frauen geäußert, von Karrierefrauen, von Hausfrauen, von normalen erwerbstätigen Frauen in wenig glamourösen Berufen. Sie alle erzählten von einschneidenden Erlebnissen, die ihr ganzes Leben auf den Kopf gestellt, sie aber auch nachdenklicher gemacht hatten. »Ein Kind führt uns zu den eigentlichen Dingen zurück«, formulierte es Dörthe, eine Journalistin, die immer gern gearbeitet hatte und mit Ende dreißig Mutter wurde. »Auf einmal spürt man so etwas wie den tieferen Sinn des Lebens, Verantwortung zum Beispiel, Selbstlosigkeit, vor allem aber, dass das eigene Ego längst nicht so wichtig ist, wie man vielleicht vorher dachte.«

Diese Sätze gingen mir durch den Kopf, als ich vor einiger Zeit ein Interview mit Alice Schwarzer in der *Bunten* las.[6] Darin sagte sie Paul Sahner, ihre Zeitschrift *Emma* sei für sie ihr Kind. Wohl wahr: So wie Frau Schwarzer haben sich immer mehr Frauen Ersatzkinder gesucht, vom beruflichen Engagement bis zum Haustier. Ihnen fehlt etwas, das spüren sie, und sie kompensieren diese Lücke durch immer mehr Einsatz im Job oder dadurch, dass sie sich Cliquen suchen, zeitaufwändige Hobbys oder eben den Schoßhund, der bei Bedarf zum Kuscheln zur Verfügung steht. Doch so austauschbar wie es scheint, sind Kinder nicht. Ein Ersatz bleibt immer ein Ersatz. Und häufig sind es eben genau diese Menschen mit selbst erlebtem Muttermangel, die das Thema Familie und Kinder viel lieber angreifen oder still und leise unter den Teppich kehren würden.

Wenn man sich dazu die Aussagen unserer Cheffeministin noch näher betrachtet, die das Mütterliche seit Jahrzehnten mit abfälligen Bemerkungen kommentiert und häufig mit nationalsozialistischen Parolen verfolgt, dann wundert man sich nicht mehr bei einem Blick in ihr jüngst erschienenes Buch, das *Die Antwort* heißt. Hier formulierte sie auf beinahe beängstigende Weise, welchen Fürsorgemangel ihrer Mutter sie selbst erdulden musste: »Ich bin in einer Familie aufgewachsen, in der die Frauen, Mutter und Großmutter, wenig Talent zur Mütterlichkeit an den Tag legten. Sie lasen lieber. Oder diskutierten über Politik. Oder gingen ins Kino. Die Hausarbeit war auch nicht gerade ihre Stärke.«[7] Schwarzer beschreibt, dass es ihr Großvater gewesen ist, der sich der kleinen Alice annahm, um sie zu versorgen. »Da hatten wir, ich und mein Großvater, genannt Papa, Glück. Die Mutter war weg. Und die Großmutter hatte die Raffinesse, ihn über den grünen Klee für seine Kindertauglichkeit zu loben.«[8]

Dass ihre eigenen Kindheitserfahrungen durchaus der Grund für ihr heute ausgeprägtes Unverständnis für Mütter ist, gibt sie denn auch unumwunden zu: »Kein Wunder also, dass ich die Sache mit den Müttern, die als solche geboren sein sollen, und den Vätern, die zwei linke Hände haben, nie wirklich ganz verstanden habe.« Sie wird hier noch deutlicher: »Als ich dann Feministin wurde, schien es mir selbstverständlich, dass es bei der Kinderfrage doch nur um das wirkliche ›Kindswohl‹ gehen kann und nicht um eine Fortführung dieses Mütterkitsches, der beiden nicht gerecht wird, weder den Müttern noch den Vätern. Und den Kindern schon gar nicht. Denn auch Männer können Kinder großziehen, und auch Frauen sollten raus in die Welt, statt mit ihren überschüssigen Energien ihre Familie zu drangsalieren.«[9]

»Mütterkitsch«, »Familien drangsalieren« – diese Äußerungen geben einen tiefen Einblick in Alice Schwarzers Seele preis, die den tragischen Umstand des Muttermangels bis heute nicht verwunden zu haben scheint. Das Problematische allerdings hieran ist, dass sie sich diese Prägung wohl nicht bis in ihr tiefstes Inneres bewusst gemacht hat, denn sonst müsste sie womöglich eine schmerzhafte Wahrheit erkennen, die schwer auszuhalten sein könnte. Sie wäre sich vielleicht im Klaren darüber geworden, wie groß der Schaden in unserem Land sein muss, der durch ihre häufig fahrlässigen und verächtlichen Äußerungen über Kindeswohl und Mütterlichkeit seit vielen Jahren entstanden ist. Dann wäre ihr auch deutlich, dass Kinder, zumindest in den ersten Lebensjahren, ihre Mütter dringend zu Hause brauchen.

Die Begabung zur Mütterlichkeit gehört zu den großen Wundern des menschlichen Verhaltens, eine Fülle von neuen Verhaltensweisen und Erkenntnissen wird ausgelöst, und all das wirkt unmittelbar zurück auf das Umfeld. Mütter haben einen anderen Blick für Menschen, sie verstehen viele Eigenheiten und Verhaltensweisen ihrer Mitmenschen besser. Für mich beispielsweise war es eine ganz besondere, lebensverändernde Erfahrung, dass ich nach der Geburt meines Sohnes in den Gesichtern vieler Menschen plötzlich das Kind entdeckte, das sie einmal gewesen sein mussten. Der Wutausbruch eines Kollegen erinnerte mich an die Schreianfälle eines einsamen Säuglings, viele Intrigen und Hinterhältigkeiten wirkten auf mich wie Rückfälle in frühe Trotzphasen, auf einmal hatte ich eine völlig neue Wahrnehmung gerade der Gefühle rund um mich herum. Und ich stellte fest, dass ich dadurch nachsichtiger wurde, verständnisvoller.

Warum verzichten so viele Frauen freiwillig auf diese Erfahrung? Was entgeht ihnen? Wie verändert sich eine Gesellschaft, in der weniger Mütterlichkeit gelebt wird?

Eine der vielen Antworten darauf fand ich in einem Text der Schauspielerin Heike Makatsch, den sie über ihren Film *Schwester-*

herz (2006) geschrieben hatte. Darin geht es um eine ruhelose, kinderlose Karrierefrau Mitte dreißig, die mit ihrer jüngeren Schwester Marie in Urlaub fährt. Dabei treten jede Menge Schwierigkeiten auf, denn die Ältere – gerade ungewollt schwanger – spürt, dass sie in eine gefährliche Sackgasse geraten ist. Es gehe um eine Geschichte, schreibt Heike Makatsch, bei der die ältere Anne erkennt, »wie weit sie sich selbst von ihren wahren Bedürfnissen entfernt hat. Da, wo Marie Ideale besitzt, hat sich bei Anne Zynismus breitgemacht. Dort, wo ihre Schwester Ehrlichkeit sucht, stößt sie bei Anne auf eine dicke Fassade, durch die sie ihren Selbstbetrug schützt. Und somit ist es auch die Geschichte sehr vieler moderner Frauen heutzutage, die sich einer Karriere verschrieben haben, die von ihnen verlangt, sich zu verbiegen, um erfolgreich zu sein.«

Alle Anzeichen der zerrissenen Frau Mitte dreißig werden von der Schauspielerin aufgelistet, die Unverbindlichkeit der Beziehungen, unsichere Jobs, bindungsscheue Männer. Der Angelpunkt sei die Angst vor dem Erwachsenwerden, die Illusion, man könne ewig ein Mädchen bleiben: »Aus Angst davor, den Schritt in die Zeit jenseits der Jugendlichkeit und damit ins Erwachsensein zu wagen, klammern sie sich zu lange an die Steckenpferde, die sie zehn Jahre früher noch attraktiv gemacht haben. Und heute eigentlich nur noch unglücklich ...«[10]

Es ist eine Welt des Jugendwahns, die als unheilvoll beschrieben wird. Und das von einer Frau, die eine erfolgreiche Moderatorin und Schauspielerin ist, sich also nicht Misserfolge schönredet, sondern gerade umgekehrt aus der Perspektive der erfolgreichen Frau zur Reflexion auffordert.

Für mich treffen diese Sätze mitten ins Zentrum eines Problems heutiger Frauen. Neben dem Fetisch Berufstätigkeit ist es auch die Illusion, immer Mitte zwanzig zu bleiben, nicht zu altern, sich nichts aufbauen zu müssen und stattdessen auch äußerlich einem fremdbestimmten Schönheitsideal nachzueifern, selbst um den Preis schwerer gesundheitlicher Risiken und der Gefahr, im wahrsten Sinne des Wortes »sein Gesicht zu verlieren«.

Nicht erwachsen werden wollen, nicht erwachsen werden können

– diese Beobachtung trifft vor allem auf Frauen zu, die sich dem Mutterwerden verweigern. Aus Angst, eine neue, unbekannte Phase ihres Lebens zu betreten, in der sich ihre Identität wandelt. So klammern sie sich an das Bild des Mädchens, das sie einmal waren: immer auf dem Sprung, allzeit bereit für neue Höchstleistungen, doch zunehmend emotional verkümmert.

Diese Beobachtungen haben nichts mit weltanschaulichen Müttermythen zu tun. Sie beruhen schlicht auf der Tatsache, dass das Leben in Zyklen verläuft, die unter anderem dadurch bestimmt sind, dass Frauen Mütter und später auch Großmütter werden. Altern hat eine andere Bedeutung, wenn man Familie hat. Jede Großmutter kennt die gerührten Gefühle gegenüber den Enkeln, und sie kann sich auch in ihre Rolle als alternde Frau viel besser einfinden, wenn sie ihre Stellung im Familienverband hat. Denn sie ist getragen durch das Generationenmodell – sie darf altern, sie muss nicht noch mit achtzig so tun, als sei sie eigentlich sechzig oder fünfzig.

Natürlich muss niemand in Omakleidern herumlaufen oder sich bewusst gehen lassen, doch der Jugendkult hat schon so mache tragische Figur erschaffen, die auf geradezu unwürdige Weise äußerlich den Teenager-Look kultiviert und sich auch innerlich auf Backfischniveau eingepegelt hat. Das Fehlen der Rollenzuweisungen führt denn auch dazu, dass das Verhalten ihrer Mütter den jungen Mädchen zunehmend auf die Nerven geht. »Wenn ich morgens schon sehe, wie meine Mutter die Treppe runterkommt, ihren Bauch in eine enge Jeans gequetscht, unter dem Top quellen die Röllchen hervor, Hauptsache modern. Und dann ist sie auch noch stolz darauf, dass sie mit ihrer Tochter die Klamotten tauschen kann. Einfach peinlich!«, mokiert sich die fünfzehnjährige Larissa. »Wenn die Frauen wüssten, wie wir sie dafür verachten, würden sie sich schleunigst etwas Passenderes auf den Leib ziehen«, beendet Larissa ihren eindeutigen Standpunkt.

Junge Mädchen leben ihr eigenes Dasein, sie sind nun einmal eine Generation jünger und haben ein Recht auf Andersartigkeit, wie wir sie schließlich auch einmal genießen durften. Sie denken wenig ans Morgen, das ist ihr gutes Recht, sie haben oft einen gesunden Egoismus, weil sie die Welt erobern möchten. Ein Lebenskonzept ist das auf Dauer aber nicht. Doch den Frauentypus, den Heike Makatsch beschreibt, trifft man immer öfter an: stehen gebliebene »Girlies«, die nicht nur zu jugendlich angezogen sind, sondern auch die Kinderwünsche hintanstellen, weil sie sich dafür noch zu »dynamisch« fühlen. Ein trauriges Missverständnis: Kinder sind eben nicht das, was man sich leistet, wenn man alles andere erreicht hat. Kinder sind Teil eines wahrhaft lebendigen Lebens.

Sicher, es gibt viele Paare, die ungewollt kinderlos sind, neueste Studien sprechen von 5,6 Millionen allein in Deutschland. Doch viele Frauen verweigern sich schlicht. Und werden häufig zu unzufriedenen Einzelwesen, die an den Unverbindlichkeiten ihrer Existenz leiden. Sie verhärten sich und werden, um noch einmal Heike Makatsch zu zitieren, »hässlich, verkrampft, hysterisch, nörglerisch, unsicher«, wie die Filmheldin Anne.

Eine Gesellschaft, in der Mütterlichkeit immer weniger gelebt wird, ist eine unzufriedenere, eine härtere Gesellschaft. Im familiären Miteinander werden unwiederbringliche Dinge gelernt und gelebt, die ich die »Arche-Noah-Tugenden« nennen möchte. Ein Wirgefühl, das Nachhaltigkeit, Konsequenz, füreinander da sein, Toleranz und die Einsicht vermittelt, dass wir es nur miteinander schaffen können, nicht gegeneinander.

Wir wachsen im wahrsten Sinne des Wortes an unseren Kindern. Eine Gesellschaft, die diesen Lernprozess übersieht oder gar für entbehrlich hält, wird wenig innerliches Wachstum haben, abgesehen davon, dass sie eines Tages aussterben wird. Insofern ist eine bewusste Familienkultur ein Politikum. Und eine Chance für jeden Einzelnen, an sich selbst zu arbeiten, reifer und auch glücklicher zu werden.

Und wer kinderlos ist? Ungewollt, aus medizinischen Gründen oder weil kein passender Partner auftauchte? Diese Frage wird oft gestellt. Die Antwort ist ganz einfach: Jeder kennt Familien mit Kindern. Familien, in denen er eine Aufgabe übernehmen kann. Viele Mütter und Väter freuen sich, wenn sie in der Erziehungsarbeit unterstützt werden, wenn es leibliche oder auch freundschaftliche

Onkel und Tanten gibt, die sich für den Nachwuchs interessieren und ein Stück Verantwortung mit übernehmen.

»Ich habe mir immer Kinder gewünscht – doch keiner meiner Freunde konnte sich dazu entschließen, Vater zu werden«, erzählte Lora, eine Sachbearbeiterin Mitte fünfzig. »Als mir eines Tages klar wurde, dass ich kinderlos bleiben werde, habe ich ganz bewusst Kontakt zu einer Freundin gesucht, die ich aus den Augen verloren hatte – weil sie halt Kinder hat und ich nicht. Für mich lebte sie auf einem anderen Stern. Inzwischen bin ich häufig zu Gast auf ihrem Stern, spiele mit den Kindern Brettspiele, passe auch mal abends auf sie auf, wenn meine Freundin und ihr Mann ins Kino möchten. Die Kinder nennen mich Tante Lora. Anfangs fand ich das daneben, weil es mich so alt macht. Dachte ich. Mittlerweile finde ich es wunderbar, die ›liebe Tante‹ zu sein: Immerhin bin ich sechsundfünfzig, und ich bin stolz, dass es Kinder gibt, die sich auf mich freuen. Da lass ich doch gern mal eine Party oder ein Konzert sausen.«

Perspektiven für neue Handlungsspielräume der Frauen

Wie geht es weiter? Wohin weisen die Signale? Es spricht vieles dafür, dass die Frauen im Begriff sind aufzuwachen. Sie sind heute bewusster als einst, treffen eigenständige Entscheidungen, vor allem aber sind sie viel öfter als früher bereit, sich hin und wieder ernsthaft zu fragen, ob sie mit dem glücklich sind, was sie erreicht haben. Sie lassen sich nicht mehr so schnell einreden, was gut für sie ist.

Ich setze meine Hoffnungen auf Frauen jeder Generation, vor allem aber auf die der heute Anfang Zwanzigjährigen, die klug genug sind, um sich nicht in verbissene Richtungskämpfe verwickeln zu lassen. Die aktuelle Shell-Jugendstudie von 2006 hat einmal mehr gezeigt, dass junge Frauen und auch junge Männer den Wert der Familie sehr wohl zu schätzen wissen. Auch und gerade dann, wenn sie selber als Kinder keine intakte Familie erlebt haben. Ihre Herausforderung besteht darin, einen Ausgleich zu finden, in dem die Existenzsicherung und das Familienleben nicht miteinander konkurrieren.

Es ist offensichtlich, dass viele Jugendliche heute stark verunsichert sind und so wirken, als seien sie aus dem Nest gefallen. Doch ist auch klar, dass viele von ihnen die aktuelle Familiendebatte auch als eine Auseinandersetzung darüber wahrnehmen, dass Familie alles andere als selbstverständlich ist. Dass sie nicht nur eine Wahlmöglichkeit ist, die man immer wieder verschieben kann, bis zum Sankt-Nimmerleins-Tag.

Als ich vor Kurzem mit meinem Hund spazieren ging, kam mir eine Gruppe von Jugendlichen entgegen. Einer von ihnen trug einen Gettoblaster unter dem Arm, sie waren augenscheinlich gut drauf. Als sie sich mir näherten, rief eine der jungen Frauen plötzlich: »He, da ist ja Eva Herman!«, dachte ich, was geschieht jetzt? Doch was dann geschah, war nicht zu beschreiben: Die jungen Leute kamen näher, nickten mir freundlich und anerkennend zu und sagten: »Sie haben recht mit dem *Eva-Prinzip*. Wir finden Ihr Buch klasse. Wir hier jedenfalls wollen alle eine Familie und Kinder haben. Machen Sie bloß weiter mit Ihrer Arbeit!«

Dies war ein ganz besonderer Moment für mich, denn er machte mir deutlich, wie groß die Sehnsucht unserer Kinder nach Werten, nach Zusammenhalt, nach Familie und nach Liebe ist, aber auch, wie kritisch und aufmerksam sie die öffentliche Diskussion verfolgen. Und wenn ich zu dem Zeitpunkt nicht schon an diesem Buch gearbeitet hätte, so hätte ich nach dem Spaziergang sicher sofort angefangen damit.

Wir brauchen ein gesellschaftliches Klima, in dem Kinder wieder selbstverständlich dazugehören. In dem Kinder willkommen sind und nicht als störende Exoten beiseite gedrängt und wegorganisiert werden.

Wichtig ist, an dieser Stelle zu erkennen, dass Frauen ihr Seelenheil nicht unbedingt ausschließlich als Mütter finden können. Auch wer keine Kinder hat, trägt tief in sich die typisch weiblichen Fähigkeiten, um unsere Welt besser zu machen.

Man kann davon ausgehen, dass es wohl zu kaum einer Zeit Frauen gegeben hat, die ihre wahren Eigenschaften von Würde, Reinheit und Liebe, von Weiblichkeit und Mütterlichkeit richtig leben und einsetzen konnten. Aber vielleicht liegt darin auch unsere Aussicht, heute etwas völlig Neues zu begründen? Möglicherweise ist es gar die einzige Chance, langfristig diesen Planeten in Frieden zu bewohnen und als Menschengesellschaft zu überleben.

Zum Umdenken sind aber auch Politik und Wirtschaft gefragt. Sie müssen neue Angebote machen an die Frauen, um deren Entscheidungen zu erleichtern. So sollte es ihnen unbedingt möglich gemacht werden, ohne Probleme eine mehrjährige Auszeit zu nehmen, wenn sie sich Kinder wünschen. Sinnvoll wären begleitende Maßnahmen wie zum Beispiel regelmäßige Wochenendseminare, damit die Frauen einen Fuß in ihrem Beruf behalten können und nach der Erziehungszeit nicht von vorn anfangen müssen. Sie müssen der Angst enthoben werden, dass sie später keine Einstiegsmöglichkeiten mehr in ihre Erwerbstätigkeit erhalten, sondern sie sollten im Gegenteil bevorzugt behandelt werden, wenn sie nach ihrem Bedürfnis zurückkehren wollen. Die Signale, die von Wirtschaft und Politik ausgehen sollten, müssen heißen: Frauen sind uns wichtig, ihr eigenes Wohl und das Wohl ihrer Familien respektieren und fördern wir in jedem erdenklichen Maße.

Die Vorteile für die Arbeitgeber hierdurch sind immens, sie wurden nur leider noch nicht erkannt: Eine Frau, die ein kleines Familienunternehmen geleitet hat, die also die Fäden zu Hause in der Hand fest zusammenhielt, hat später ungleich mehr Vorteile im Berufsleben zu bieten als Kinderlose. Eine Mutter hat jahrelanges Krisenmanagement betrieben, mit der Familie, mit Lehrern und anderen Eltern und ihren Kindern, kann straff organisieren, und zwar mehrere Terminkalender gleichzeitig. Sie besitzt die Qualitäten einer Topmanagerin, weil sie jede Lebens- und Berufssituation meistern wird, aus bestem Fachwissen, aber auch aus der eigenen Erfahrung heraus.

Wir Frauen müssen uns aber auch selbst wiederfinden. Eine fröhliche Mittvierzigerin, bekennende Hausfrau und Mutter, die mir neulich auf einer Reise begegnete, erzählte mir: »Wenn meine Kinder und mein Mann morgens aus dem Haus sind, kann mich keine Macht der Welt von einem lieb gewonnenen Ritual abhalten. Ich koche mir gegen acht meinen Kaffee, setze mich in den Sessel und nehme mir die Zeit, ausgiebig und in Ruhe die Zeitung zu lesen. Das kann schon mal ein Stündchen dauern, danach kann das weitere Leben losgehen.« Sie lachte und zwinkerte mich an: »Es gibt niemanden, der mir Vorschriften macht, denn ich bin die Chefin!«

Zeit haben, sich Zeit nehmen – das ist rar geworden. Welche Freiheit damit verbunden ist, in Ruhe und Gelassenheit den Tag anzugehen, ahnt man nur noch. Die Bedeutung dieser kleinen Auszeiten für unsere Bedürfnisse jedoch wächst und wird in dem sich endlos drehenden Rad der alltäglichen Tretmühle zunehmend wichtiger.

Bringen wir also unsere Welt zum Blühen. Und geben wir den Frauen die Möglichkeit, ihre Kinder bewusst aufwachsen zu sehen, ihre einzelnen Entwicklungsschritte aufmerksam und bewusst zu begleiten. Nicht in engen Zeitfenstern, sondern durch eine liebevoll gestaltete Familienzeit. Auch das bedeutet Arbeit: Elternsein ist ein Beruf, kostbarste Berufung. Sich durch einen Job zu verwirklichen, sollte jeder Frau freistehen, doch es sollte auch deutlich werden, dass sie viel, viel Zeit dafür hat – vor und nach den Kindern. Und dass sie mit einer Familie etwas aufbaut, das nicht so flüchtig ist wie Konsum, wie Urlaubsreisen, tolle Jobs, Events und Entertainment.

Lieben und geliebt zu werden gehört zu den größten Sehnsüchten – die immer häufiger unerfüllt bleiben. Der Grund liegt oft darin verborgen, dass Frauen wie auch Männer die Liebe als Freizeitbeschäftigung ansehen, als eine endlose Folge von Verabredungen, von Verlieben und Entlieben. So bleiben sie auf einer Vorstufe zurück, mit vielen Enttäuschungen – und am Ende oft ernüchtert und allein. Erst wenn wir entdecken, welch ein tiefes, reifes, gebendes Gefühl Liebe sein kann, können wir dauerhafte Bindungen leben. Kein »Beim nächsten Mann wird alles anders« – wir brauchen einen anderen Blick auf die Liebe als buchstäbliches Herzstück des Lebens.

Doch Liebe will gelebt sein, und alle Bedingungen dafür zu schaffen ist auch Sache der Frauen. Das Bild der lässigen, emotional kontrollierten Frau, die sich nicht mit Sentimentalitäten aufhält, gehört zu den großen Irrtümern der Emanzipation. Erst wenn wir unsere Gefühle ausleben und bejahen können, werden wir den Reichtum und die Stärke der Familie wieder erfahren. Dafür brauchen wir Handlungsspielräume. Und die Freiheit, Nein zu sagen, wenn man uns einredet, wir könnten problemlos unsere Babys abgeben, wir könnten doch das Haushaltsgeld schon früher aufbessern, am besten gleich nach der Entbindung, wir könnten das Familienleben Profis überlassen.

Hören wir auf unsere Intuition. Sie ist eine natürliche Ausprägung jener Intelligenz, die uns Menschen seit Jahrtausenden hat überleben lassen. Familie ist ohne Nähe nicht zu haben, ohne intensiven Austausch, ohne den Druck, viele Bühnen gleichzeitig bespielen zu müssen.

Aristoteles sagte in seiner *Nikomachischen Ethik*: »Freundschaft ist Gemeinschaft.« Und auch die Liebe kann nur durch Gemeinschaft am Leben erhalten bleiben. Wir brauchen die Stärke, jene unerlässliche Tugend, die uns Menschen zusammenhält, wir müssen sie wieder in den Mittelpunkt rücken. Wir müssen die Liebe tief in uns suchen, und wir müssen sie wiederfinden. Wir müssen sie weitergeben, an unsere Kinder und an alle anderen Menschen. Dies ist der einzige Weg, um dauerhaft glücklicher zu werden. Ich hoffe inständig, dass all die Debatten dazu beitragen, Frauen dafür stark zu machen.

2

Männer – die verkämpften Einzelgänger

Wo der Horizont beginnt, dahin möchte ich reiten.
Ich hasse Zäune und kann Mauern nicht leiden.
Also grenz mich nicht ein!

Cole Porter

Endlich Single – wie sich Männer entziehen

Es passiert täglich: Ein Mann packt seine Sachen, winkt Frau und Kind zu – und geht. Vielleicht nur in den Fitnessclub oder zum Kneipenabend mit seinen Freunden. Vielleicht aber auch für immer.

Man muss keine Statistiken lesen, um die alarmierende Tendenz wahrzunehmen: Immer mehr Beziehungen werden beendet, immer mehr Familien zerbrechen. Oft geht dem Bruch eine quälende Phase voraus, in der gestritten und gekämpft wird, in der seelische und körperliche Verletzungen ihre Spuren hinterlassen. Ein ganzes Volk, so scheint es, ist unterwegs – weg von der Familie, hin zum Singledasein. In deutschen Großstädten beträgt die Trennungsrate über 50 Prozent, im Schnitt hält eine Beziehung dort vier Jahre.

Sicher, auch viele Frauen drängen auf Auflösung der Partnerschaften, sie reichen sogar mehrheitlich die Scheidung ein – doch die Zahlen täuschen. Häufig geschieht das nur, weil sie fürchten, dass der Mann, bevor er die Scheidung offiziell beantragt, vorher seine finanziellen Verhältnisse planvoll verschleiert, um Unterhalt zu sparen.

Soziologen sprechen schon von den »modernen Nomaden«, die allerdings im Gegensatz zu den Nomadenvölkern traditioneller Kulturen allein bleiben: auf sich gestellt, frei, niemandem verantwortlich. Einzelwesen, die sich nehmen, was sie brauchen und dann weiterziehen, zum nächsten Job, zur nächsten Kurzzeitaffäre, zum nächsten Kick. Das alles geschieht in einem gesellschaftlichen Klima, in dem sich Männer und Frauen feindlich wie nie zuvor gegenüberzustehen scheinen. Ein Riss geht mitten durch die Gesellschaft, ein Riss, der, täglich tiefer werdend, eine in Jahrhunderten gewachsene Familienkultur innerhalb weniger Jahrzehnte zerstörte.

Gegenseitige Schuldzuweisungen sind in diesem Zusammenhang zum neuen Gesellschaftsspiel geworden. Die Männer beklagen sich über Frauen, die zu fordernd seien, die Frauen kritisieren, dass ihre Männer sich schon während der Beziehung abkapselten und ihr eigenes Leben führten – bloße Zaungäste im Familienleben. Und immer häufiger verlassen die Männer endgültig den Kampfschauplatz und ziehen sich zurück in ihre Welt.

Endlich alleine!, lautet ihr Stoßseufzer. Nichts wie weg aus der Beziehungshölle. Doch diese Entscheidung betrifft nicht nur sie selbst mit allen weitreichenden Konsequenzen, sondern auch diejenigen, die sie verlassen: Frau und Kinder.

Eine der verhängnisvollsten Nebenwirkungen ist die, dass auf diese Weise neue Leitbilder entstehen, die von den Kindern oft übernommen werden. Wer ein Scheidungskind ist, hat wenig Mut, sich auf eine Familie einzulassen. Sicherlich einer der Gründe dafür, dass immer weniger Männer sich überhaupt noch eine Familie wünschen. Zwischen 40 und 50 Prozent der Fünfunddreißigjährigen gaben bei einer aktuellen Befragung an, sie würden sich durch Kinder und Ehefrau in ihrer Freiheit eingeschränkt fühlen. Und dieselbe Studie zeigt auch die fatale Schlussfolgerung: Diese Männer wollen bewusst keine Familie mehr gründen.[11]

Bevor also das Zusammenleben überhaupt erprobt wird, wirft etwa die Hälfte aller deutschen Männer das Handtuch. Eine erschreckende Zahl. Wie konnte es so weit kommen? Wie ist der Graben zwischen Männern und Frauen entstanden, der heute zunehmend unüberwindlich scheint?

Nach dem Erscheinen des *Eva-Prinzips* wurde mir in vielen Briefen und E-Mails die Frage gestellt, warum ich in meinem Buch politische und gesellschaftliche Veränderungen für Frauen und Kinder gefordert, die Männer jedoch weitgehend aus der Kritik herausgelassen hätte. Wo denn die Vorschläge für die »neuen Männer« blieben? Sie trügen schließlich eine Mitschuld an der Misere, in der die beiden Geschlechter zurzeit steckten, auch sie müssten endlich zur Rechenschaft gezogen werden, schrieben viele aufgebrachte Frauen. Als Konsequenz wurde mir nahegelegt, nun das *Adam-Prinzip* zu schreiben – und gründlich abzurechnen.

Es wäre zu einfach, die Männer als rückständige, lächerliche Machos schlechtzureden. Als Modelle mit überschrittenem Verfallsdatum. Ihnen vorzuwerfen, sie hätten nicht Schritt gehalten mit der Entwicklung der Frauen. Die Gründe müssen tiefer liegen. Denn es ist eine Tatsache, dass unsere Gesellschaft wenig schlüssige Antworten darauf gefunden hat, wie denn das Geschlechterverhältnis neu gestaltet werden könnte. Dass das notwendig ist, darüber jedenfalls scheint Einigkeit zu herrschen. Wenn die Frauen sich neue Bereiche erobern, sich von traditionellen Mustern lösen, dann müssen die Männer gleichziehen, lautet die Argumentation. Und so warten alle gespannt auf den »neuen Mann« – doch gesichtet wurde er bisher noch nicht.

Stattdessen entziehen sich die Männer der Familie, sie diskutieren leider auch selten mit, wenn es um sie geht. Ist das nur eine Phase oder ein Zeichen dafür, dass der »neue Mann« pure Illusion ist? Ein weibliches Wunschbild, das Männer desto weniger erfüllen wollen, je lauter es eingeklagt wird? Vieles spricht für die zweite Antwort. Ich höre zwar schon jetzt die ärgerlichen Einwürfe einiger Verfechterinnen der fortschrittlichen Emanzipation, denen diese Auslegung nicht gefallen wird. Trotzdem ist die Sache unbestreitbar: Wir Frauen haben wesentlich dazu beigetragen, die Männer schwer zu verunsichern. Oder wie es der Theologe und Kommunikationsexperte Norbert Bolz ausdrückt: »Wer heute etwas über die Zukunft des Mannes erfahren möchte, muss sich erst die Gegenwart der Frauen anschauen.«[12]

Auch wenn es eine unbequeme Wahrheit ist: Wir selbst haben die Männer zu dem gemacht, was sie sicherlich nie werden wollten – nach Orientierung suchende, vorsichtige Verweigerer, die lieber ihre

Sachen packen, als länger für eine Aussprache zur Verfügung zu stehen, als sich zu verteidigen, sich zu streiten, sich in den vielen kleinen Scharmützeln zu verkämpfen.

Den größten Vorwurf, den wir den Männern machen müssen, ist der, dass sie die sich langsam vollziehenden Veränderungen nahezu widerspruchslos zuließen, oder, wie es der Geschlechterforscher Peter Döge in einem Gespräch für dieses Buch ausdrückte: »Die Männer haben die Emanzipation der Frauen verpennt.« Das anfängliche Aufbäumen gegen die Machtübernahme der Frauen wich schnell verhaltener Resignation: Die Frauen sind auf dem Vormarsch im Beruf und bei der Durchsetzung ihrer Lebensvorstellungen, die Männer sind auf dem Rückzug.

Der mit dem fehlenden Zusammenwirken von Mann und Frau verknüpfte Zerfall der Familien und damit auch der Gesellschaft ist zu einer unserer größten und gefährlichsten Bedrohungen geworden. Kinder werden viel zu wenige geboren, kein Wunder, wenn fast die Hälfte der jungen Männer keine familiäre Verantwortung mehr übernehmen will. Falls Kinder da sind, machen sie oft frühe verunsichernde Verlusterfahrungen.

Fast scheint es so, als sei die Institution Ehe mittlerweile ein altmodisches Relikt aus der Zeit unserer Urgroßeltern. Zu kompliziert, zu anstrengend stellt sich offenbar in der Vorstellung vieler Männer das Familienleben dar, als eine endlose Folge von Verteilungs- und Überlebenskämpfen. Angesichts dieser Perspektive ergreifen sie lieber die Flucht, statt sich zu binden. Wer sollte es ihnen verdenken?

Nachdem wir drei Generationen lang erfolgreich am Selbstverständnis der Frau gearbeitet haben, reiben wir uns die Augen und fragen: Wo sind die Männer geblieben?

Männer befinden sich heute in einer schweren Krise. Sie müssen Frauen als Herausforderung sehen, weil diese selbstverständlich und offensiv auftreten und beruflich zunehmend besser qualifiziert sind. Frauen erobern eine männlich geprägte berufliche Domäne nach der anderen. Schwere körperliche Arbeit, die Männer leichter bewältigen können als Frauen, wird durch die zunehmende Technisierung der Arbeitswelt nahezu überflüssig und existiert kaum noch. Frauen können in jeden beliebigen Beruf einsteigen, als Pilotin ebenso wie als Soldatin, LKW-Fahrerin, Managerin, Ministerin, Kanzlerin.

Doch mit dem Zuwachs an beruflicher Kompetenz kamen ihnen oft die Partner abhanden. Zu beobachten ist ein bezeichnendes ungleiches Verhältnis: Immer mehr Frauen suchen verzweifelt den Mann fürs Leben, immer mehr Männer möchten nur noch ihre Freiheit. Auch um den Preis, keine längerfristigen Bindungen einzugehen. Zu leiden scheint der Mann nicht darunter. Auf den ersten Blick. Er kultiviert das Selbstbild des einsamen Wolfs, der umherstreift und Trost in den Männerwelten des Sports, der beruflichen Netzwerke, der Kumpelrituale findet.

Wir begegnen diesen Männern überall: auf den After-Work-Partys der Großstädte, auf denen sie sich im Businessoutfit ein paar Drinks genehmigen und die Augen für ein nächtliches Abenteuer offenhalten, weil keine Frau, keine Familie auf sie wartet; in Clubs und Vereinen, in denen Männer unter sich bleiben; in den Fitnessstudios, in denen sie ihre sozialen Defizite häufig mit Muskelkraft aufpumpen auf der Suche nach Gesellschaft, in der sie danach noch essen gehen können; in den unzähligen Chats und Blogs, in denen sie sich spätabends ein paar Kontakte vorgaukeln und den Computer schnell wieder ausstellen, wenn jemand ihnen zu nahe kommt.

Norbert Bolz macht auf die Gefahr aufmerksam, dass Männer sich wieder an ihrer Muskelkraft orientieren könnten, wenn sie sich ihrer Rollenidentität als klassischer Vater und Versorger beraubt sehen. »Sport als Asyl der Männlichkeit ist eine genaue Reaktionsbildung darauf, dass die Zivilisation als Zähmung der Männer durch die Frauen voranschreitet«, so Bolz. »Vormodern war die Aufgabe, ein ›richtiger‹ Mann zu sein, vor allem eine Frage der Performanz; man musste gut darin sein, ein Mann zu sein. Heute gilt das nur noch im Sport. Er bietet den Männern einen Ersatzschauplatz für die Kooperation der Jäger. Nur im Sport können Männer heute noch den Wachtraum erfolgreicher gemeinschaftlicher Aggression genießen, also die Gelegenheit, körperlich aufzutrumpfen.«[13]

Bolz schätzt dies als offensichtliches Kompensationsgeschäft ein, das unsere moderne Kultur den Männern anbietet: »Seid sensible, sanfte Ehemänner und fürsorgliche Väter – am Samstag dürft ihr dann auf den Fußballplatz und am Sonntag die Formel eins im Fernsehen verfolgen: heroische Männlichkeit aus zweiter Hand.«[14]

Was macht nun also den Mann zum wahren Mann? Wie tickt er? Was sind seine Interessen, seine Vorlieben, seine Ziele? Wie fühlen sich seine Träume an?

Das auch nur zu fragen löst bei vielen Frauen Ratlosigkeit aus. Frauenversteher gibt es ja schon, aber Männerversteherinnen? Die sind nicht gerade angesagt. Warum sich die Mühe machen, sich in einen Mann hineinzuversetzen?, denken viele. Männer sollen gefälligst ein besseres Verständnis für Frauen entwickeln, das ist wichtiger. Doch solch mangelndes weibliches Interesse hat einen hohen Preis. Ich bin davon überzeugt, dass wir es uns nicht mehr leisten können, die Männer als simpel und primitiv abzustempeln, wenn sie mit Frauen nicht mehr klarkommen. Wenn sie ausziehen, ihrer Wege gehen, Kinder oft achtlos zurücklassen.

Halten wir einen Moment inne und betrachten wir die Spezies Mann eingehender. Wir können sie allerdings nur dann verstehen lernen, wenn wir sie als andersartige Wesen respektieren. Nur wenn Frauen einen Augenblick lang von ihren eigenen weiblichen Anschauungen und Interessen absehen und sich den Männern zuwenden, werden sie Wichtiges erfahren. Es ist allerhöchste Zeit dafür, und wir sollten es ohne Eitelkeit und Geschlechterdünkel tun, um Missverständnisse zu vermeiden.

Weichei – das Phänomen verunsicherter Mann

Seit Jahrzehnten werden Männer ständig neu erfunden und definiert. Zu Beginn der kraftvollsten Periode des Feminismus, in den Siebzigerjahren, unterschied man gerade mal zwischen vertrottelten Softies und gewaltbereiten Machos. Viel Spielraum blieb nicht zwischen hart und zart, vor allem aber galt der Mann nun als Frauenfeind Nummer eins und wurde wahlweise als Patriarch, Machtmensch oder haltloser Fremdgänger beschimpft.

Männer gerieten in die Defensive, sie mussten sich andauernd mit dem Vorwurf auseinandersetzen, sie hätten es nur auf die Unterdrückung der Frau abgesehen. Über Liebe wurde kaum noch gesprochen, vielmehr ging es richtig zur Sache: Der Mythos vom unbefriedigenden »penetrativen Sex« wurde in die Welt gesetzt, das männliche Geschlecht galt fortan als Waffe, vor der man sich hüten sollte. Frauen dagegen wähnten sich unangreifbar. Frau zu sein bedeutete, gut zu sein. Und im Zweifelsfall besser als ein Mann.

Die Männer versuchten zu reagieren, doch angemessene Lösungen kamen nicht in Sicht. In der Hochzeit des Emanzipationskampfes entstanden in der alternativen Szene Männergruppen, die sich erst einmal in Demut übten. Selbstbezichtigungen kamen in Mode, die Männer selbst warfen sich Sexismus und »Mackertum« vor. Als Beispiel dient dafür das 1977 veröffentlichte »Manifest für den freien Mann« von Volker Elis Pilgrim, der sich zu dem viel zitierten Satz verstieg: »Der Mann ist sozial und sexuell ein Idiot.«[15] Ein umfassender Offenbarungseid. Nun wurde »ausdiskutiert« und verhandelt, neue Leitbilder wie der strickende, weich gespülte Hausmann wurden erprobt, als tragfähig erwies sich das alles nicht.

»Ich bin der Martin«, sang als einfältiger Ökofreak Martin im selbst gestrickten Norwegerpullover, mit Zottelhaar und Hasenzähnen im Jahr 1991 der unvergessene Schauspieler Diether Krebs und traf damals den Zeitgeistnagel auf den Kopf. Er wurde damit über Jahre zur Kultfigur und verkörperte diesen Charakter auch weiterhin bei Bühnenauftritten, bei denen er von »total stressigen Beziehungen« berichtete und der Schwierigkeit, seinen Töpferkurs zu meistern.

Noch heute wirkt diese Diskussion nach. Ginge es nach den Forderungen der feministischen Lobby in Politik und in Medien – und letztlich auch nach dem Willen unserer derzeit amtierenden Familienministerin –, müssten die Männer immer noch weicher werden, weiblicher, empfindsamer. Anpassung an weibliche Qualitäten statt Unterschiedlichkeit, diese Strategie schien und scheint angebracht. Eine Strategie, die selten näher untersucht und beleuchtet wurde.

Was war passiert? Je mehr Frauen sich, um im täglichen Überlebenskampf zu bestehen, mit männlichen Verhaltensweisen identifizierten und ausrüsteten, desto weiblicher sollten die Männer werden, war plötzlich die allgemeine Überzeugung. Männer sollten jetzt ihre gestressten Frauen stärker unterstützen, sich intensiver an der Hausarbeit beteiligen, Erziehungsurlaub nehmen und ein vollwertiger Partner für die Kinder werden.

Dagegen öffentlich aufzubegehren, wagten die Männer nicht, auch wenn sie spürten, dass das Programm einer Umerziehung und Verweiblichung ihr Mannsein empfindlich beschädigen würde. Emanzipation galt als zeitgemäß und politisch korrekt, wer wollte da als Neandertaler auftreten und auf seine Männlichkeit pochen? Doch allmählich wird das Unbehagen gesellschaftsfähig. Das Buch *Anleitung zum Männlichsein,* das der *Brigitte*-Chefredakteur Andreas Lebert zusammen mit seinem Bruder Stephan Lebert verfasst hat, wurde nicht zufällig ein Bestseller, denn es ist ein Dokument dafür, dass eine ganze Männergeneration auf der Suche nach Selbstvergewisserung ist. Immer mehr Männer fragen sich, wie viel Mann denn noch erlaubt ist, und noch mehr seufzen: »Dürfen wir noch wahre Kerle sein?«[16]

Diese Frage wurde mir auch in den vergangenen Monaten häufig bei Lesungen und Vorträgen vom Publikum gestellt. Sie kam bezeichnenderweise nicht von den Frauen, sondern eher von einigen nachdenklichen Männern. Wenn dann darüber diskutiert wurde, meldeten sich bemerkenswert viele Frauen zu Wort, deren Forderung nach der wahren Männlichkeit energisch wurde. Ganz offensichtlich fühlen sie sich selbst nicht ganz wohl mit all den sinnsuchenden Männern, die ihre Identität als Problem sehen und keine starken Partner mehr sein können – oder wollen. Immer häufiger haben wir es mit harmlosen, netten, leider aber oft auch langweiligen Jasagern zu tun, die ihre männlichen Eigenschaften verloren zu haben scheinen. Wer einst hoffnungsfroh als Tiger startete, landete häufig als kläglicher Bettvorleger.

Das Dilemma ist klar: Frauen wollen den weiblichen Mann, aber keinen weich gespülten Softie. Sie wollen den Koch, den Erzieher, den

Ausdiskutierer, der aber bitte schön bei Bedarf auch Tarzanqualitäten aufweist, mit starken Schultern, an die man sich lehnen kann. Eine Achterbahnfahrt der Eigenschaften. Welcher Mann kann das leisten?

Ich möchte noch einen Schritt weitergehen und fragen: Woher sollen Männer denn heutzutage überhaupt noch wissen, dass sie Männer sind, wenn ihre männlichen Eigenschaften verhöhnt werden und sie ins feminine Trainingslager abkommandiert werden, um weiblicher zu werden?

Sicher, zuweilen klappt es mit der Umerziehung. Doch kaum eine Männerrolle ist auch dermaßen ambivalent. Die wenigen Hausmänner beispielsweise, die das traditionelle Rollenverhalten umkehrten, tun dies selten freiwillig. Oft ist es eine pragmatische Entscheidung – wenn der Mann arbeitslos wird, die Frau aber einen sicheren Job hat. Untersuchungen zu diesem Zustand sind rar. Aber glücklich scheinen diese Hausmänner häufig nicht gerade zu sein.

Axel hat den Sprung gewagt. Als er von seinem Arbeitgeber »freigesetzt« wurde, wie es neudeutsch beschönigend heißt, versuchte er eine Weile, woanders Fuß zu fassen. Er ist gut qualifiziert als Ingenieur, doch so oft er sich auch bewarb, es klappte einfach nicht. Nach einem Jahr verzweifelten Suchens gab er auf – er wollte sich allein um den Haushalt kümmern. Seine Frau Hella fand dies in Ordnung, sie hatte sowieso keine Zeit dafür. Hella hat einen lukrativen Job in einer Werbeagentur, ihre Arbeitszeiten sind selten vorhersehbar, oft muss sie abends länger im Büro bleiben, wenn ein großer Auftrag gestemmt werden muss, Dienstreisen zu Kunden sind an der Tagesordnung.

Alles lief rund. Auf den ersten Blick. Er lernte kochen, die Waschmaschine zu bedienen, kaufte ein, führte den Hund spazieren, räumte die Wohnung auf. Danach hockte er vor dem Computer, hing vor dem Fernseher rum, wartete auf seine Frau. Von Monat zu Monat wurden die Zeiten, die er mit nachmittaglichen Fernsehsendungen verbrachte oder sich mit Computerspielen beschäftigte, immer länger; mehr und mehr vernachlässigte er den Haushalt.

Aus dem einst temperamentvollen, selbstbewussten Kerl ist inzwischen ein stiller, verhaltener Mann geworden, der gebrochen wirkt. Er sieht keine Perspektive mehr, es fehlt ihm an Anerkennung, er spielt mit dem Gedanken, aus dieser Situation auszubrechen. Er kann ganz einfach nicht mehr. »Wenn nicht bald etwas passiert, lege ich einen Zettel auf den Küchentisch und gehe«, bekennt er leise. »Ich liebe Hella, doch etwas fehlt. Ich möchte mich beweisen, ich möchte etwas leisten, wofür ich geachtet werde!«

Hella würde natürlich niemals zugeben, dass es in ihrer Ehe kräftig kriselt. Sie spielt nach außen hin die toughe Erfolgsfrau, sie ist stolz auf ihre »moderne« Ehe, auf das, was sie sich leisten kann, weil sie überdurchschnittlich gut verdient. Und auch wenn sie es nicht bemerkt: Immer öfter liegt ein gewisser Triumph in ihrer Stimme, wenn sie über ihren Mann spricht. »Der ist echt klasse«, lacht sie. »Der macht einfach alles. Ich muss es nur sagen. Er hat jetzt sogar eine Schürze!« Axel sitzt dann mit hängenden Schultern daneben.

Es ist genau dieses neue weibliche Selbstbewusstsein, das Männern ganz offensichtlich immer mehr geradezu Angst einjagt. Ein Selbstbewusstsein, das kein selbstsicheres ist, sondern eher dem vermeintlichen Sieg über den Mann zu verdanken ist. Frauen führen sich leider oft wie Feldherren auf, die ihren schlimmsten Feind endlich unterworfen haben. Und wie siegreiche Kämpfer strafen sie die Unterlegenen mit Verachtung.

»Mann, bis du doof«, ist der Stoßseufzer der neuen Frauengeneration. Ein mitleidiges Achselzucken für Männer gehört mittlerweile zum guten Ton. Purer Hohn trieft aus Frauengesprächen, wenn sie sich über Männer unterhalten. Das seien alles testosterongesättigte Roboter, die infantil daherkommen, jedem Rock nachschauen und von großen Autos träumen.

Übertrumpft werden die Männer inzwischen bereits in der Schule. Dort, wie auch bei der weiteren Ausbildung bleiben die Jungen zusehends deutlich hinter ihren weiblichen Herausforderinnen zurück: Heute haben wir 14 Prozent weniger männliche Abiturienten als noch vor zehn Jahren, laut Statistischem Bundesamt ist die Zahl der männlichen Hochschulabsolventen zwischen 1995 und 2005 kontinuierlich von 59 Prozent auf 52 Prozent gesunken.

Im schulischen Vergleich liegen die Leistungen der Jungen weit unter denen der Mädchen, und in der PISA-Studie hätten die Deutschen erheblich besser abgeschnitten, wenn ausschließlich Mädchen getestet worden wären.

Der Oberstufenleiter eines rheinland-pfälzischen Gymnasiums schildert Folgendes: »Seit mehreren Jahren ist hier eine Entwicklung festzustellen, die zur Besorgnis Anlass gibt. Bereits in den Eingangsklassen, deutlicher noch in der Sekundarstufe I und signifikant in der Oberstufe verlieren Jungen mehr und mehr den Kontakt zur Leistungsspitze. Im Abiturjahrgang 2007 waren im internen Abiturranking unter den zwanzig Besten gerade noch drei Jungen zu finden. Es ist aufgrund der Erfahrungen der letzten Jahre zu befürchten, dass sich dieser Trend fortsetzt und zur Regel wird.«

Einige Jahrzehnte konsequenter Förderung von Mädchen und Frauen haben tief greifende Veränderungen hinterlassen. Doch es wurde wenig dafür getan, gleichzeitig das Geschlechterverhältnis zu entspannen. Im Gegenteil: Je mehr Wert darauf gelegt wurde, dass man Frauen nicht benachteiligte, desto weniger achtete man auf die Jungen. Sie sind die Verlierer der neuen Weiblichkeitspolitik in Schule und Beruf. Hier nun scheiden sich die Verhaltensweisen: Die einen mutieren zu wahren Machokarikaturen, die anderen aber ziehen sich in ihr Schneckenhaus zurück und unterdrücken ihr Mannsein. Sie haben verstanden, dass Anpassung am wenigsten Konflikte bringt.

Die Alltagssprache hat bereits ein ganzes Arsenal von Schimpfwörtern entwickelt, um diesen neuen Männertypus zu charakterisieren: Weichei, Warmduscher, Vollbremser – das sind noch die netteren Bezeichnungen. In ihnen schwingt eine tiefe Verachtung mit – weil jeder spürt, dass diese Haltung häufig mit Duckmäuserei, mit Opportunismus und Selbstverleugnung einhergeht. So sehr sich Frauen auch den weicheren Mann gewünscht haben mögen, sie spüren, dass dieser Mann kein adäquater Partner mehr sein kann.

»Das, was wir heute brauchen, ist nicht ein neues, weicheres Männerbild, wie es dauernd eingeklagt wird. Wir brauchen Halt! Vertrauen in unsere Taten, Vertrauen in unsere Männlichkeit!« Diese

Worte hörte ich kürzlich von einem jungen Studenten, der eine meiner Lesungen besucht hatte. Er war sichtlich beunruhigt über die Zukunft der Männer, beklagte Orientierungslosigkeit und Verunsicherung seiner Geschlechtsgenossen durch die Emanzipation der Frauen. Sofort entbrannte eine heftige Diskussion darüber, wieder einmal. Immer lauter wird der Protest der Männer, die auf der Suche nach Identität zwischen alten Klischees und neuen Anforderungen ihre Rolle nicht mehr finden. Zu widersprüchlich sind die Vorwürfe, zu diffus die Ansprüche, die an sie gestellt werden.

Gestern rief Hella an. Sie hat es sich mittlerweile zur Gewohnheit gemacht, hinter Axels Rücken über ihn zu spotten. »Der kriegt nichts mehr auf die Reihe«, höhnte sie. »Wenn ich spätabends nach Hause komme, zählt nur die Playstation. Gespräche führen wir schon lange nicht mehr. Wieso auch? Er hat nichts zu erzählen, und von meinen Erfolgen will er nichts wissen, weil er dann eifersüchtig ist. Der Arme.« Und dann schwärmte sie von den coolen Typen, mit denen sie es beruflich zu tun hat, von den Machern und Könnern, die sie beeindrucken.

»Hast du mal darüber nachgedacht, dass du an Axel so lange herumerzogen hast, bis nichts mehr von ihm übrig blieb?«, wagte ich zu fragen. Eine Weile hörte ich nichts als Schweigen. Dann legte Hella los: »Was kann ich dafür, wenn er so ohne Energie ist?«, rief sie erregt. »Ich wollte nie einen uninteressanten Softie! So hatte ich mir das nicht vorgestellt!«

Wohl wahr. Doch sie hat alles dafür getan, dass er einer wurde. Jetzt fehlt ihr das starke Gegenüber, der Held, den sie auch mal bewundern kann. Und der Mann, der deshalb attraktiv und begehrenswert ist, weil er anders ist, weil er durch seine Gegensätzlichkeit anziehend ist. Dass auch er unzufrieden sein könnte, kommt ihr nicht in den Sinn. Dass sein fehlendes Selbstwertgefühl das Konstrukt dieser Ehe zum Einstürzen bringen könnte, verdrängt sie. Was bequem für sie ist, kann nicht falsch für ihn sein, lautet ihr Argument.

Wir müssen nicht den Extremfall Hausmann betrachten, um zu sehen, wie tief das Image des Mannes bereits gesunken ist. Bei einem Streifzug durch gängige Werbespots lassen sich jede Menge neuer Klischees beobachten, die alles andere als geeignet sind, das Selbstbewusstsein der Männer zu stabilisieren. Oft genug zielen die Spots darauf ab, Männer lächerlich zu machen. Familienväter werden meist als Deppen dargestellt, die von ihren listigen, schlitzohrigen Kindern aufs Glatteis geführt und ausgelacht werden. Im Zusammenspiel mit den Frauen entpuppen sich Männer ebenfalls immer wieder als kindische Schwächlinge, vorgeführt durch überlegene Partnerinnen, die ihre Konsumentscheidungen allein treffen. Und wenn Männer in der Werbewelt überhaupt mal den Verführer geben dürfen, dann als südländisch-sympathischer Nachbar, der die Holde mit einer Tasse dampfenden Cappuccinos umgarnt. Ist es wirklich das, was Frauen sich wünschen?

Frausein, so könnte man es formulieren, bedeutet, auf der Gewinnerseite zu stehen. Mannsein bedeutet, ein Problem zu haben. Ängstlich darauf zu achten, bloß nicht in den Ruch des Machos zu kommen. Und so fressen die Männer Kreide, führen sich als Wolf im Schafspelz auf, ängstlich darauf bedacht, nur keinen Fehler zu machen. Wenn sie dann als Mann gefordert sind, versagen sie. Wenn Mut, Stärke, Tatkraft gefragt sind, ziehen sie sich zurück. Wer das als Sieg bezeichnet, hat noch nicht begriffen, dass Softies gar nicht besiegt werden können. Genauso gut könnte man gegen eine Gummiwand laufen.

Superman – warum Männer alten Mythen hinterherlaufen

Die Kränkung des männlichen Selbstbewusstseins und die fatale Entwicklung zur Softiekultur ist jedoch nur eine Variante. Als Gegenreaktion auf den Zwang zur Verweichlichung wird immer häufiger das Selbstbild des »neuen, starken Manns« gesucht. Eine Strategie, die man durchaus als Trotzreaktion bezeichnen kann. Wenn die Überforderung zu groß ist, wenn der Druck, sich anpassen zu müssen, unerträglich wird, schlägt das Pendel eben zur anderen Seite aus: Und schon haben wir es mit Männern zu tun, die ihr Heil in alten Heldenmythen suchen.

Das wäre an sich nichts Schlechtes, wenn nur die Möglichkeiten, Heldentum zu beweisen, im normalen Alltag nicht so beschränkt wären. Ein Mann, der von neun bis fünf am Schreibtisch sitzt, hat nur noch die Chance, ein Freizeit-Tarzan zu werden. Und der wirkt nicht weniger jämmerlich als ein strickender Softie. Seine Sehnsucht nach maskulinen Mythen befriedigt er meist durch sportliche Aktivitäten: durch Bodybuilding, Marathonläufe, Freeclimbing, immer waghalsigere Extremsportarten. So versucht er, gegen den fremdbestimmten Selbstanspruch anzusteuern und Stärke zu demonstrieren.

Der Superman-Comic, auch als Kinofilm äußerst erfolgreich, erfüllt perfekt die ungelebten Fantasien, die viele Männer beschäftigen. Hinter der Fassade des unscheinbaren Angestellten schlummert ein Bär von einem Mann, mutig, stark, mit grenzenlosen Kräften ausgestattet. Einer, der Leben rettet, die Weltgeschicke steuert und natürlich der Traum jeder Frau ist. Wenn wir Frauen die Wahl hätten – würden wir nicht mit Superman bis ans Ende der Welt gehen, voller Vertrauen in seine unbändige Tatkraft und Energie?

Das wissen natürlich auch die Männer – gerade die, deren Selbstachtung empfindlich unter offensiven und dominanten Frauen gelitten hat. Kein Wunder, dass Männer ihre gezähmte Existenz zumindest nach außen hin durch Stärke aufpeppen wollen. Dieser neue Männlichkeitskult treibt die seltsamsten Blüten: Wer die Kraft nicht aufbringt, in schweißtreibenden Selbstkasteiungen einen perfekten athletischen Körper zu formen, lässt es sich neuerdings einiges kosten, die »Sixpacks« oder die strammen Waden durch operativ eingespritzte Silikonpolster zu simulieren.

Dabei ginge es auch anders. Helden könnten Männer auch in der Familie sein: als Ernährer, als Beschützer, als starker Partner. Doch dieses Einsatzgebiet ist vermintes Terrain. Der Sänger Roger Cicero hat das in einem Lied passend auf den Punkt gebracht. »Ich bin ein Macher, ein Macker, ein Großer, ein ganz Toller«, beschreibt sich da ein Mann. »Ein Tougher, ein Schneller, ein Intellektueller.« Aber was erwartet ihn zu Hause? »Zieh die Schuhe aus, bring den Müll raus, pass aufs Kind auf, und dann räum hier auf, geh nicht spät aus, nicht wieder bis um eins! Ich verstehe, was du sagst – aber nicht, was du meinst.«

Und so träumen die Männer von einer aussichtslosen Superman-Existenz, fest davon überzeugt, dass echtes Mannsein nur jenseits der Familie möglich ist, nur ohne Frauen, nur ohne Kinder. Die Frauen wundern sich dann, dass der Mann am Wochenende lieber die Lederkluft anzieht und mit den Kumpels Motorrad fährt, als mit der Familie Plätzchen zu backen. Dass er lieber in verrauchten Billardkneipen die Nacht verbringt, als mit der Dame seines Herzens romantisch bei Kerzenschein zu tafeln. Dass er frühmorgens noch vor dem Fernseher sitzt und einen Boxkampf verfolgt, statt eine heiße Nacht im Ehebett zu verbringen – eine Nacht, die ohnehin lauwarm wäre, weil er sich erst einmal alle erotischen Wünsche und Tabus anhören muss, die er zu beachten hat.

Das alles führt dazu, dass sich Männer in eine Welt zurückziehen, die wie ein Zerrbild des starken Kerls wirkt. Es ist ein Paralleluniversum, das eine frühe Stufe der evolutionären Entwicklung nachahmt, als Männer und Frauen nicht partnerschaftlich zusammenlebten, sondern in Großfamilien. Und dort gab es weithin getrennte Männer- und Frauenwelten. Dagegen wäre nichts zu sagen, solange ein Paar denn auch wieder zusammenfindet und nicht das Glück allein in der Abwesenheit eines Partners findet.

Die Entwicklung zur Paarbeziehung hin war eine große Chance, das Zusammenleben von Männern und Frauen vielfältig zu gestalten. Und es funktionierte so lange, wie Frauen anerkannten, dass im Mann noch das Erbe des Jägers steckte. Erst als sie anfingen, den Mann zum Haustier zu degradieren, begannen die Probleme.

Das Gegenbild zum eingeforderten weiblichen Mann wird bereits früh entwickelt. Meist ist es ein hilfloser Protest gegen die allseits herrschende Feminisierung der Erziehung. Die meisten Lehrer sind weiblich, den Mädchen gilt das ungeteilte Interesse, denn man ist immer noch mit ihrer Förderung im Namen der Gleichberechtigung und ihre »Inschutznahme« gegen jegliche Unterdrückung beschäftigt.

Jungen dagegen werden häufig von Anfang an nicht richtig eingeschätzt und verstanden. Ihre männlichen Verhaltensweisen sollen denen der Mädchen angepasst werden, dementsprechend werden sie nicht selten unter falschen Voraussetzungen erzogen. Oft können sie ihr wahres männliches Inneres nicht leben, werden in männlichen Ritualkämpfen wie Prügeleien unterbrochen, der Kern ihres Mannseins wird unterdrückt.

Vielen Jungen fehlt außerdem die männliche Vorbildfigur, an der sie sich orientieren könnten, und dies auch dringend tun müssten. Jungen, die bei ihrer alleinerziehenden Mutter aufwachsen, sind in weitaus höherem Maße gefährdet. Schon der Psychologe Alexander Mitscherlich sprach einst von der »vaterlosen Gesellschaft« und meinte damit die Nachkriegsgeneration, deren Väter entweder im Krieg gefallen waren oder gebrochen zurückkehrten. Heute hat der Begriff wieder neue Aktualität bekommen. Väter, wie gesagt, verlassen die Familien, entziehen sich oder wollen schlicht keine starken Vorbilder mehr sein aus Angst, sie könnten als hirnlose Paschas gelten.

Auch unsere unheilvolle Geschichte hat tiefe Spuren hinterlassen. Ist ein starker Mann nicht schon ein Faschist? Ist einer, der sich zum Mannsein bekennt, nicht schon ein Soldat? Stärke wurde zum Begriff für das Böse, das unterworfen werden musste. Wer offensiv auftritt, ist einfach nicht politisch korrekt. Eroberer haben keine Chance.

Und so flüchten sich Jungen und männliche Jugendliche häufig in Traumwelten, die sie im Fernsehen und bei den Abenteuer- und Ballerspielen auf dem Computer, der Playstation oder dem Gameboy finden. Hier, in der Fantasiewelt, herrschen ausgesprochen männliche, körperlich starke, kämpfende Helden, die souverän alle Feinde besiegen und töten. Mit ihnen lässt es sich trefflich identifizieren, wenigstens in der Vorstellung. Immer mehr Jungen und junge Männer verbringen täglich viele Stunden vor interaktiven Medien, die sie zusehends von der Außenwelt, vom sozialen Miteinander abtrennen, die sie weiter in die gesellschaftliche Isolation treiben und zunehmend den Realitätsbezug verlieren lassen. Dieses Phänomen ist nicht auf die Kindheit und die Pubertät beschränkt, auch erwachsene Männer spielen lieber den großartigen Helden in der Vorstellung, als im Leben ihren Mann zu stehen.

Was bleibt ihnen auch anderes übrig?, könnte man fragen. Wenn Männer ihre Rechte einfordern wollen, stürzt sich ein wütender Haufen kämpfender Frauen auf sie und verteidigt mit zusammengebissenen Zähnen das ständig größer werdende Stück Land, das sie in den letzten Jahrzehnten einnahmen. Rechte für die Männer? Die haben doch alles, was sie brauchen! So lautet das Vorurteil.

Männer sollen durch politische Maßnahmen wie ein zweimonatiges Elterngeld für Väter und eine neue öffentliche, mit aller Macht vorangetriebene Geisteshaltung nach Hause gezwungen werden. Sie sollten mehr als »nur den Müll runterbringen«, schließlich arbeite die Frau schwerer als sie, weil sie zusätzlich noch die Kinder versorgen müsse.

Unbehagen macht sich breit. Auch wenn nur ein geringer Prozentsatz der Männer wirklich auf diese Forderungen eingeht, so plagt doch das schlechte Gewissen, das man ihnen einredet. Wer aber will sich auf Dauer nur noch verteidigen? Dann doch lieber die Flucht nach vorn, die Flucht in den Beruf, in dem man auch mal jemanden anbrüllen darf, die Flucht auf den Fußballplatz, auf dem man sich aggressiv zu seiner Mannschaft bekennt. Oder die endgültige Flucht aus der Familie.

Sprachlos – warum Männer nicht mehr diskutieren wollen

»Lass uns drüber reden« – das ist ein Satz, der mit der Studentenbewegung der Sechzigerjahre auch die Beziehungen zwischen Frauen und Männern eroberte. »Ausdiskutieren« wurde zum Volkssport des wahrhaft aufgeklärten Zeitgenossen. Doch gründlich, wie wir nun mal sind, haben wir vieles zerredet, was nicht verhandelt werden kann. Dazu gehört die Unterschiedlichkeit von Männern und Frauen: Sie sollte schlicht wegdebattiert werden, denn der Feminismus hatte die Überzeugung verbreitet, das Geschlecht sei lediglich ein Produkt der Erziehung und vollkommen austauschbar. Daher, so die Logik der Feministinnen, seien alle Probleme endgültig aus der Welt geschafft, wenn Frauen männlicher und Männer weiblicher würden.

Frausein, das bedeutete angeblich, sich so zu verhalten, dass man direkt in die Unterdrückung segelte. Männlichkeit dagegen schien dasselbe wie Überlegenheit mit dem Hang zur Unterdrückung zu sein. So wurden die Geschlechterrollen zunächst einmal grundsätzlich als falsch abgestempelt. Sowohl »typisch Frau« als auch »typisch Mann« wurden als Rollenklischees mit abgelaufenem Verfallsdatum herabgewürdigt. Immerhin fiel manchen Frauen auf, dass schon am Gesprächsstil unüberwindliche Unterschiede erkennbar waren: Männer berufen sich auf harte Fakten, Frauen achten auf Tonlagen und Mimik. Sie fühlen sich manchmal schon dann verletzt, wenn kein böses Wort fällt – wenn jedoch die Art der Diskussion unerträglich für sie ist.

»Immer, wenn ich mit Andreas über uns reden will, sagt er: ›Bitte, wie du willst‹«, beschwerte sich Kira kürzlich. »Aber *wie* er es sagt, total desinteressiert. So, als sei das eine Pflichtübung. Dabei ist es mir wahnsinnig wichtig, alles zu klären, was zwischen uns läuft. Das Verhältnis zu seiner Mutter zum Beispiel, das doch ganz entscheidend für seines zu mir ist. Doch da kommt einfach zu wenig.«

Kira ist ein Paradebeispiel für Frauen, die ihre Männer mit ihrer Beredsamkeit in die Flucht treiben, ungewollt. Weil sie der Ansicht ist, dass die wahre Freiheit bedeutet, ohne Tabus über alles zu reden. Doch die Einsilbigkeit von Andreas verrät, dass ihm diese Gespräche auf die Nerven gehen, denn er weiß, dass am Ende nur Streit dabei herauskommt. Andreas hält diese Diskussionen für überflüssig, er sieht das alles anders. »Wir sind doch auch so ganz glücklich«, beteuert er. »Wieso sollen wir dauernd über uns reden? Gibt es nichts Wichtigeres?«

Manchmal scheint es, als sei Andreas ein spätes Opfer der Siebzigerjahre, als das Reden wie ein Befreiungsschlag wirkte. Ausdiskutiert wurde anfangs einfach alles. Nichts schien mehr selbstverständlich, sei es die Wohnung, das Zusammenleben, die Sexualität, die Kindererziehung, die Berufstätigkeit. Der Mensch sollte neu erfunden werden, vor allem aber wollten sich erst einmal die Frauen neu erfinden, und da gab es in der Tat Redebedarf. Allmählich versandete allerdings der Streit ums Grundsätzliche und machte einem aufreibenden Dauerärger um alle Einzelheiten Platz. Wer kocht? Wer strickt? Wer darf im Bett Wünsche äußern? Keine Verabredungen, keine Rituale durften mehr zugelassen werden, der Verhandlungszustand wurde ein Alltagsprogramm.

Noch immer, man müsste eher sagen, schon wieder wird in Deutschland diskutiert. Denn, das müssen wir uns eingestehen, viel weiter hat uns die beständige Debatte nicht gebracht. Nun wird sie wieder kräftig angeheizt. Die politische Maßgabe einer Babypause für Männer sorgt für heftigen Streit in vielen Familien. Dass der Mann allein aufgrund seiner natürlichen Veranlagung viel zu wenig für Hausarbeiten und Wickelvolontariate ausgestattet ist, interessiert einige Frauen nicht. Auch wenn mir klar ist, dass bei diesen Zeilen viele wutschnaubend den Buchdeckel zuklappen und weiterhin auf ihren Rechten bestehen werden, so müssen wir doch anerkennen, dass der Gleichheitswahn am Wesen des Mannes völlig vorbeigeht.

Nach dem Erscheinen des *Eva-Prinzips* und dem entrüsteten Aufschrei über die darin geforderte Anerkennung des »schöpfungsgewollten«, also naturgegebenen unterschiedlichen Auftrags der beiden Geschlechter, sind mehrere Bücher und Studien über die Verschiedenartigkeit von Mann und Frau erschienen. Meines Wissens hat sich niemand darüber aufgeregt – wie auch? Die Fakten sind derart eindeutig und wissenschaftlich untermauert, dass sie sich jeder Diskussion entziehen.

Louann Brizendines Untersuchung über *Das weibliche Gehirn* beispielsweise weist überzeugend nach, dass männliche und weibliche Gehirne sich wesentlich unterscheiden, was eine Fülle von spezifischen Wahrnehmungs- und Verhaltensweisen nach sich zieht. So ist beispielsweise das Sprachzentrum der Frauen ungleich stärker herausgebildet als das der Männer. Die amerikanische Neurobiologin formuliert dies äußerst humorvoll: »Dort, wo die Sprache verarbeitet wird, existiere bei Frauen gewissermaßen ein mehrspuriger Highway, bei den Männern dagegen nur eine schmale Landstraße.«[17]

Auch wissen Frauen mehr über die Menschen um sich herum als Männer. So scheinen Männer nicht über die gleiche angeborene Fähigkeit zu verfügen, aus Gesichtern und dem Tonfall eines Gegenübers emotionale Schwankungen herauszulesen. Es sind eher rationale Gedanken, die bei ihnen zum Tragen kommen, stellt Louann Brizendine fest: »Die typische Reaktion eines männlichen Gehirns auf Gefühle besteht darin, sie auf jeden Fall zu vermeiden. Um die emotionale Aufmerksamkeit eines Männergehirns auf sich zu lenken, muss eine Frau im übertragenen Sinne brüllen: ›Sehrohr ausfahren! Emotionen im Anflug! Alle Mann an Deck!‹ Mit steigendem Östrogenspiegel spürt ein Mädchen in der Pubertät bereits Gefühle im Bauch und körperliche Schmerzen stärker als ein Junge … Wie man aus Scan-Aufnahmen des Gehirns weiß, sind die Areale, die Bauchgefühle aufnehmen, bei Frauen größer und empfindlicher.«[18]

Was im naturwissenschaftlichen Zusammenhang als Tatsache hingenommen wird, gilt aber plötzlich als rückständig, wenn es um die sozialen Beziehungen geht. Eine ernsthafte Betrachtung der klassischen Geschlechterbestimmungen ist heute längst in den Hintergrund gerückt und so gut wie überhaupt nicht mehr möglich. Politisch und gesellschaftlich korrekt und gewollt ist vielmehr das Herbeiführen »modernerer Verhaltensweisen«, die Mann und Frau gleichmachen.

Es geht nicht mehr um Respekt für »das andere« beziehungsweise »den anderen« oder um den Mann an sich, sondern um Gleichberechtigung für Frauen. Die Medien tragen kräftig zu dieser Sicht der Dinge bei: Sie fördern einseitig das Erfolgsmodell »berufstätige Mutter«, die Multitaskerin, die Kind, Küche und Karriere locker zu vereinbaren weiß; Frauen, die Familienarbeit leisten, werden als fantasielos, rückständig und dumm dargestellt. Die Medien verleugnen und missachten damit zugleich den Erfolg berufstätiger Väter, die eine ganze Familie mit ihrer Erwerbsarbeit ernähren. Das »Alleinernährermodell« wird nur noch selten honoriert, selbst da, wo es funktioniert, stehen die Männer schnell unter dem Verdacht, typische Unterdrücker zu sein.

Umgekehrt fordern immer mehr Männer, dass Frauen ihr eigenes Geld dazuverdienen sollen. So wird aus dem einstigen Emanzipationswunsch der Frauen, die ihre Berufstätigkeit als Beweis für Selbstbestimmtheit und Selbstverwirklichung betrachteten, ein Bumerang. Im Klartext: Frauen, die auch nur für wenige Jahre aus der Erwerbstätigkeit aussteigen möchten, um sich um die Familie zu kümmern, gelten nun als Drohnen.

Was wir erleben, ist eine erschreckende Mobilmachung der Ressource Frau für den Arbeitsmarkt. Um das zu rechtfertigen, müssen die Männer herhalten: Väter seien mindestens ebenso gut für die Erziehungsarbeit der Kleinsten qualifiziert wie die Mütter und sollten diese auch unbedingt wahrnehmen, befand Ursula von der Leyen in zahlreichen Stellungnahmen und führte Anfang 2007 das zweimonatige Elterngeld für Väter ein.

Wenn die Männer als Kinderbetreuer eingesetzt werden, kann ihre Eignung dafür nicht annähernd das abdecken, was die Rollentauschfantasie der Ministerin glauben machen will.

Und die Männer? Sie schweigen. Sie wollen nicht mehr reden. Sie wollen sich vor allem nicht mehr verteidigen. Sie wollen nicht mehr die willigen Versuchskaninchen in einem gesellschaftlichen Experiment sein, dem sie ihre Wünsche und ihre Identität opfern sollen. Hinter ihnen liegt oft ein Hindernislauf der Streitigkeiten und Auseinandersetzungen, die alle Liebe, alles Vertrauen, alle Selbstverständlichkeit aus den Beziehungen vertrieben haben. Achselzuckend gehen sie ihrer Wege, überzeugt, dass sie eine feste Beziehung nicht mehr ertragen können.

Wenn Mann und Frau sich kennenlernen, dann ist es oft das andere, was das Gegenüber fasziniert, die Eigenheiten der noch fremden Persönlichkeit. Im Laufe der Zeit versuchen die meisten Frauen, sich den Mann so zurechtzubiegen, wie sie es gern hätten. Das ehemals geheimnisvolle Andersartige soll nach dem Abflauen erster Leidenschaften wieder abgeschafft werden, damit er so funktioniert, wie es am besten in den weiblichen Lebensentwurf passt.

Viele der Vorschläge zur Veränderung des Mannes klingen auf den ersten Blick vielleicht erstrebenswert und sind in bester Absicht ausgesprochen, doch auch der Weg zur Hölle ist, wie wir wissen, mit guten Vorsätzen gepflastert. Männer, die das zulassen, sind häufig Verlierer. Frauen, die solches versuchen, ebenfalls: Die Beziehung wird in den meisten Fällen irgendwann wegen Langeweile und mangelnden Respekts, fehlender Akzeptanz und unterschiedlicher Sichtweisen scheitern.

Was viele Beziehungen nachhaltig zerstört, ist vor allem der Irrglaube, dass man unbedingt über alles reden sollte. Sicher, Partnerschaft bedeutet ohne Frage, gemeinsam Entscheidungen zu treffen. Über Kinder, über Ortswechsel, über Urlaubziele. Das ist ein völlig normaler Vorgang. Längst aber ist es modisch geworden, über »die Beziehung« zu sprechen. Grundsätzlich. Andauernd. Geradezu manisch. Selbst über intimste Dinge.

»Wir haben so lange über Sex geredet, dass wir nicht mehr miteinander schlafen«, erzählte ein Bekannter im Vertrauen. »Trixie bestand darauf, mir von ihren sämtlichen früheren Liebhabern zu erzählen, was ihr an ihnen gefallen hatte und was nicht. Das hat mich sowieso abgeturnt – welcher Mann will das schon so genau wissen? Aber schlimmer noch: Dauernd hat sie mir haarklein erzählt, welche erotischen Fantasien sie hat, was sie möchte und was nicht, wann sie es möchte und wie sie es möchte. Es klang mindestens so kompliziert wie Astrophysik. Irgendwann hatte ich keine Lust mehr, es war alles zu kompliziert geworden. Und wenn wir doch mal Sex hatten, kam sofort die Manöverkritik. Was gut war und was nicht, was ich besser machen könnte. Grässlich. Als wir uns kennenlernten, war es ganz anders. Spontan, liebevoll, ekstatisch. Aber das ist lange vorbei.«

Klare Worte. Und dieser Mann ist wahrlich kein Einzelfall. Was er intuitiv spürt: In jeder Beziehung, auch in langjährigen Partnerschaften, muss ein Rest Geheimnis bleiben, das Fremde, das Andersartige, das anfangs fasziniert hatte. Das betrifft nicht nur die Sexualität, sondern auch viele andere Eigenheiten, die den Charakter zeigen, die Vorlieben, die Interessen. Ginge es nach den Frauen, so müssten die

Männer all das hinter sich lassen, sich dauernd offenbaren und nur noch so leben, wie die Partnerin es möchte.

»Reden ist Silber, Schweigen ist Gold«, weiß der Volksmund. Das gilt im Besonderen für Beziehungen. Männer spüren sehr genau, dass die Motivation der leidenschaftlich eingeklagten Dauergespräche meist der Wunsch ist, sie zu formen, ihre Ecken und Kanten abzuschleifen. Häufig wird dabei Unwille und Abwehr erzeugt.

Der Streitpunkt Kindererziehung ist vor diesem Hintergrund eine Katastrophe. Viele Frauen wollen nicht hinnehmen, dass Männer einen völlig anderen Umgangsstil mit den Kindern haben, der rauer und fordernder ist. Dass sie oft weniger Zeit mit den Kindern verbringen wollen, dann aber sehr aktiv und körperbetont mit ihnen spielen, nicht so weich und verständnisvoll wie Mütter.

»Ich habe es aufgegeben«, stöhnte Ulrich, ein Vater von drei Kindern unter zehn Jahren. Wenn er abends nach Hause kommt, stürzen sich die Kleinen auf ihn und wollen toben. Doch Freya, seine Frau, stellt sich sofort dazwischen. »Sie meint, es wäre besser, abends mit den Kindern zu basteln«, sagt er entnervt. »Ich bin aber nicht der Bastelpapi. Und die Kinder sehen mich auch nicht so. Kommt es dann trotz Freyas Protesten zu einer Kissenschlacht, vergeht der weitere Abend mit Vorwürfen, ich sei ein total unsensibler Kerl, ein grober Klotz von Mann, der überhaupt nicht weiß, wie Kinder ticken. Ist doch kein Wunder, dass ich die Lust verliere, unter Freyas strengem Blick mit den Kindern zusammen zu sein.«

Ulrich findet überhaupt nicht, dass er so etwas ausdiskutieren, dass er gar das mütterliche Verhalten nachahmen sollte. Kinderpsychologen würden ihm recht geben – denn sie haben erkannt, dass der Vater eine völlig andere Rolle in der Erziehung spielt. Freyas Diskutierwut ist also überflüssig, stört aber empfindlich den spontanen Umgang des Vaters mit den Kindern.

Geben wir es zu: Besser sind unsere Beziehungen nicht durch die stundenlangen Gespräche geworden, die immer nur um uns selbst kreisen. Um unsere Ansprüche und Forderungen, um unsere Rechte und Aufgaben. Und um all das, was mal nicht so gut lief. Was Frauen verlockend erscheint, das minutiös ausformulierte Protokoll – »Und dann hast du gesagt, und dann habe ich gesagt ...« –, bringt Männer zur Weißglut. Es gibt einige Ehen, die an diesem Hang zum unermüdlichen Aufrechnen zerbrochen sind.

Solche Gespräche sind nicht zu verwechseln mit denen, die wirklich sinnvoll sind. Bei denen man gegenseitig Anteil nimmt am Leben des Partners, bei denen man gemeinsam Pläne für die Zukunft schmiedet oder Alltagssorgen teilt. All das ist konstruktiv und die Basis einer guten Beziehung. Doch wenn Männer merken, dass sie nur noch wie Examenskandidaten dasitzen, die von ihrer Prüferin kritisiert werden, sind sie schnell verschwunden. Verübeln kann man es ihnen nicht, oder?

Perspektiven für neue Männerbilder

Wir Frauen sind es, die sich nun entscheiden müssen: Wollen wir einen netten, harmlosen Mitläufer, der sich anpasst, einfügt und Forderungen erfüllt, oder wollen wir einen Mann, der kraftvoll zu uns steht, uns liebt und ein Recht hat auf seine Andersartigkeit, auf seine Männlichkeit? Wenn wir uns wünschen, dass er unsere Träume ernst nimmt, unsere Weiblichkeit erkennt, unsere Rechte akzeptiert, müssen wir ihm dann nicht dasselbe auch umgekehrt zubilligen?

Ein Mann muss wissen, dass er für uns Mann sein darf, besser noch: ein Mann sein soll. Er muss erkennen, dass wir ihm eine gewisse Macht zugestehen, jenseits simpler Unterdrückung, er muss täglich neu spüren, dass er in unseren Augen ein Held, ein ganzer Kerl ist und dass unser Vertrauen in ihn grenzenlos ist. Wenn es uns Frauen gelingt, den Männern dieses Gefühl sicher zu vermitteln, haben wir eine Chance auf gelungene Beziehungen und stabile Familien.

»Die Männer sind alle Verbrecher«, trällerte man am Anfang des letzten Jahrhunderts. Was als ironische Spitze gemeint war, hat sich längst in der Seele vieler Frauen zum Vorurteil verfestigt. Sie betrachten Männer mit Misstrauen: Unter Schlips und Kragen lauert der Neandertaler, gewaltbereit, gewissenlos, verantwortungslos – all das unterstellen sie ihm. Dabei dämonisieren sie das »Prinzip Mann«. Doch Männer sind keine Monster, sie haben nur völlig andere Vorstellungen, die sie verwirklichen möchten. Zum Glück!

Wie aber sehen diese aus? Betrachten wir einen Moment lang das Kind im Manne und nehmen wir seine Träume ernst. Gehen wir zurück zu den Anfängen, zu dem kleinen Jungen, der ungeachtet aller gleichmachender Erziehungsmaßnahmen auffällig rasch typisch jungenhafte Verhaltensweisen an den Tag legt.

Die Frage lautet: Was tut ein Junge am allermeisten und am allerliebsten? Richtig: Er kämpft. Gegen Außerirdische, gegen Cowboys und Ninjas, gegen wilde Tiere und Drachen, gegen Ungerechtigkeiten, gegen die Lehrer und Klassenkameraden. Er gründet Banden, entwickelt Überlebensstrategien und rettet sich und seine Meute immer wieder heldenhaft aus allen Gefahren. Und er kämpft nicht nur gegen Feinde und Phantome, sondern auch für seine Träume, seine Pläne und für die Prinzessin, die er mit dem Schwert vom bösen Drachen befreien, heimführen und heiraten will.

Das klingt einfach, sehr einfach, doch ich bin davon überzeugt: Mehr ist es nicht, was wir wissen müssen, um einen Mann zu verstehen. Und diese einfache Formel sollten wir nie vergessen, auch wenn solche Handlungsweisen mit der Zeit verblassen mögen. Wenn wir dem Mann die Berechtigung zum Kampf, zur Dominanz nehmen, wenn wir ihn zwingen, sich zu verändern und zum Softie zu werden, so werden wir das Männliche in ihm unterdrücken und es langfristig zerstören. Wie sagte neulich ein gut aussehender junger Mann, der mit seinem Kumpel zu meiner Lesung erschienen war: »Die Frauen müssen wissen, dass wir nicht tagsüber Windeln wechseln und bügeln und abends den Löwen im Bett geben können.« Eine einfache, aber durchaus logische Feststellung.

Geben wir den Männern unsere Unterstützung, unser Verständnis und unsere Liebe und führen wir sie durch die unsichtbare Welt der Empfindungen, ohne dass sie es bemerken, dann werden wir Erfolg haben. »Hinter einem erfolgreichen Mann steht eine kluge Frau.« Ja, dies ist eine der Lebensweisheiten, die heute beinahe verblasst ist, doch richtig angewendet, könnte sie die ganze Welt retten.

Nur wenn wir den Mann als Mann akzeptieren, werden wir auch wieder seine Rolle in der Familie stärken können. Denn dort wird er gebraucht, und zwar dringend. Jedoch nicht als männliche Mutter, sondern klar und eindeutig als Mann, als Beschützer, als Ernährer, als Ehemann und als Vater. Diese Erkenntnis ist zwar nicht neu, scheint es aber für viele immer noch zu sein. Lange gingen Psychologen davon aus, dass Männer Unfähigkeiten auswiesen, weil sie mit Kindern ganz anders umgehen als Mütter. Erst allmählich kommen die »Väterforscher« auf den Plan, die sich auf das einlassen, was den Vater als Mann ausmacht.

Eine enge Bindung sowohl an die Mutter als auch an den Vater sei wesentlich für die kindliche Entwicklung, betont beispielsweise der französische Psychologe Jean LeCamus in seinem Buch *Väter. Die Bedeutung des Vaters für die psychische Entwicklung des Kindes.* Er charakterisiert den väterlichen Erziehungsstil als aktiver und offensiver: Kinder suchten instinktiv Trost bei der Mutter, Anregung jedoch beim Vater. Väter seien wesentlich herausfordernder im Umgang mit Kindern, sie trauen ihnen mehr zu und ermuntern sie häufiger, Neues auszuprobieren, sie provozieren aber zuweilen auch.

Diese vorhandene Aggression ist nichts Feindliches, im Gegenteil: Väter bereiten ihre Kinder auf diese Weise intuitiv auf die Welt draußen vor, jenseits der Schutzzone, die die Mütter erschaffen. Sie simulieren den Kampf, weil der später dazugehören wird. Kinder, die nur mütterliche Harmonie erfahren, sind wenig gewappnet für die vielen Revierkämpfe und Hackordnungen, denen sie bereits im Kindergarten und in der Schule ausgesetzt sind, später dann noch stärker im Berufsleben.

Inge Seiffge-Krenke, Professorin für Entwicklungspsychologie an der Universität Mainz, sagt dazu: »Väter ergänzen, kontrastieren und komplettieren das mütterliche Modell.«[19] Auf den Punkt gebracht: Kinder brauchen Bindung, die sie meist bei der Mutter erfahren, und die Erkundung der Welt, die meist vom Vater erlernt werde. Dabei müsse der Vater gar nicht so lange anwesend sein – wenn er in der Freizeit als typischer Mann mehr motorische Spiele und

Sportaktivitäten mit seinen Kindern betreibe, so sei sein Einfluss bereits enorm.

Entscheidend an diesen Erkenntnissen ist, dass der Mann sich weder verbiegen noch weibliche Verhaltensweisen annehmen muss, um ein guter Vater zu sein. Gerade seine Neigung zu ruppigen, körperbetonten Spielen, zu Kämpfen und Wettbewerben sei als Ergänzung zur mitfühlenden Mutter wichtig. Die Neigung zur Gleichmacherei hat diese wesentlichen Unterschiede viel zu lange beiseitegeschoben oder als falsch gebrandmarkt. LeCamus dagegen spricht von der »vernünftigen Ungleichheit«[20].

So wie die Väter in der Erziehung eine rauere Rolle spielen dürfen und sollten, wäre es generell angebracht, die Existenz von Männerwelten jenseits von Beziehung und Familie zu akzeptieren. Wie bitte?, werden jetzt viele Frauen fragen. Der Mann darf seiner Wege gehen, und ich soll zu Hause bleiben? Das ist ungerecht! Was auf den ersten Blick fremd erscheint, ist auf den zweiten Blick völlig einleuchtend. Männer wollen nicht nur in Beziehung und Familie stark auftreten dürfen, sie brauchen darüber hinaus Ventile, um ihre Aggression, ihre Kampfeslust, ihre Männlichkeitsrituale auszuleben. Und das gelingt nun mal nicht, wenn sie Schwarzwälder Kirschtorte backen oder einen Seidenmalkurs belegen.

Hannah hatte es immer zur Verzweiflung getrieben, wenn ihr Mann am Samstag auf den Fußballplatz ging und anschließend den Abend mit Freunden in der Vereinskneipe verbrachte. Misstrauisch und eifersüchtig hatte sie eines Tages darauf bestanden mitzugehen, auch wenn Sven das unangebracht fand; er fühlte sich kontrolliert. Doch Hannah musste schnell erkennen, dass das nicht ihre Welt war – die, wenn auch harmlosen Trinkrituale, die Gespräche über Autos, Musikanlagen und Computer, das alles langweilte sie zu Tode. Sie schüttelte sich und machte Sven Vorwürfe: »Warum brauchst du das? Zu Hause ist es doch viel schöner!«

Doch um solche Wahlmöglichkeiten geht es nicht. Auch Hannah hat ihre Freiräume, ihre Yogagruppe, ihren »Weiberabend« einmal im Monat. Niemals würde sie auf die Idee kommen, Sven dorthin mitzuschleppen, umgekehrt aber hatte sie es zumindest versucht.

Weil sie völlig die Tatsache verkannte, dass selbst das harmonischste Zusammenleben nicht bedeuten kann, dass Mann und Frau austauschbar werden. Weil sie nicht wahrhaben wollte, dass Männer manchmal ihr eigenes Revier abgrenzen müssen, um sich als Mann zu fühlen.

Ein positives Männerbild wäre eines, das von Akzeptanz geprägt ist. Akzeptanz der männlichen Spielarten des Lebens, und sei es der männlichen Irrationalität, mit der mitten in einer überzivilisierten Gesellschaft alte Mythen gelebt werden. Nur wenn wir tolerieren, dass Männer nicht umerzogen werden müssen, dass sie ein Recht darauf haben, ihren männlichen Kern zum Vorschein zu bringen, werden die Männer auch wieder bereit sein für Partnerschaft und für eine Vaterrolle, die sie selbst gestalten können.

Bis dahin ist es noch ein weiter Weg. Die gegenwärtigen Anforderungen und Überforderungen, die die Männer erleben, werden nur neue Gräben aufreißen und ein Heer von Nomaden erschaffen, die nur für kurze Zeit, wenn überhaupt, familiär eingegliedert werden können. Wenn sich nichts ändert, werden wir Frauen zu kämpferischen Amazonen werden, die wie ihre antiken Ahninnen Männer kurzfristig erobern, sich schwängern lassen und ihre Opfer dann – im Gegensatz zu den historischen Amazonen – wieder freilassen. Und die Männer werden sich völlig in ihrem Paralleluniversum einrichten. Wir sollten alles dafür tun, dass es nicht so weit kommt.

3

Kinder und Jugendliche – zwischen Ängsten und Alleinsein

Wenn das Herz nur warm ist und schlägt, wie es schlagen soll, dann friert man nicht.

Pippi Langstrumpf

Zukunft – ein schwarzes Loch

Die Lebenssituation für Kinder und Jugendliche im heutigen Deutschland ist alles andere als beruhigend. »Ich weiß echt nicht, wofür ich auf dieser Welt bin«, sagt Janine. Sie ist sechzehn, hat die Schule geschmissen und versucht, ihre Sorgen bei Wochenendpartys, auf denen viel Alkohol getrunken wird, zu vergessen. Janine ist ein klassisches Schlüsselkind. Ihr Fernseher steht seit acht Jahren in ihrem Zimmer und ist ihr bester Freund neben dem Laptop und dem MP3-Player. Janine ist spindeldürr, sie leidet unter Essstörungen, wurde zwischendurch in einer Klinik zwangsernährt.

Ein übertrieben geschildertes Schicksal? Keinesfalls. Der Alltag der Jugendlichen ist zunehmend geprägt durch »Gefühle der Ohnmacht und des Alleinseins, der Sinnleere und Perspektivlosigkeit«, heißt es in der Rheingold-Jugendstudie.[21] Mobbing, Gewalt und die immer mächtiger werdende Angst vor dem Abgleiten in ein Hartz-IV-Dasein steigerten das Gefühl der Verunsicherung und der Orientierungslosigkeit. »Selbst die Jugendlichen, die sich noch materiell abgesichert fühlen, erleben die Zukunft als ein schwarzes Loch. Sie wissen nicht, wofür sie gebraucht werden, wofür sie kämpfen und wogegen sie rebellieren können«, so die Rheingold-Untersuchung.

Die Shell-Jugendstudie 2006 hatte schon Vergleichbares als Ergebnis: Sie zeigte, dass Jugendliche deutlich stärker besorgt sind, ihren Arbeitsplatz verlieren beziehungsweise keine adäquate Beschäftigung finden zu können. Waren es in 2002 noch 55 Prozent, die hier beunruhigt waren, stieg die Zahl 2006 bereits auf 69 Prozent an. Auch die Angst vor der schlechten wirtschaftlichen Lage und vor steigender Armut nahm in den Jahren zwischen 2002 und 2006 von 62 Prozent auf 66 Prozent zu.

Die Bewältigungsstrategien, die Jugendliche entwickeln, um mit ihren Schwierigkeiten fertig zu werden, sind laut der Rheingold-Untersuchung sehr verschieden. Die einen betreiben Dauerkonsum, andere schotten sich ab und flüchten in die künstlichen Paradiese von Internet und Playstation-Welten. Von der einstigen Spaßgesellschaft, in der alles »ganz easy« lief, sind lediglich vereinzelte Bruchstücke übrig geblieben.

Zahlreiche Kinder und Jugendliche in Deutschland stehen heute unter einem enormen Druck, der insbesondere von den Gleichaltrigen in den sogenannten Peer Groups ausgeübt wird. Die Orientierung an Gruppenstandards wird in diesem Zusammenhang jedoch oft verkannt oder bewusst heruntergespielt. Nach Aussagen der kanadischen Psychologen Gordon Neufeld und Gabor Maté ist die zunehmende Gleichaltrigenorientierung in unserer Gesellschaft von einem alarmierenden und dramatischen Anstieg der Selbstmordrate unter Zehn- bis Vierzehnjährigen begleitet, seit 1950 hätte sie sich in dieser Altergruppe in Nordamerika vervierfacht. Ist man bisher davon ausgegangen, dass bei Selbsttötungen junger Menschen die Gründe meist in der Ablehnung der Eltern zu finden sind, ist das nach Ansicht Neufelds inzwischen lange nicht mehr so. Langjährige Beobachtungen und Untersuchungen der Psychologen lassen den Schluss zu, dass der wichtigste Auslöser für den jugendlichen Suizid in der Behandlung durch die Gleichaltrigen zu sehen ist. Je öfter und regelmäßiger Kinder und Jugendliche ihre Zeit mit Personen gleichen Alters teilen und je wichtiger sie in dieser Gruppe füreinander werden, umso verheerender kann sich deren unsensibles Verhalten auf jene Kinder auswirken, die es nicht schaffen, dazuzugehören, und die sich abgelehnt oder ausgeschlossen fühlen.[22]

Neufeld und Maté führen aus, dass auch in anderen Ländern das

Phänomen bekannt ist: Die amerikanische Zeitschrift für Kultur, Politik und Literatur *Harper's Magazine*, beispielsweise, druckte vor einiger Zeit eine Sammlung von Abschiedsbriefen japanischer Kinder ab, die Selbstmord verübt hatten: Die meisten von ihnen litten unter der unerträglichen Tyrannisierung durch Gleichaltrige und gaben dies als Grund an für ihren Entschluss, aus dem Leben zu gehen.[23]

Gruppendruck kann große Ängste verursachen, aber auch Hass auslösen. Der Student Cho Seung-Hui fühlte sich in »die Ecke gedrängt« – das gab er wenigstens als Grund an, nachdem er im April 2007 auf dem Campus von Blacksburg im amerikanischen Bundesstaat Virginia zweiunddreißig Menschen getötet hatte. Die Wut und das Bedürfnis nach Vergeltung können über Jahre wachsen, Jahre, in denen Rachepläne geschmiedet und Vorbereitungen getroffen werden können. Schließlich kommt der Punkt, an dem die Wut zu groß wird: Alle sollen endlich erfahren, was sie dem Betroffenen angetan haben. Ähnlich der Amoklauf von 2001 in Erfurt, bei dem der neunzehnjährige Robert Steinhäuser am Gutenberg-Gymnasium sechzehn Personen und dann sich selbst tötete. Er war von der Schule verwiesen worden.

Schon zu Beginn der Sechzigerjahre warnte der amerikanische Soziologe James Coleman davor, dass die Eltern als wichtigste Quelle für Werte und als Hauptbezugsperson für ihre Kinder und deren Verhalten verdrängt würden – und zwar durch gleichaltrige Bezugspersonen.[24] Doch damals war das noch kein Thema, beginnende Fehlentwicklungen bei Jugendlichen wurden – insbesondere in Deutschland – mit dem Dilemma der Eltern erklärt, die sich nicht mit den Folgen des zurückliegenden Krieges auseinandergesetzt hätten.

Gordon Neufeld geht davon aus, dass eine starke Gruppensozialisation bei Kindern und Jugendlichen auch Auswirkungen auf das spätere Verhalten im Erwachsenenalter hat: Wer sehr jung die Gruppe als Lebensrealität empfunden und kennengelernt hat, und wem die Erfahrungen des Alleinseins, aber auch die einer Familie und dem damit verbundenen Zusammenhalt fehlen, der verlässt sich später auch nicht auf sich alleine. Extreme Erscheinungsformen der Gleichaltrigenorientierung sind nach seiner Meinung tyrannisierendes Verhalten mit Gewaltanwendung, Selbstmorde und Morde unter Kindern und Jugendlichen. Auch die inzwischen allseits bekannten Massenpartys mit Höhepunkten wie Koma-Sauf-Wettbewerben oder Gang-Bangs, also Massenvergewaltigungen, bei denen die Mädchen vorher zustimmen, können zu diesen Folgen zählen.

Heutige Jugendliche stehen oft als Krawallmacher, Schläger oder Kleinkriminelle in der Zeitung oder sie scheinen langweilig, angepasst und konturlos zu sein. Die Schere geht auseinander zwischen extrem gewaltbereiten Jugendlichen und kleinen Spießern. Wo sind die jungen Leute mit Idealismus, mit festen Zielen vor den Augen, mit Ecken und Kanten, mit »Flausen im Kopf«? Keine Frage: Jede Elterngeneration hat den Kopf geschüttelt über die Jugendlichen ihrer Zeit. Doch das Phänomen, dass die einen viel zu wenig rebellieren und die anderen erschreckend über das Ziel hinausschießen, ist neu. Die Jugendlichen 2007 scheinen zum einen emotionslos, gelangweilt und unterkühlt zu sein, die anderen verroht und gewaltbereit.

Kindheit – mal Langeweile, mal Übermutterung

Max, der Sohn einer Bekannten, feiert seinen sechzehnten Geburtstag zu Hause. Er hat ein paar Freunde eingeladen, zusammen sitzen sie im Garten, trinken Bier und Cola und bedienen sich am Büffet, das die Mutter vorbereitet hat. Seine Eltern sind bei dem Fest dabei, außerdem befreundete Ehepaare. »Ist doch klar, dass sie mitfeiern, wenn meine Eltern alles organisieren«, sagt Max. Warum er nicht selbst die Party ausrichtet? Das macht zu viel Mühe, findet Max. Aber seine Eltern wollten es gern, dass er feiert, also haben sie Essen und Getränke besorgt, Bierzeltbänke herangeschleppt. Das ist doch nett! Oder?

Marla ist fünfzehn. Sie ist ein großes, gertenschlankes Mädchen, trägt angesagte Klamotten und hat eine Mutter, die oft für ihre ältere Schwester gehalten wird. »Sie ist meine beste Freundin«, sagt Marla über ihre dreißig Jahre ältere Mutter. Toll! Toll?

Wo sind die Jugendlichen, die sich abnabeln, die mit den Eltern diskutieren, sie infrage stellen, bis die Fetzen fliegen? Wer steht noch auf für eine bessere Zukunft, eine gesündere Umwelt, wer kämpft dafür, bloß nicht so zu werden wie die eigenen Eltern? Vorbei sind die Zeiten der idealistischen Engagements und des Kampfes gegen notorische Spießigkeit. Die jungen Menschen sitzen lieber daheim, lassen das vermeintlich echte Leben über Fernseh-Soaps und Chatrooms ins Haus. Doch hinter der braven, angepassten Fassade lauern Ängste: die Furcht, plötzlich Opfer der Gewaltbereitschaft einer Jugendbande zu werden, keine beruflichen Aussichten zu haben, selbst bei guten Schulnoten, und die Befürchtung, als Mensch nicht angenommen zu werden. Letzteres ist – zugegeben – eine alte, jeden pubertierenden Jugendlichen ereilende Sorge. Doch in Zeiten, in denen sich niemand mehr Muße nimmt, den anderen wirklich kennenzulernen, seine Stärken und Schwächen zu schätzen, bekommt diese Besorgnis eine neue Qualität.

Natascha kommt alle sechs Monate nach Hamburg, um ihre Großeltern zu besuchen. Seit sie acht ist, fliegt sie von Frankfurt allein in den Norden. Natascha ist ein stilles Kind, das bei seiner alleinerziehenden, berufstätigen Mutter lebt. Bei ihrem letzten Besuch in Hamburg erkannte ich Natascha kaum wieder. Ihre Augen waren mit dunklem Kajal umrandet, die Haare heller gefärbt, um den Hals hing ein iPod, geladen mit Rap-Texten von Eminem, Bushido und welchen, die unter dem Plattenlabel Aggro Berlin veröffentlicht wurden. Sie hatte ihren Laptop dabei und loggte sich kurz nach ihrer Ankunft als Erstes bei den »Lokalisten« ein. Schließlich dürfe sie den Anschluss nicht verlieren, sonst werde ihr Name gelöscht und sie könne alle ihre virtuellen Freunde, die sie hin und wieder auch in echt trifft, abhaken. Dann müsse sie wieder ganz von vorn anfangen, erklärte sie, und sich neue Leute suchen. Natascha ist knapp zwölf Jahre alt. Als ich mich mit ihr zum Eisessen treffe, spielt sie mir ihre Musik vom MP3-Player vor, Songs, in denen es um Drogen, um Sex und um Einsamkeit geht. »Klingt nicht gerade positiv«, sage ich zu ihr. »Stimmt. Die Texte sind eben wie das Leben«, erwidert sie. Natascha wirkt die ganze Zeit über ernst. Eine Sportart betreibe sie nicht, erzählt sie mir weiter, sie interessiere sich vorwiegend für die elektronischen Medien, Internet, Playstation und eben ihren iPod.

Was sie denn den ganzen Tag über mache, wenn sie mit den Schularbeiten fertig sei?, frage ich sie. »Leute treffen, meistens im Netz!«, ist ihre Antwort.

Sie kommuniziert mit nie gehörten Fantasienamen, hinter denen sich einsame Kinder wie sie selbst verbergen. An Bosniaboris schreibt sie: »Ich bin verdammt froh, dass es dich gibt. Es tut so gut, dass du lebst. Und dass du mir zuhörst und für all meine Probleme da bist. Wenn du selbst mal einen Seelenklempner brauchst, greif in die Tasten, und ich bin für dich da.« Natascha kennt Bosniaboris seit wenigen Wochen. Als es ihr neulich schlecht ging, hat er sich Zeit für sie genommen. Im Netz. Seitdem ist er ihr engster Vertrauter. Gesehen haben sich die beiden noch nie!

Natascha ist kein Einzelfall. Das Netz ist voll mit Kindern und Jugendlichen, die solche Kontakte suchen und pflegen. Welche Zukunftspläne sie habe?, erkundige ich mich bei ihr. »Irgendwie keine.« Ob sie eine berufliche Wunschvorstellung habe? »Hm, weiß nicht. Vielleicht Schauspielerin? Oder Sängerin?« Und ob es Zukunftsängste gebe, will ich wissen. »Oh ja«, antwortet sie schnell, darüber scheint sie schon öfter nachgedacht zu haben. »Meine größte Angst ist es, in einem miesen Stadtteil mit fünf Kindern zu sitzen, ohne Mann, und für immer Hartz-IV-Empfängerin zu sein.« Nataschas Aussagen decken sich mit denen von Millionen anderer Jugendlicher in Deutschland: Der Alltag der jungen Menschen ist zunehmend geprägt von Gefühlen der Ohnmacht, des Alleinseins und einer tiefen Leere.

Immer mehr Jugendliche haben Angst davor, ihren Platz im Leben nicht zu finden, nicht gebraucht zu werden. Sie isolieren sich, statt sich abzunabeln – aus Angst, dem Leben nicht die Stirn bieten zu können. Das haben sie nie gelernt. Die einen wurden sich selbst überlassen, den anderen wurde jedes Problem abgenommen, jeder Wunsch erfüllt. Schulsorgen? Der Lehrer ist schuld! Probleme mit Freunden? Die Eltern telefonieren miteinander und sorgen für Frieden. Den MP3-Player verloren? Zum Trost gibt's sofort einen neuen.

Viele Kinder brauchen sich nicht anzustrengen – sie wüssten auch gar nicht, wofür. So wächst eine Generation heran, die nie erfahren hat, dass man sich für etwas einsetzen, um etwas kämpfen muss. Doch wer keine Ideale hat, keine Zukunftsperspektive sieht, kann sich nicht überzeugend auseinandersetzen. Wer selbst keine bessere Lebensplanung hat, wird die der älteren Generation nicht kritisieren. Einen Generationenkonflikt gibt es kaum mehr. Wie sollen sich Mädchen abnabeln, wenn sie mit ihrer Mutter zum Rockkonzert gehen und vorher noch Klamotten tauschen? Wie soll der Sohn einen eigenen Weg finden, wenn sein Vater ihm täglich beweist, wie jugendlich und erfolgreich er selber ist?

Die Kinder von heute finden keine Nischen mehr, und das ist schlimm. Denn: »Der Generationskonflikt ist so etwas wie der Motor der Entwicklung. Der Streit zwischen den Generationen hilft zum einen den Jugendlichen, eine eigene Haltung zu entwickeln, denn sie stellen die althergebrachten Lebensformen vehement in Frage. Aber auch die Gesellschaft profitiert vom Streit. Denn Generationskonflikte haben immer einen visionären Überbau«, hält die Rheingold-Jugendstudie fest.[25]

Alkohol – aus Frust wird Lust

Wofür aber lohnen sich Auseinandersetzungen mit den Eltern, wenn die Visionen fehlen? Seit der »Generation Golf« Anfang der Neunzigerjahre wachsen Jugendliche in einem Umfeld auf, in dem schon alles da ist. Sie profitieren vom Wohlstand ihrer Eltern, haben nicht gelernt, auf etwas zu warten, sich Dinge selbst zu erstreiten. Die große Langeweile dieser scheinbar paradiesischen Zustände schickt die jungen Menschen auf die Suche nach vermeintlichen Kicks. Einer davon ist der stetig steigende Alkoholkonsum.

Die zwei Treppen hinauf in ihr eigenes kleines Dachgeschoss-Reich im Haus ihrer Eltern schleppt sich die achtzehnjährige Lena jedes Wochenende total betrunken hoch. Sie streift gemeinsam mit ihrem Freund durch die Discos, trifft dabei gelegentlich auf Bekannte. Feste Verabredungen? Fehlanzeige. Per SMS werden spontan Dates vereinbart – wenn sich nicht noch kurzfristig etwas Besseres ergibt. »Als Lena vor ein paar Wochen eine Party veranstalten wollte, hat kein Einziger fest zugesagt. Alles bleibt offen, niemand will sich verpflichten«, berichtet Lenas Vater erschüttert. Die Leere der Jugendlichen ist gepaart mit Unverbindlichkeit, irgendwo könnte sich ja die beste Party mit einem »Flatrate-Trinken« ergeben.

Der neue Verhaltenstypus sei »geprägt durch eine unablässige Suche ohne bestimmbares Ziel, einen streunenden Willen ohne feste Absicht, der bewegt wird von der permanenten Unruhe, etwas zu versäumen, was ihm noch gar nicht bekannt ist« – so beschreibt der Kinder- und Familientherapeut Wolfgang Bergmann in seinem Aufsatz *Ich bin nicht in mir und nicht außer mir* die junge Generation.[26]

Nachdem Alkopops, also hochprozentige Mixgetränke, wegen der Suchtgefahr für Heranwachsende extrem verteuert wurden, sank der Alkoholkonsum zwischen 2004 und 2005. Doch nur kurzfristig, denn die Jugendlichen stiegen auf andere alkoholische Getränke um, entdeckten, dass Komasaufen mit Bier ebenso gut funktioniert. Besonders erschreckend: Schon zwölf Prozent der Jungen im Alter von zwölf bis fünfzehn Jahren trinken laut der Bundeszentrale für gesundheitliche Aufklärung regelmäßig mindestens einmal in der Woche Alkohol – eine Altersgruppe, die laut Jugendschutzgesetz noch gar keinen Alkohol kaufen oder in der Öffentlichkeit trinken darf.[27]

Auch bei den älteren Jugendlichen ist seit 2005 wieder ein Anstieg des Alkoholkonsums zu verzeichnen, der sogar weit über das Maß von 2004 – der Hochphase der Alkopops – hinausgeht: 154,2 Gramm reinen Alkohols konsumieren die sechzehn- und siebzehnjährigen Jungen pro Woche im Durchschnitt (im Jahr 2004 waren es 126,5 Gramm, 2005: 107,6 Gramm). Der Anteil der Jugendlichen zwischen zwölf und siebzehn Jahren, die innerhalb eines Monats mindestens einmal fünf Gläser Alkohol oder mehr an einem Tag getrunken haben, ist ebenfalls gestiegen: Bei den Jungen waren es 63 Prozent im Jahr 2007 (2004: 52 Prozent, 2005: 48 Prozent), bei den gleichaltrigen Mädchen 37 Prozent (2004: 43 Prozent, 2005: 40 Prozent).[28]

Sören feiert seinen fünfzehnten Geburtstag. Samstagabend meldet er sich bei seiner Mutter ab mit den Worten: »Gehe auf eine Party mit ein paar Freunden.« Er weiß, dass er spätestens um Mitternacht Uhr zu Hause sein muss. Doch er kommt nicht. Auch um ein Uhr ist er noch nicht da, und als um zwei noch immer kein Anruf erfolgt ist, machen sich die Eltern auf den Weg. Sie finden Sören und seine Freunde sturzbetrunken in einer Gaststätte, die in der Kleinstadt bei den Jugendlichen angesagt ist. Auf dem Tisch stehen zahllose Bierflaschen und Schnapsgläser, die jungen Leute hängen lallend über den Stühlen. Als die Mutter die Wirtsleute zur Rede stellt, wie sie den Minderjährigen Alkohol und vor allem in diesen Mengen ausschenken konnten, lautet die lapidare Antwort: »Dann müssen Sie Ihrem Sohn das nächste Mal seinen Ausweis mitgeben, damit wir das Alter überprüfen können.« Die aufgebrachte Mutter ruft die Polizei, es kommt zu einer Anzeige.

»Es ist verheerend, dass sich Erwachsene, die ein solch hohes Maß an Verantwortung tragen und sich in ihrem Beruf entsprechend professionell verhalten müssten, derartig nachlässig mit unseren Kindern umgehen«, empört sie sich. Natürlich weiß sie, dass dies nur die eine Seite dieser Geschichte ist. Was ist passiert, dass es zu dieser beklemmenden Situation überhaupt kam? Warum flüchten sich die Jugendlichen in den Alkohol?

Statt einen Platz einzufordern in der Gesellschaft, statt laut zu rufen »Wir sind eure Zukunft! Helft uns, unseren Weg zu gehen!«, ziehen sie sich zurück in Drogen- und virtuelle Welten. Weil es angesagt ist? Das kann nicht der einzige Grund sein. Ist es, weil sie sich ihres persönlichen Wertes nicht bewusst sind? Oder weil sie die Hilflosigkeit der Erwachsenen spüren? »Durch ihre Offenheit versuchen sie (die Erwachsenen) auch, ihre Rat- und Orientierungslosigkeit zu kaschieren«, heißt es in der Rheingold-Jugendstudie. »Entscheidungen werden nicht getroffen oder durchgesetzt, weil man selber nicht weiß, welcher Weg der richtige ist.«

Zugleich wird von den Eltern ein subtiler Leistungsdruck ausgeübt. Das Motto dabei ist: »Wir bieten dir doch alle Möglichkeiten, jetzt finde dich zurecht und leiste was.« Tatsächlich aber haben die Eltern ihren Kindern nie die Chance gegeben, gesellschaftlich etwas zu vollbringen. Kleine Aufgaben in der Familie, die dem Kind zeigen, dass es gebraucht wird, und die täglich selbstverständlich eingefordert werden, gibt es nur noch selten. Wer erfährt, dass einem ständig alles abgenommen wird, der fühlt sich nutzlos, der weiß nicht, wie viel er wert ist. Und mit der Lässigkeit der Eltern kommt bei Kindern ein falsches Signal an: Vater und Mutter empfinden sich als liberal und tolerant, die Kinder erleben sie jedoch als lieblos und uninteressiert. Keine Grenzen zu erfahren bedeutet für sie immer auch, keinen Halt zu haben und sich in späteren Jahren nicht abgrenzen, keine eigene Identität ausbilden zu können. Die – gut gemeinte! – Großzügigkeit vieler Eltern raubt den Kindern die Orientierung.

Dass Jungen unter den gesellschaftlichen Veränderungen offensichtlich mehr leiden als Mädchen, beweist eine Vielzahl von Studien. Jungen fehlen männliche Leitbilder, sie sind umgeben, das ist bekannt, von Erzieherinnen, Lehrerinnen, leben eventuell mit ihrer Mutter allein und sehen den Vater höchstens jedes zweite Wochenende. Da ist niemand, der mit ihnen im Tischlerschuppen hämmert und fräst, niemand, der sie auf dem Fußballplatz anfeuert: »Hau das Ding ins Tor, Felix!« Gleichzeitig entbehren sie Freiräume, in denen sie ihrem Bedürfnis nachgeben können, sich auszutoben.

Zu allen Zeiten sind Jungen durch die Gegend gestreift, haben unter Ausschluss der Öffentlichkeit gezündelt, sich im Streit auch schon mal eine blutige Lippe geholt. Doch im Gegensatz zu heute hatten sie früher Platz, ihrem Bewegungsdrang nachzugeben, ihre Kräfte zu messen. Die Gegebenheiten haben sich umgekehrt: Während einst strenge Regeln einengten, aus denen die Kinder ins Freie flüchten konnten – immer vor Augen, dass sie die Regeln nicht ungestraft würden brechen können –, leben sie heute räumlich eingeengt, dafür aber frei von festen Regeln. Doch wo keine Regeln mehr gelten, ufert jeder Unsinn, jeder Bubenstreich aus und wird schlimmstenfalls ein krimineller Akt. Jeder »echte Junge« hatte früher verinnerlicht, dass man sich nur mit gleich Starken misst, dass man niemals zu mehreren auf einen losgeht, dass man keinesfalls noch mal zutritt, wenn der Gegner schon am Boden liegt. Ein »richtiger Mann« war fair, souverän, sportlich.

All dies scheint heute außer Kraft gesetzt, es gibt keine innere, moralische Grenze mehr. Die virtuellen »Helden« der Computerspiele, vermitteln keine Werte: »Die heroischen Gestalten der angesagten Computerspiele haben allesamt dieselben Merkmale, sie haben keine Erinnerung, keine Geschichte ... sie stammen aus dem Nichts ... Sie haben keine Identität, das ist ihre Stärke«, sagt Wolfgang Bergmann.[29] Hinzu kommt, dass Jungen in unserer immer »verkopfteren« Wissensgesellschaft mit ihren körperlichen Fähigkeiten nicht mehr punkten können. »Viele Jungs haben nicht so viel Interesse, sich in eine Erfahrungswelt, die nur in Worten aufgeschrieben ist, entführen zu lassen«, schreibt der Pädagoge Frank Beuster. »Sie würden sich mehr von der realen Welt, von Natur, realen Gegenständen und Bildern beeindrucken lassen.«[30] Doch das bleibt Wunschdenken – und die Jungen versuchen offensiv, sich zu wehren.

Schmerzventile – ADHS und Essstörungen

Deutlich mehr Jungen als Mädchen werden auch von ihren Eltern als verhaltensauffällig und hyperaktiv eingeschätzt (30 Prozent Jungen, 25 Prozent Mädchen), so das Ergebnis einer Studie über den Gesundheitszustand von Kindern und Jugendlichen (KiGGS) im Alter von null bis siebzehn Jahren des Robert-Koch-Instituts in Berlin. Die Datenerhebung wurde im Mai 2003 angefangen und im Mai 2006 abgeschlossen.[31]

Das Aufmerksamkeitsdefizit-/Hyperaktivitätssyndrom (ADHS) ist seit einigen Jahren ein Schlagwort, das immer dann fällt, wenn es um Auffälligkeiten und Probleme von Kindern und Jugendlichen geht. Die Eltern sind häufig hilflos, wenn sie den Weg zum Arzt endlich gefunden haben und ihre Beobachtungen schildern. »Mein Sohn springt plötzlich auf, um etwas aus dem Schulranzen zu holen, hat aber auf dem Weg dorthin schon wieder vergessen, was es war«, berichtet Harriett verzweifelt über ihren zehnjährigen Sohn. Er rast durchs Haus ohne Sinn und Verstand und lässt sich dann erschöpft fallen. Regungslos bleibt er liegen, ist oft nicht mehr ansprechbar. Hat er sich eine Weile in seine eigene Welt zurückgezogen, beginnt er wieder aufzudrehen. »Eine neue Runde beginnt, unsere Nerven halten das nicht mehr lange aus«, erzählt die Mutter. In der Schule wachsen die Probleme täglich, ihr Sohn stört fortlaufend den Unterricht, kann nicht warten, bis die Lehrerin ihn aufruft, und fällt grundsätzlich den Mitschülern ins Wort.

Kinder mit ADHS sind eine Herausforderung für die Familie, aber auch für Lehrer. Jede Ermahnung trifft ins Leere, weil sie zwar gehört, aber nicht umgesetzt wird. Wie viele unter diesem Syndrom leiden, ist nicht bekannt. Einige Studien sprechen von drei bis sieben Prozent, andere von bis zu knapp 18 Prozent aller Schulkinder in Deutschland.

Auch die Ursache ist noch unklar. Die populärste Meinung derzeit: ADHS ist ein genetischer Defekt im Hirn. Das hören Eltern gern, die sich bisher damit konfrontiert sahen, dieses zappelige Verhalten sei auf Erziehungsfehler zurückzuführen. Und auch Lehrer atmen auf, denn eine Krankheit kann man mit Medikamenten behandeln, die Kinder stören nicht länger den Unterricht. Methylphenidat heißt das Zauberwort, besser bekannt unter Ritalin. Das Präparat gehört zu den Aufputschmitteln. Es soll die Aufmerksamkeitsleistungen verbessern, Impulsivität und motorische Unruhe senken. Wunderbar! Schließlich hat niemand Zeit, sich ständig um Problemkinder zu kümmern. Gern wird dabei vergessen, die Nebenwirkungen zu erwähnen: Schlafstörungen, Nervosität, Sehstörungen, Traurigkeit bis hin zur Depression, Appetitlosigkeit, die zu starker Gewichtsabnahme führen kann, Haarausfall. Und ganz nebenbei: Methylphenidat kann süchtig machen. Dennoch werden besorgte Eltern immer wieder beruhigt: Die Nebenwirkungen träten nur in Einzelfällen auf, Studien ergäben ein positives Bild, der Leidensdruck mit ADHS sei viel höher als das Risiko der Einnahme von diesen Medikamenten.

Doch es gibt Störenfriede, Mediziner und Therapeuten, die am Wundermittel Ritalin zweifeln. Die sogar an der gesamten Theorie zweifeln, ADHS sei eine Krankheit! Der Kindertherapeut Wolfgang Bergmann macht beispielsweise ganz andere Ursachen dafür verantwortlich. Kinder mit AD(H)S-Symptomen seien ein Spiegelbild unserer heutigen Welt, sagt er. »Aufmerksamkeitsdefizite sind ganz wesentliche Folgen eines komplexen kulturellen Vorgangs, der die modernen Kinder im Stich lässt. Mit Aufmerksamkeit (oder einem Mangel daran) hat das alles wenig zu tun, mit Mangel an Liebe und Verlässlichkeit in den Familien, den Schulen, den psychologischen Praxen und psychiatrischen Kliniken, den Jugendämtern und den Forschungseinrichtungen hingegen eine ganze Menge.« Er folgert weiter: »Wird die natürliche Daseinsfreude eines Kindes nicht wieder und wieder bestätigt, dann muss dieses Kind … das genannte ›Versprechen des Lebens‹ aus sich selber schöpfen … Das hyperaktive Kind muss sich in das Leben strampeln und zappeln, um sich selber und den anderen zu bedeuten, dass es nicht tot ist.«[32]

Wer sich bewusst umschaut, kann sich des Eindrucks nicht erwehren, dass wir alle mehr oder weniger hyperaktiv sind: Während man mit der besten Freundin telefoniert, gießt man die Blumen, bügelt, ruft E-Mails ab und beantwortet sie nebenbei, im Fernsehen wird von einem Kanal zum anderen gezappt, beim Italiener um die Ecke schickt man zwischen Vorspeise und Hauptgericht drei SMS ab, während man sich gleichzeitig mit seinem Tischnachbarn unterhält. Wir lassen uns auf nichts vollkommen ein und nennen es positiv »Multitasking«. Diese Lebenshaltung, immer mehrere Dinge auf einmal zu tun, nichts mehr intensiv und ausschließlich zu spüren, geben wir an unsere Kinder weiter. Uns um die Auswirkungen zu kümmern, die ein solches Leben im Schnelldurchgang auf die sensible Kinderseele hat, dafür haben wir leider keine Zeit.

Dass sich die Kinder durchs Leben »zappen« erleben Lehrer auch in Klassen ohne ADHS-Kinder. »Früher konnte ich ein Thema ganz in Ruhe von allen Seiten beleuchten und zum Ende bringen«, erzählt eine Lehrerin, die seit dreißig Jahren ihren Beruf mit Hingabe ausfüllt. »Heute gelingt es mir nur noch, die Aufmerksamkeit der Kinder immer wieder neu zu erlangen, wenn ich von einem Thema zum anderen springe. Ich habe manchmal das Gefühl, ich müsste mal eine Werbepause einfügen.«

Es hat schon immer Kinder gegeben, die sich schlechter konzentrieren konnten, vielleicht auch verhaltensauffälliger waren als andere – mag sein, dass ADHS genetisch bedingt ist. Doch während sie in früheren Zeiten aufgefangen wurden von Menschen, die ihnen gezeigt haben, wer sie sind und dass sie geliebt und angenommen werden, verlieren sie sich heute in der Beliebigkeit unserer Welt. Sie finden ihren Platz nicht mehr. Und uns Erwachsenen fällt nichts Besseres ein, als ihre Ängste, ihre Wünsche nach Verlässlichkeit mit Ritalin zu betäuben.

Auch wenn Mädchen weniger stören, seltener hyperaktiv und aggressiv sind, so treten bei ihnen im Gegensatz zu Jungen häufiger Essstörungen auf – dies ist ihr Ventil, wenn der Leidensdruck zu groß wird. Mehr als jedes fünfte Kind weist in Deutschland Symptome einer Essstörung auf – Mädchen fast doppelt so häufig wie Jungen.[33] Die Ursachen für diese Störungen sind immer seelische Konflikte, die Jugendlichen reagieren so auf Überforderung und psychische Probleme. Dass die Werbung in einer Zeit, in der Äußerlichkeiten mehr bedeuten als je zuvor, auf Haut und Knochen abgemagerte Models als Schönheitsideal verkauft, verstärkt dieses Problem noch. Welches Mädchen möchte nicht »Germany's Next Topmodel« werden? Entsprechend lange dauert es, bis Eltern und andere Erwachsene merken, dass hinter dem Abnehmen eines Mädchens eine Essstörung steckt – zu sehr wird ein Schlanksein auch in der Erwachsenenwelt als erstrebenswert gesehen. Zumindest in der Anfangsphase ernten die Mädchen Bewunderung, denn das Abnehmen erfordert höchste Selbstdisziplin. »Eine Magersucht zu entwickeln schaffen eher Mädchen, in deren Elternhaus der Leistungsgedanke sehr groß war«, erklärt die Kinder- und Jugendpsychologin Christa Meves in einem Gespräch für dieses Buch. Die Mädchen empfinden sich in ihrem Körper als »nicht tolerabel«, wissen, dass sie mit Disziplin und Überwindung bei ihren Eltern punkten können.

Doch nicht nur die Magersucht, auch die Fettleibigkeit ist ein Versuch, insbesondere von Mädchen, einen Ausweg aus ihrem Unglücklichsein, aus ihren Depressionen zu finden. Kurz gesagt: Die einen finden »alles zum Kotzen«, die anderen »fressen alles in sich hinein«. »Essprobleme sind häufig ein Indikator für depressive Störungen«, sagt Christa Meves.

Verglichen mit den Jahren 1985 bis 1999 gibt es laut der KiGGS-Studie heute 50 Prozent mehr Kinder und Jugendliche mit Übergewicht und doppelt so viele mit Adipositas (krankhafter Fettleibigkeit): 15 Prozent der Kinder und Jugendlichen zwischen drei und siebzehn Jahren (insgesamt 1,9 Millionen Kinder und Jugendliche) sind übergewichtig.[34] Das entspricht etwa der Bevölkerung einer Großstadt wie Hamburg! Nicht bei allen ist es »Kummerspeck«: Falsche Essgewohnheiten und mangelnde Bewegung sind eine häufige Ursache.

Doch auch wer ursprünglich nicht aus psychischen Gründen angefangen hat, falsch und zu viel zu essen, nährt diese Probleme mit jedem zusätzlichen Pfund. Im Sportunterricht sind dicke Kinder dem Spott der Klassenkameraden ausgesetzt, spätestens in der Pubertät, wenn sie sich selbst wahrnehmen, können sie größte Selbstbewusstseinsprobleme bekommen, gefolgt von gesundheitlichen Störungen bis hin zu Diabetes mit all seinen Nebenwirkungen. Und nicht nur die Tatsache, dass viele Heranwachsende aus Kummer und Einsamkeit Nahrung zu sich nehmen, stimmt bedenklich. Auch die falschen Essgewohnheiten machen Sorge: Es gibt Kinder, die nie gelernt haben, wie eine frische Mahlzeit zubereitet wird. Die nicht wissen, wie würzig der Saft einer aufgeschnittenen Paprika riecht, die nie die Nase an Schnittlauch oder Petersilie gehalten und den Duft eingeatmet haben, die das Gefühl der Geborgenheit nicht kennen, wenn sich die ganze Familie am Tisch versammelt – nicht nur um zu essen, sondern um zu erzählen und zuzuhören, um am Leben der Geschwister und Eltern teilzuhaben. Denn das ist der Hauptgrund, aus dem Essstörungen entstehen: Die Kinder sehnen sich danach, dass die Eltern Zeit mit ihnen verbringen. Wenn sich Väter und Mütter für den Alltag des Kindes interessieren, so oft wie möglich das

Gespräch und den gedanklichen Austausch suchen, können sie Essstörungen am besten vorbeugen. »Allein die Vergewisserung, dass das Interesse der Eltern und eine helfende Hand in Notlagen vorhanden sind, erzeugt bei Kindern das notwendige Gefühl von Sicherheit, Geborgenheit und Einbettung in ein soziales Netz«, heißt es in der KiGGS-Studie.[35]

Angesagt – Gewalt und Sex

Ein anderes Kinderzimmer: Mandy ist zehn, sie geht in die Ganztagsschule, weil ihre Eltern Vollzeit arbeiten. »Für uns ein Glücksfall«, sagt Mandys Mutter, »so bekommt sie eine gute Förderung und ist nicht auf sich allein gestellt.« Mandy hat ein Ziel: Sie will unbedingt ihr Abitur schaffen. »Wenn ich sehe, wie meine Eltern schuften und das Geld trotzdem nicht reicht, das ist ganz schlimm«, sagt sie. Sie will mal »etwas Besseres« werden. Mandys Eltern sind sogenannte »Aufstocker«, die viel und hart arbeiten, deren Geld aber trotzdem nicht für den Lebensunterhalt reicht. Deshalb muss Mandy sehen, dass sie in der Schule allein zurechtkommt – Nachhilfestunden sind in der Familienkasse nicht drin. Damit hat Mandy ein doppeltes Handicap zu bewältigen: Zum einen benötigen Kinder aus sozial schlechter gestellten Familien häufiger Nachhilfe als andere, zum zweiten brauchen Ganztagsschüler mehr professionelle Lernunterstützung als Kinder auf konventionellen Halbtagsschulen, so ein Bericht der *Welt* zur Schulleistungsuntersuchung KESS 7 in Hamburg.[36] Dieses Ergebnis einer Hamburger Studie wird von Wiener Wissenschaftlern ebenfalls belegt: Kinder, die beim Lernen von ihrer Familie unterstützt werden können, sind in der Schule am erfolgreichsten.[37]

Dass Mandy von der finanziell und beruflich unbefriedigenden Situation ihrer Eltern motiviert wird, selbst etwas zu erreichen, zeichnet sie aus. Doch sie ist eher die Ausnahme als die Regel. Nicht ohne Grund gibt es mittlerweile Sozialhilfeempfänger in zweiter und dritter Generation. Wer nicht vorgelebt bekommt, dass sich

Leistung lohnt, der wird auch keine eigene Zukunftsperspektive entwickeln. Die große Frage nach dem »Warum?« steht im Raum und lässt sich nicht beantworten. Warum lernen, wenn es keine Ausbildungsplätze gibt? Warum arbeiten, wenn im schlecht qualifizierten Job wenig mehr übrig bleibt als mit Hartz IV? Doch die zur Schau gestellte Gleichgültigkeit der Jugendlichen ist nur oberflächlich.

Sozialneid, Frust, Zukunftsängste entladen sich auf deutschen Schulhöfen. Die Brutalität nimmt immer stärkere Züge an. Hier geht es nicht um eine Rangelei gleich starker Gegner unter Einhaltung der Fairness, sondern um hinterhältige Gewalttätigkeit oder – die subtilere Art der Attacke – das »Bullying« (Mobbing mit körperlich und psychischer Aggressivität): Demütigungen, Hänseleien, aber auch körperliche Angriffe machen einzelnen Schülern das Leben zur Hölle – bis hin zum Selbstmord wie beim Freitod von drei Jungen in Norwegen, die das Bullying von Gleichaltrigen nicht mehr ausgehalten haben.[38]

Ob gemobbt oder geschlagen wird, auch hier sind wieder die Erwachsenen gefragt. Sie müssen Meinungen verkünden, eintreten für Ideale, mutig sein. Für viele Pädagogen und Eltern, die sich hinter Beliebigkeit verschanzen, statt Stellung zu beziehen, ist das eine viel zu große Herausforderung. Doch nur sie können Vorbilder für die Kinder sein. Daher plädiert auch die Kriminalpolizei im international angewandten Olweus-Programm zur Gewaltprävention dafür, dass die Erwachsenen Engagement zeigen und »als Autoritäten handeln«. Sie sollen konsequent auf Regelverletzungen reagieren und klare Grenzen ziehen.[39] Denn genau hier liegt ein Grund, warum die Jugendlichen aus dem Ruder laufen: Ihnen fehlen Vorbilder, die verlässlich auf Regeln bestehen, die geradlinig und verbindlich sind.

Eine aktuelle Studie von Professor Peter Wetzels, durchgeführt am Hamburger Institut für Kriminalwissenschaften, ist zu dem Ergebnis gekommen, dass das Ausmaß der aktiven Gewalt an Schulen steigt, wenn die Lehrer nicht eingreifen. Für ihre Gewalt – offen oder verdeckt – suchen sich die Kinder logischerweise Opfer, die schwächer sind als sie selbst.[40] Und die Jugendkriminalitätstatistik, die

Bundesinnenminister Wolfgang Schäuble im Frühjahr 2007 vorstellte, nennt noch einen weiteren Faktor: Viele Delikte werden in der Gang verübt. In der Clique fühlen sich Jugendliche stark, eine logische Folge aus der Gleichaltrigenorientierung von frühester Kindheit an. Ihr geschwächtes Selbstbewusstsein erhält Gelegenheit, Gewalt als Macht über andere auszuleben. Dabei sind die Jugendlichen nicht nur als Täter, sondern auch als Opfer überproportional vertreten: Kinder und Jugendliche haben ein zwei- bis dreimal höheres Risiko, Opfer von Straßenraub und Körperverletzungen zu werden als Erwachsene – Tendenz steigend: Im Jahr 2005 war fast jeder fünfte Tatverdächtige im Bereich der Körperverletzungen noch keine achtzehn Jahre alt.[41]

Viele Delikte fallen auf eine kleine Zahl von Wiederholungstätern, die mittlerweile wissen: Die Strafe folgt *nicht* auf dem Fuß. Junge Täter warten oft monatelang auf ihren Prozess, die langen Strafverfahren machen die Spanne zwischen Tat und Strafe zu groß, insbesondere Kinder und Jugendliche sehen zwischen ihrem Vergehen und der Bestrafung gar keinen Zusammenhang mehr – eine pädagogische Katastrophe.

Da wundert es nicht, dass die Heranwachsenden auf der Suche nach Provokation und Nervenkitzel immer weniger Rechtsempfinden entwickeln, wie etwa beim »Happy Slapping«. Allein der Begriff – etwa zu übersetzen mit »fröhliches Draufhauen« – ist makaber. Denn hier geht es um rohe Gewalt an ahnungslosen Opfern. Diese werden mitten auf der Straße angegriffen und von mehreren Jugendlichen zusammengeschlagen, während einer aus der Gruppe per Fotohandy filmt. Brutalste Filme dieser Art, bis zu Tötungsdelikten, kursieren auf Mobiltelefonen von Jugendlichen.

Damit nimmt die Gewalt immer erschreckendere Formen an: Nicht mehr die Aggression allein, sondern sogar noch das Angeben damit wird für einen Teil der Jugendlichen gesellschaftsfähig. Und: Je mehr dieser Filme kursieren, je mehr Jugendliche sich solche Taten aufs Handy laden, umso normaler wird die Gewalt in einigen Kreisen empfunden – während in anderen Teilen der Gesellschaft die Angst vor der Gewaltbereitschaft dieser Jugendlichen steigt.

Zu den schlimmsten Auswüchsen dieser Entwicklung gehört die wachsende Begeisterung für die sexistischen und menschenverachtenden Texte sogenannter Gangsta-Rapper wie Bushido oder Sido. Diese Texte sind nicht einmal mehr Anleitung für Machos, sie sind Anleitung für roheste Gewalt. »Ich bin der Arschf...mann«, beginnt ein Song von Sido. »Es fing an mit dreizehn und 'ner Tube Gleitcreme. Katrin hat geschrien vor Schmerz – mir hat's gefallen.«

Eines scheint Konsens zu sein: Ein ganzer Kerl ist ein gewalttätiger Mann. Dass solche Songs nicht verboten werden, um zumindest ein Unrechtsbewusstsein hervorzurufen, sagt viel über eine Gesellschaft, die möglicherweise mit klammheimlicher Genugtuung zusieht, dass der Softie endlich ausgedient hat und nun wieder das »starke Geschlecht« zum Zuge kommt. Doch dies sind keine harmlosen »Supermänner«, die sich in Welten der Stärke träumen, dies sind Alarmzeichen dafür, dass wir dringend neue, positive Männerbilder brauchen, die einen gangbaren Weg zwischen Verweiblichung und Verrohung weisen.

Doch wie sollen männliche Jugendliche ihre Identität finden, wenn die Medien voll sind von Sexfantasien? Wo können sie eine moralische Grenze ziehen, wenn sie Fotos von ausufernden Promi-Partys sehen und Popstars wie Britney Spears oder die Millionenerbin Paris Hilton sich ohne Slip fotografieren lassen? Also prahlen die Jungen mit ihren angeblichen Sexerlebnissen – und sind in Wirklichkeit verunsichert wie selten zuvor.

»Zum Blendwerk gehört auch, dass Jungen und Mädchen reifes Sex-Können demonstrieren«, so die Rheingold-Jugendstudie. »Bei genauem Nachfragen zeigt sich jedoch häufig, dass wenig dahinter ist. Entweder haben sie noch gar keine sexuellen Erfahrungen gemacht. Oder die ersten Erfahrungen erwiesen sich als herbe Enttäuschung.«[42] Die eigene Unsicherheit werde geschürt durch den sexuellen Leistungs- und Konkurrenzdruck, heißt es in der Jugendstudie weiter. Durch die Dominanz des Themas Sex insbesondere in Jugendmedien werden Ansprüche und Perfektionsideale vermittelt, die dem wirklichen Leben kaum entsprechen. Sex muss wild sein, heiß, ungewöhnlich, mit tollsten Typen oder Mädels – da können eigene erste, zaghafte Erfahrungen nur zum Mittelmaß oder sogar zum Versagen werden.

»Die Klage über lockere Sexualmoral ist älter als der Minirock«, schrieb Walter Wüllenweber im *stern*. »Doch diesmal warnen keine verklemmten Spießer, Fundamentalfeministinnen oder prüde Kirchenmänner. Es sind Lehrer, Sozialpädagogen, Erziehungswissenschaftler, Hirnforscher, Therapeuten, Sexualwissenschaftler und Beamte in Jugendämtern. Sie beobachten nichts Geringeres als eine sexuelle Revolution. Doch dabei geht es nicht um freie Liebe ... Es ist Pornografie.«[43]

Das schon erwähnte Phänomen der Gang-Bang-Partys, auf denen es zu beklatschten Massenvergewaltigungen kommt, ist ein weiteres dramatisches Beispiel für fehlende Schranken im körperlichen Umgang und was das Schamgefühl betrifft. Der Begriff »Gang Bang« stammt aus dem Englischen, »Gang« bezeichnet die »Gruppe«, das Wort »Bang« ist ein vulgär-umgangssprachlicher Ausdruck für »penetrieren«. Bei dieser besonderen Form des Gruppensex hat eine Frau oder ein junges Mädchen mit mehreren Jungen hintereinander sexuelle Kontakte. Bei »Reserve Gang Bangs« sind die Frauen/Mädchen in der Überzahl. Dieser seit wenigen Jahren fast schon etablierte Partyspaß zeigt auf erschreckende Weise, wie weit viele junge Menschen sich bereits entfernt haben von einem Dasein in Liebe, Respekt und Würde.

Die zwölfjährige Natascha, mit der ich Eis essen war, kennt diese Form des Zeitvertreibs. Sie selber hat zwar noch nicht aktiv an einer Gang-Bang-Party teilgenommen, aber schon ein paar Mal dabei zugesehen. Sie kann die Aufregung der Erwachsenen nicht verstehen. »Das ist doch alles völlig normal«, stellt sie lakonisch fest. »Denn es ist eine natürliche Umgangsform, schließlich handelt es sich hier doch um nichts anderes als Fortpflanzung.«

René Scholz, Taxifahrer in Frankfurt und Buchautor, sieht Abend für Abend Jugendliche, die den Wunsch nach Geborgenheit mit Sex verwechseln. Für ihn ist ganz klar: Der unkontrollierte Sex der Jugendlichen ist das letzte Mittel, menschliche Nähe zu finden.[44] Das bestätigt auch Wolfgang Bergmann: »Dadurch, dass die Jugendlichen keine Bindungen mehr haben, entwickeln sie auch keine Scham, kennen keine Tabus. Sie nehmen sich nur noch wahr, wenn sie an die Grenze gehen und dann noch einen Schritt weiter. Sie brauchen den Schock als Lebensgefühl.«[45] Wer keine Nähe mehr aufbaut, hat gleichzeitig auch kein Gefühl mehr für Distanz. Er wird jeden mögen – und im nächsten Moment wieder vergessen.

Verhängnisvoll – staatlich empfohlener Kindesmissbrauch?

Schon ganz früh wird dem Sex – und der im besten Fall damit verbundenen Liebe – seine Verzauberung genommen. Da werden unter dem hehren Ziel »Aufklärung« Mädchen und Jungen mit intimsten Details des Geschlechtsverkehrs konfrontiert, die sie oft noch nicht wissen wollen und nicht verarbeiten können. Schamgefühl und Moral werden außer Acht gelassen, Werte sowieso. Die Eltern nehmen es hin, nicht selten aus Angst, sie selbst könnten als verklemmt gelten.

Eine Mutter erzählt, ihre achtjährige Tochter sei nach dem Sexualkundeunterricht nach Hause gekommen und habe gefragt: »Mami, unsere Lehrerin hat uns erklärt, wie Sex geht. Muss man das wirklich machen, um Kinder zu bekommen?« Ihre Eltern hatten bisher das Thema Sex zu Hause nicht von sich aus angesprochen, allerdings immer ehrlich und so kindgerecht wie möglich geantwortet, wenn Lea Fragen gestellt hatte. Ganz selbstverständlich hatte sie den Vater im Bad auch mal nackt gesehen. »Jetzt wird sie plötzlich im Sexualkundeunterricht mit Dingen konfrontiert, die sie nicht einordnen kann, die sie so detailliert noch gar nicht wissen will«, sagt die Mutter auf einem Elternabend. Während die Lehrerin ungerührt darauf hinweist, Sexualkundeunterricht stehe nun einmal für die dritte Klasse im Lehrplan, wird die Mutter von anderen Eltern attackiert. Sie sei »blauäugig«, sie solle sich nicht wundern, wenn ihre Tochter mit elf schwanger würde, wenn sie nicht aufgeklärt sei. Leas Mutter hatte plötzlich den Eindruck, ihre behutsame Herangehensweise an die Aufklärung sei »völlig daneben«, überhaupt nicht zeitgemäß.

Ähnlich erging es der Mutter von Maria: Nachdem die Vierjährige zweimal mit einer feuerroten, wunden Scheide aus dem Kindergarten nach Hause kam, weil die Kinder sich in einer abgeschiedenen Ecke des Kindergartens gegenseitig angefasst hatten, stellte Marias Mutter die Erzieherin zur Rede. Obwohl sie betonte, nicht das Nacktsein, sondern das Anfassen – noch dazu mit sandigen Spielplatzhänden – ohne Aufsicht eines Erwachsenen beunruhige sie, reagierte die Pädagogin mit verständnislosem Grinsen: »Na ja, wenn Sie so prüde sind, dann darf Maria eben nicht mehr mitmachen.«

Man fragt sich, ob es wirklich sein muss, dass Kinder immer jünger werden, um alles haarklein zu erfahren und auszuprobieren? Zumal es ja auch nicht allein bei »normaler« Aufklärung bleibt. Was steckt hinter den merkwürdigen neuen Ansätzen, Sexualität schon in frühstem Alter in allen möglichen Betreuungsinstanzen herauszustellen, aktiv zu fördern und gleichgeschlechtliche Beziehungen zunehmend in den Vordergrund zu rücken?

Bei genauerer Prüfung wird deutlich: Es scheint auch hier, wie in vielen anderen politischen Bereichen, um die Abschaffung der unterschiedlichen Geschlechter und um die Erschaffung des neuen Einheitsmenschen zu gehen, ebenso um die Entwertung der partnerschaftlichen Beziehungen, der Liebe.

Wirft man einen Blick auf die Internetseite der Bundeszentrale für gesundheitliche Aufklärung (BZgA), wird sehr schnell deutlich, wohin die Reise mit unseren Kindern in Deutschland gehen soll.[46] Interessanterweise untersteht die Abteilung für Sexualaufklärung dem christlich-demokratisch geführten Familienministerium, alles andere dem Gesundheitsministerium. Die BZgA verteilt ihre Schriften kostenlos an Eltern, vor allem aber auch an Lehrer, Erzieher, an Schulen und Schüler. Jeder kann sie über die Internetseite bestellen, jeder kann sie dort auch einsehen. Hier einige Beispiele:

Der *Ratgeber für Eltern zur kindlichen Sexualerziehung vom ersten bis zum dritten Lebensjahr* ermuntert Mütter und Väter, »das Notwendige mit dem Angenehmen zu verbinden, indem das Kind beim Saubermachen gekitzelt, gestreichelt, liebkost, an den verschiedensten Stellen geküsst wird«[47]. Weiter heißt es: »Scheide und vor allem Klitoris erfahren kaum Beachtung durch Benennung und zärtliche Berührung (weder seitens des Vaters noch der Mutter) und erschweren es damit für das Mädchen, Stolz auf seine Geschlechtlichkeit zu entwickeln.«[48] Kindliche Erkundungen der Genitalien Erwachsener können »manchmal Erregungsgefühle bei den Erwachsenen auslösen«[49]. Wenn Mädchen (ein bis drei Jahre!) bei der Erkundung der eigenen Lust dabei »Gegenstände zur Hilfe nehmen«, dann soll man das nicht »als Vorwand benutzen, um die Masturbation zu verhindern«[50]. Der Ratgeber fände es »erfreulich, wenn auch Väter, Großmütter, Onkel oder Kinderfrauen einen Blick in diese Informationsschrift werfen würden und sich anregen ließen – fühlen Sie sich bitte alle angesprochen!«[51]

Auch im Kindergarten wird die massive Einführung in Sexualkunde deutlich gefördert. Mit dem Lieder- und Notenheft *Nase, Bauch und Po* singen Kinder Lieder wie Folgendes: »Wenn ich meinen Körper anschau' und berühr', entdeck' ich immer mal, was alles an mir eigen ist … wir haben eine Scheide, denn wir sind ja Mädchen. Sie ist hier unterm Bauch, zwischen meinen Beinen. Sie ist nicht nur zum Pullern da, und wenn ich sie berühr', ja ja, dann kribbelt sie ganz fein. ›Nein‹ kannst du sagen, ›Ja‹ kannst du sagen, ›Halt‹ kannst du sagen, oder ›Noch mal genauso‹, ›Das mag ich nicht‹, ›Das gefällt mir gut.‹, ›Oho, mach weiter so.‹«[52]

Und auch Schulkinder werden nicht verschont mit der neuen Früheinführung in Sexualkunde; mit neun Jahren beginnt der Verhütungsunterricht. Sämtliche Schriften der Bundeszentrale für Aufklärung propagieren die Sexualisierung der Kinder und Jugendlichen ab dem ersten Lebensjahr. Es geht nicht mehr um Liebe zwischen zwei Menschen, sondern es wird unseren Kindern vielmehr eine neue, verzerrte, doch gewollte, erlaubte Lustwelt vorgeführt, in der sie in frühestem Alter geradezu verführt und ermuntert werden zu Sexspielchen, die auf dramatische Weise verharmlost dargestellt werden. Die Autorität der Eltern wird mit diesen Maßnahmen weiter untergraben, sie müssen hilflos zusehen, wie schon ihre neunjährigen Kinder zu Verhütungsprofis herangezogen werden. Sex wird zur rein mechanischen, zur rein körperlichen Angelegenheit, die alleine beherrscht sein will. Wenn in diesen Aufklärungsschriften denn auch mal von Schwangerschaft die Rede ist, dann stets nur im Zusammenhang mit dem Wort »ungewollt«. Abtreibung gilt hier als ganz normale Verhütungsmöglichkeit.

Die Verharmlosung der beschriebenen »rechtzeitigen Lebensvorbereitung für unsere Kleinsten« zeigt weitere Zusammenhänge auf: die erschütternden Auswüchse der Kinderpornografie. Männer, die meist selbst als Kinder einschlägige Erfahrungen mit Missbrauch sammeln mussten und deren eigenes Selbstbewusstsein so am Boden liegt, dass sie wiederum Macht über die Kleinsten und Unschuldigsten unter uns ausüben müssen, sie zerstören Kinderseelen – und die Gesellschaft schaut, nach kurzem entrüsteten Aufschrei, weiterhin zu. »Das einfache Herunterladen von mit Kopierschutz versehenen Filmen aus dem Internet wird ... mit Freiheitsstrafe bis zu drei Jahren bestraft. Das Herunterladen von kinderpornografischen Filmen, von abartigsten Misshandlungen von Kleinkindern bis hin zu sogenannten ›Snuffvideos‹, die den Tod von Kindern zeigen, wird mit Freiheitsstrafen von maximal zwei Jahren bestraft«, prangert Georg Ehrmann von der Deutschen Kinderhilfe an. »Eine Therapieauflage oder Betreuung derartiger Straftäter, geschweige denn die Schaffung einer entsprechenden Datenbank, auf die ausschließlich mit Kindern arbeitende Institutionen Einblick nehmen können, wird mit Hinweis auf den ... Datenschutz nicht geschaffen.«[53]

Perspektiven für bessere Kinder- und Jugendwelten

Es ist erschreckend, wie eindeutig und rasch sich Tendenzen zu einem »neuen Menschenbild« zeigen, etwa ein verändertes Sexualitätsempfinden, aber auch Jugendkriminalität, Drogenmissbrauch, Computerwahn oder ADHS. Und wir müssen alles in unserer Macht Stehende tun, um diesen Entwicklungen entgegenzutreten – für unsere Kinder und für unsere Zukunft. Doch dürfen wir über all diesen Schreckensnachrichten nicht vergessen, dass es in Millionen von Kinderzimmern immer noch völlig »normal« zugeht. Hier leben Kinder, die sich mit ihren Eltern streiten, die sich in der Pubertät lösen können, weil sie ahnen, dass es ein festes Band gibt, das sie immer halten wird.

Was haben diese Eltern besser gemacht als andere? »Sie haben ihren Kindern durch unendlich viele Zeichen, oft unbewusst, jeden Tag das Gefühl gegeben, lieb gehabt zu werden. So finden die Kinder einen Ort in der Welt, wo sie sagen können: ›Hier stehe ich, und hier ist die Welt.‹ Daraus leiten sie ihr Selbstbild, ihren Wert ab«, erklärt Wolfgang Bergmann.[54] Jedes Kind ist etwas Besonderes – das darf nicht nur ein Lippenbekenntnis sein, das Kind muss es spüren.

Bevor sie abgleiten in ihre eigene Welt, geben Kinder eine Menge Warnsignale – nur müssen die Eltern sie auch hören können und wollen. Grundschulkinder, die regelmäßig über Bauch- oder Kopfschmerzen klagen, Kinder, die ständig mürrisch und gelangweilt sind, sich für nichts und niemanden über einen längeren Zeitraum interessieren, senden einen Hilfeschrei aus. Wer den Zugang zu ihnen findet, wird erfahren, dass hinter der Fassade ein Kind steckt, das sich nichts weiter wünscht als alle Generationen vor ihm: eine liebevolle Welt zu entdecken, die voller Abenteuer und Versprechen, voller Geheimnisse und Freunden steckt.

Marlene hatte es irgendwann verstanden. Sie ist alleinerziehende Mutter und hatte ihre Tochter Johanna häufig sich selbst überlassen müssen. Das Kind funktionierte, tat alles, was von ihm verlangt wurde: Es wärmte sich das Essen nach der Schule auf, machte die Hausaufgaben alleine und kümmerte sich um ihre Freizeit. Wenn die Mutter am frühen Abend nach Hause kam, wartete das Kind bereits sehnsuchtsvoll auf sie – und wurde jedes Mal enttäuscht. Denn Marlene, die den ganzen Tag über hart gearbeitet hatte, war zu müde, um sich intensiv mit ihrer Tochter zu beschäftigen. Meist legte sie sich vor den Fernseher und schlief ein.

Johanna wurde immer stiller, unbeteiligter. Sie sprach kaum noch ein Wort, und wenn, dann meuterte sie lustlos an allen möglichen Dingen herum. Als eine Freundin Marlenes das Kind in diesem Zustand sah, nahm sie die Mutter zur Seite und überzeugte sie, mehr Zeit mit dem Kind zu verbringen. Marlene überwand ihre eigene Bequemlichkeit, und so unternahmen die beiden fast täglich etwas gemeinsam: Sie buken Kuchen, gingen ins Kino, spielten Monopoly oder legten im Vorgarten ein Gemüsebeet an. Johanna blühte förmlich auf, war plötzlich an allen Geschehnissen brennend interessiert, berichtete viel über ihr eigenes Empfinden und wollte keine Gelegenheit auslassen, der Mutter ihre Liebe unter Beweis zu stellen.

Es ist in Wirklichkeit gar nicht so schwer, Kindern ein zufriedenes Leben zu schenken. Wir müssen allerdings selber ein bisschen mehr dafür tun, als sie nur als ein Zubehör für ein erfolgreiches Leben zu betrachten, müssen fortdauernd präsent und ansprechbar sein für sie und sie unserer aufrichtigen und rückhaltlosen Liebe sicher machen. Auch wenn Eltern berufstätig sind und häufig abwesend, so muss umso dringender ein System geschaffen werden, das die Kinder sicher umschließt und auffängt.

Eltern müssen wissen, dass das Lebensglück der Kleinen davon abhängt, wie zuverlässig und dauerhaft sich Kinder ihrer Liebe und Zuwendung sicher sein können. Es nützt wenig, heute einen Ausflug zu machen, morgen aber schon wieder in Gleichgültigkeit zu verfallen. Kinder brauchen verlässliche Eltern, deren Reaktionen jederzeit berechenbar sind für sie. Willkürliche Veränderungen, auf die Kinder unvorbereitet sind, lassen ihr Vertrauen in das Familienfundament jedes Mal aufs Neue erzittern und bröckeln. Natürlich müssen wir nicht jeden Tag ein Riesenprogramm absolvieren, sondern es genügt manchmal, nur da zu sein, jederzeit bereit, den Kindern zuzuhören.

Kinder benötigen Markierungen und Werte. Sie sehnen sich nach festen Strukturen und Abläufen, nach gemeinsamen Mahlzeiten, nach familientypischen Ritualen. Eine intakte gesunde Gesellschaft zeichnet sich im Wesentlichen dadurch aus, dass sich jeder Mensch einer Gemeinschaft zugehörig fühlt. Alle wichtigen Gruppen sollten klein sein und Veränderungen in dieser Gesellschaft langsam verlaufen. Das Gefühl für die Stabilität des Lebens muss erhalten bleiben.

Kinder sind mit wenig zufrieden, wenn das Wenige das Richtige ist. Sie brauchen nicht Playstations und den eigenen Fernseher, um glücklich zu werden. Sie brauchen Wärme und Sicherheit – und vor allem das Gefühl, selber gebraucht zu werden. Kleine Aufgaben, für die sie alleine zuständig sind, vermitteln ihnen die Gewissheit, wichtiger Bestandteil der Gemeinschaft zu sein. Denn sie sind die schwächsten Glieder in unserer Gesellschaft. Sie sind uns in den ersten Jahren ausgeliefert, und auch darüber hinaus sind sie von uns in entscheidendem Maße abhängig. Diese Verpflichtung müssen wir sorgfältig verwalten. Die Elternbroschüre der schon erwähnten KiGGS-Studie endet mit dem Satz: »Die Kinder und Jugendlichen von heute sind jene Generation, die morgen die Verantwortung für die heutigen Erwachsenen und die künftigen Kinder übernehmen muss.«[55]

Wir werden die zukünftigen gesellschaftlichen Entwicklungen nicht aufhalten können, und vielleicht ist der Weg, der vor uns liegt, auch nicht einfach. Denn um etwas an den geschilderten, zum Teil dramatischen Wendungen gerade für die jungen Menschen zu verändern, muss zuallererst der Wunsch und Vorsatz in uns, den Eltern, den Erwachsenen vorhanden sein. Und doch haben wir eine ganze Menge Chancen und Möglichkeiten, zu Hause und auch in den Klassenzimmern zu verhindern, dass wir unseren Einfluss auf die Kinder verlieren.

Da unsere Heranwachsenden in der heutigen Kultur nicht mehr ohne Weiteres in die richtige Richtung geführt werden, sind Vater und Mutter und auch andere enge Bindungspersonen wichtiger als je zuvor. Wir müssen wieder eine natürliche Grundlage finden, die einer funktionierenden Familie. Wir müssen anfangen, frühkindliche Bedürfnisse ernst zu nehmen, müssen beginnen, unsere Sinne zu schärfen für die natürlichen Anliegen schon der Kleinsten, aber auch der Größeren. Wir müssen Grenzen setzen, Regeln aufstellen und Klartext reden. »Klartext erzeugt Widerspruch und Widerstand«, heißt es in der Rheingold-Jugendstudie 2007. »Aber dieser Widerstand ist fruchtbar. Er durchbricht die gesellschaftliche Schweigemauer und das Stillhalteabkommen zwischen den Generationen. Klartext hilft bei der Entwicklung eigener (Gegen-)Positionen. Er entfacht einen produktiven Generationskonflikt und damit eine Auseinandersetzung über den Sinn der Zukunft.«[56]

Wenn wir als Erwachsene bereit sind, unseren Kindern gegenüber Stellung zu beziehen, ereignet sich ein kleines Wunder: Ein Gespräch kommt auf, Positionen werden deutlich, Verständnis entsteht. Wir beginnen zu begreifen, was die jungen Menschen bewegt. Wir müssen nicht allein Eltern sein, sondern können ihre Freunde werden, Freunde, die durchaus auch kontrovers mit ihnen diskutieren. Somit erkennen Jugendliche, dass sie anders sind und anders sein dürfen als die Großen. Und damit erhalten sie die Gelegenheit zu ihrer eigenen Entwicklung, zu ihrer eigenen, andersartigen Haltung.

4

Familie – ein Auslaufmodell?

Für Erwachsene bedeutet die Scheidung das Ende einer Welt; für kleine Kinder, deren Lebensmittelpunkt die Familie ist, bedeutet sie das Ende der Welt!

E. Mavis Hetherington

Patchwork – wie sich die Familienstrukturen verändern

Neulich traf ich Maleen, die kleine Tochter von Bekannten. Sieben Jahre ist sie alt, und sie sah nicht gerade glücklich aus. Als ich sie fragte, was sie denn bedrückte, seufzte sie tief. »Morgen gehe ich zu Papa«, sagt sie. »Das gibt wieder Ärger. Papa mag Gunter nicht, das ist Mamas Freund, jedes Mal schimpft er über ihn. Dafür mag ich Jane nicht, die neue Frau von Papa. Immer will sie mir irgendwelche Manieren beibringen. Benedikt, mein großer Bruder, der geht gar nicht mehr zu Papa. Deshalb ist Papa auch sauer.«

Alltag in Deutschland. Es gibt viele Maleens und Benedikts. Kinder, die ausbaden müssen, dass ihre Eltern sich trennten und neue Verbindungen eingingen. Die aus ihrer Welt, wenn sie denn eine verlässliche haben, heraus und hin- und hergerissen werden, tageweise, manchmal auch wochenweise. Die in einem Gefühlschaos leben. Die sich immer wieder wechselnden Lebensformen anpassen müssen, ob sie nun wollen oder nicht. Oder die einfach streiken.

Verliebt, verlobt, verheiratet, getrennt – und neu gebunden. So lautet das gängige Modell, das immer häufiger gelebt wird. Längere Beziehungen, gar ein Leben lang, werden schon bald eher die Ausnahme sein. Die Scheidungsrate beläuft sich derzeit auf 55 Prozent, 200 000 Paare in Deutschland lassen sich jährlich scheiden. Die Leidtragenden sind meist die Kinder. Sie wachsen in einem Störfeuer der wechselnden Beziehungen auf, müssen mit Verlustängsten fertig werden, neue Partner der Eltern hinnehmen und auch noch gute Miene zum Verwirrspiel machen. Denn anpassungsfähig sollten die Kleinen schon sein, um die emotionalen Achterbahnfahrten von Mutter und Vater mitzumachen.

Ein anderer Fall: Der achtjährige Simon lebt im Wochenrhythmus abwechselnd bei der Mutter und dem Vater. Ein »Kofferkind«. Jedes Wochenende wird gepackt, das Nötigste ist in der jeweiligen Wohnung vorhanden, Wäsche, Kuscheltiere, Spielzeug, ein paar Schulsachen. Doch dann wird es verrückt: Bei der Mutter gibt es Ökokost, der Vater taut die Tiefkühlpizza auf. Die Mutter liest vor, der Vater leiht DVDs mit Spielfilmen aus, um den Sohn zu unterhalten. Die Mutter übt Mathe mit dem Kind, der Vater sagt, Schule sei nicht so wichtig.

Und Simon? Der hängt mitten dazwischen, zwischen Baum und Borke, wie man so sagt. Denn nicht genug, dass er einem Wechselbad ausgesetzt ist: Die Mutter beschwert sich regelmäßig bei ihm über den Vater und umgekehrt. Das treibt Simon in tiefe Loyalitätskonflikte. »Ich hab euch doch beide lieb«, rief er einmal verzweifelt. Nichts wünscht sich Simon mehr, als dass dieser Zustand ein Ende hat. Er will eine, nur eine einzige Wohnung als Zuhause, und noch mehr sehnt er sich danach, dass er sich auf etwas verlassen kann, auf eine Richtung, einen Wertekanon. Anfangs hat er rebelliert, geschrien, getreten. Mittlerweile äußert er sich selten zu dem Ganzen, um nicht für neuen Konfliktstoff zu sorgen. Seine Eltern nennen ihn »pflegeleicht«, weil er nicht mehr protestiert. In Wahrheit hat er resigniert.

»Pflegeleicht« – das ist eines dieser Wörter, die mir immer häufiger begegnen, wenn ich mit Bekannten spreche, die nicht ohne Stolz von ihrem Konstrukt der Patchworkfamilie sprechen. Immerhin: Das Zusammenleben in der Familie hat sich in der Tat in den letzten dreißig Jahren rasant geändert. Sprach man früher noch von der »gescheiterten« Ehe, wird dieser Begriff heute kaum noch benutzt. Die Option, eine Beziehung zu beenden, wenn sie nicht mehr den eigenen Vorstellungen entspricht, wird als Freiheit erlebt und gewertet. Scheitern, Versagen, Bruch – solche Wörter sind tabu.

Eine Mutter erklärte mir neulich, es sei doch toll, dass ihr Kind jetzt viele neue Leute kennenlernt – ihren Freund, die neuen Freundinnen vom Papa, das erweitere doch den Blick und fördere die Sozialkompetenz. Auch eine Methode, die Sache darzustellen. Dass ihr Kind diese optimistische Sicht teilt, darf bezweifelt werden.

Denn ganz so fröhlich und unkompliziert, wie das klingt, scheint es nicht immer zu sein. Es gibt nicht viele Patchworkfamilien, in denen das Zusammenleben reibungslos läuft. Kein Wunder: Meist sind die Eltern nach einer Trennung in einer schwierigen Selbstfindungsphase und haben nicht immer die Zeit und die Energie, ihre Kinder liebevoll und umsichtig auf ihrem Weg in die neue Situation zu begleiten. »Das häufigste gesundheitliche Leiden in der Übergangsphase sind Schlafstörungen (48 Prozent), die alleinstehende Eltern durch Alkohol-, Nikotin- und Tablettenkonsum zu bekämpfen suchen. 25 Prozent der Eltern leiden an Depressionen und allgemeinen Erschöpfungszuständen, zwölf Prozent an Unterernährung oder Übergewicht«, so Thomas Schirrmacher.[57] Hinzu kommt: Andere Partner treten in den Blick, oft viel zu früh, oft nur für kurze Zeit. Sie sorgen zusätzlich für Unruhe, weil sie nicht unbedingt eine Familie wollen, sondern sich ganz auf die Mutter oder den Vater konzentrieren. Kinder, zumal wenn es nicht die eigenen sind, werden eher als störend empfunden.

Jede Trennung zieht zunächst auch einmal ökonomisch unsichere Verhältnisse nach sich. Der Unterhalt muss geregelt werden, neue Wohnungen, neue Jobs begleiten oft die Umstellungen, meist dauert es Monate, bis die wirtschaftliche Stabilität der Rumpffamilie wieder gewährleistet ist. Dazu wird über das Sorge- und das Umgangsrecht gestritten, die Kinder werden zum Zankapfel, zur bloßen Verhandlungsmasse, an der man seine Machtansprüche beweist. Familientherapeuten schätzen, dass es fünf bis sieben Jahre dauert, bis sich das Zusammenleben in einer neuen Familie harmonisch einpendelt. Ist ein Kind bei der Trennung fünf Jahre alt, wird es zwölf sein, bis alles wieder stimmt. Ist es älter, zieht es vermutlich gerade aus, wenn Ruhe eingekehrt ist. Bis dahin erlebt es eine Kindheit, die höchst belastend ist.

Was da also so offensiv als neue Lebensform gefeiert wird, ist in Wahrheit nicht selten eine Quelle der Verunsicherung und Selbstzweifel. Früher sprach man von der »Stieffamilie«. Doch wer dachte dabei nicht manchmal auch an die böse Stiefmutter aus dem Märchen, die ihre Stiefkinder eben »stiefmütterlich« behandelt? »Patchwork« klingt bunt und lustig, noch hübscher mutet der Name »Regenbogenfamilie« an.

Die Patchworkfamilie ist mittlerweile das dritthäufigste Familienmodell in Deutschland – nach der traditionellen Kernfamilie und der Familie mit nur einem Elternteil. Etwa jede siebte Familie lebt auf diese Weise, meldet das Statistische Bundesamt in Wiesbaden, das eine Zahl von 15 Prozent angibt. Aber das sind im Grunde nur Schätzungen. Denn nicht jede Patchworkfamilie ist für Statistiker auch als solche erkennbar, oft handelt es sich um Lebensgemeinschaften ohne Trauschein und ohne Adoption. Die reale Häufigkeit liegt sehr wahrscheinlich viel höher.

Was ist da passiert? Jahrhundertelang hat sich die Familie als tragfähig erwiesen. Als eine Lebensgemeinschaft von Kernfamilie und Großfamilie, in der jeder seine Aufgabe hatte, in der ein Netz der gegenseitigen Verantwortlichkeit geknüpft wurde, wo jeder wusste, wohin er gehört. Das bedeutet nicht, dass alles ohne Konflikte abgelaufen wäre. Die Familie ist immer auch der Ort für Auseinandersetzungen und sogar Dramen gewesen, es wurde gestritten und gekämpft, aber wenn es darauf ankam, hielten letztlich meist alle zusammen. Als Notgemeinschaft funktionierte Familie immer – »wir gegen den Rest der Welt«. Die Familie als Arche Noah.

Je mehr »Vater Staat« seine Verantwortung für den einzelnen Bürger signalisierte, desto entbehrlicher schien die traditionelle Familie als Versorgungsgarantie zu sein. Das soziale Netz ersetzte finanziell das Familiennetz. Was dabei übersehen wurde: Wer Geld mit Bindung verwechselt, Existenz mit dem Existenzminimum, der hat nicht verstanden, welch ungeheure solidarische und emotionale Kraft und Stärke im Modell Familie verborgen ist. Wie stark das Familienleben die Entwicklung der Persönlichkeit und einer unverwechselbaren Identität prägt.

Was eine Patchworkfamilie für ein Kind bedeutet, darüber gibt es bisher wenige Untersuchungen. Doch Kinderpsychologen sind sich weitgehend einig darüber, dass die verbreitete Praxis, ein Kind regelmäßig hin- und herzukarren, schädlich für die junge Seele ist. Kinder brauchen ein verlässliches Zuhause und feste Regeln, keinen Slalom, der sie ständig ins Schlingern bringt.

Für Maja ist der Sonntagabend immer Krisenzeit. Denn dann kommt ihre Tochter Elli vom Wochenende beim Vater zurück. Und prompt hängt der Haussegen schief. »Bei Papa ist es viel schöner!«, schreit die Kleine, wenn sie ihr Zimmer aufräumen oder noch Schulaufgaben erledigen soll. Elli ist neun, ihre Eltern trennten sich, als sie sechs war. Seit drei Jahren erlebt sie den zweifelhaften Genuss des »Wochendpapas« – der sie nach Strich und Faden verwöhnt, sie mit Geschenken überhäuft und ihr alles durchgehen lässt, was bei der Mutter verboten ist.

Besonders schwierig wird es Sonntagabends mit Peer, Majas Lebensgefährten. Elli ist ohnehin eifersüchtig auf ihn und kommt oft mitten in der Nacht ins Bett von Mutter und Ersatzvater, um demonstrativ mit ihrer Mami zu kuscheln. Wenn sie ihren Vater gesehen hat, verschärft sich der Konflikt. »Papi ist viel lieber als du«, schleudert sie Peer schon mal entgegen, oder: »Wenn du nicht da wärst, dann könnten Mami und Papi noch zusammen sein.« Peer zuckt dann die Achseln, denn in diesem Zustand ist Elli nicht gerade aufnahmefähig für vernünftige Argumente.

Scheidungskinder – die ewigen Probleme

Scheidungsforscher wissen, dass der Einfluss des abwesenden Elternteils nach einer Trennung überproportional groß sein kann. Jedes Telefonat, jeder Ausflug in den Zoo vermag Anlass für Krisen zu sein. Die Rolle des Teilzeiterziehers ist natürlich auch viel einfacher, er entwirft das Gegenbild zum täglichen Einerlei mit seinen Regeln und Pflichten. Er kann der strahlende Held sein, der Fluchtpunkt im grauen Alltag. Fair ist dieses Verhalten gewiss nicht. Aber wie sollte es auch, wenn die Trennung von Zerwürfnissen und Verletzungen begleitet war?

Oft aber ist es ganz einfach eine späte Rache, wenn die Kinder benutzt werden, um Unfrieden in die neue Familie zu bringen. Ralf hat seine Frau Bea verlassen, weil er ein Verhältnis mit einer Kollegin begonnen hatte. Doch wenn auch er es war, der gegangen ist, die Schuld dafür schiebt er Bea in die Schuhe. »Sie war so uninteressant geworden«, erklärt er gern, »da muss sie sich nicht wundern, wenn ich mich anderswo umgeschaut habe.« Auf seine Rolle als toller Daddy will er trotzdem nicht verzichten. Und was er deshalb überhaupt nicht erträgt, ist die Tatsache, dass seine Kinder sich mittlerweile mehr zu dem Freund seiner Exfrau hingezogen fühlen.

Ralf möchte alles – die Affäre und die intakte Familie auf Abruf, mit Kindern, die er an- und ausknipsen kann; und selbstverständlich ist Beas neuer Partner ein Ärgernis, das diese Illusion empfindlich stört. Oft ruft Ralf Bea mitten in der Woche an und sagt: »Heute hole ich die Kinder von der Schule ab.« Selten passt das dann, die Kinder wollen manchmal lieber zum Fußballtraining, zu einem Kindergeburtstag oder eben etwas mit Lars, dem Freund der Mutter, unternehmen. Dann beginnt das Tauziehen um die Kinder, der Kampf um ein paar Stunden Freizeit.

Fest vereinbarte Zeiten mag Ralf nicht akzeptieren, denn er hat immer das Gefühl, die Familie habe für ihn da zu sein. Solange die Scheidung nicht vollzogen ist, sind ritualisierte Besuchsregelungen nicht zu erwarten. Kinder leiden dann oft stumm. Sie wollen niemanden verletzen, sie wollen es allen recht machen – auch weil sie oft denken, sie trügen Schuld an der Trennung. Sie verinnerlichen, dass ihre Gefühle stören, sie verlernen, authentisch zu sein.

Viele Eltern machen in dieser Hinsicht den großen Fehler, dem Kind Normalität abzuringen. Sie tun so, als sei es völlig normal sich zu trennen, womöglich umzuziehen und die gewohnte Umgebung zu verlassen, mit neuen Bezugspersonen konfrontiert zu sein. Doch so gesellschaftsfähig die Patchworkfamilie nach außen hin sein mag: Für Kinder ist sie zunächst einmal angstbesetzt. Wie geht es jetzt weiter? Wer bin ich? Zu wem gehöre ich? Darf ich alle lieb haben? Und wenn neue Geschwisterkinder da sind: Werden die anderen bevorzugt? Bekomme ich nur noch halb so viel Liebe? Bin ich weniger wert als die anderen?

Bei emotional aufgeladenen Anlässen wie Weihnachten eskaliert der schwelende Konflikt häufig. Wo wird gefeiert? Wer darf dabei sein? Ist die »Familientournee« mit Bescherungen bei Mama, bei Papa und noch dazu bei den diversen Omas und Opas die Lösung? Wie viel Weihnachtsbäume verkraftet ein Kind?

»Weihnachten ist schrecklich«, sagt Anna ganz offen. Die Zehnjährige fürchtet sich regelrecht davor, denn an den Weihnachtstagen sind die Erwachsenen erfahrungsgemäß besonders gereizt. »Erst gibt es Bescherung mit Mama und ihrem Freund«, zählt sie auf. »Dann muss ich zu Papa. Der hat aber meist gar nicht geschmückt, nur ein paar Geschenke besorgt, was Mama total aufregt. Danach fahren wir zu Papas Eltern, und am Schluss, wenn ich schon total müde bin, besuchen wir die Eltern von Mamas Freund. Dazu habe ich am wenigsten Lust, aber Mama sagt immer, das sind jetzt meine neuen Großeltern, und die wären beleidigt, wenn wir nicht kommen. Voll doof.«

Der Gefühlsstress, den eine Trennung hervorruft, wird von den Eltern oft verdrängt, weil sie froh sind, einer als unerträglich empfundenen Beziehung entronnen zu sein. Und die Kinder sollten sie am besten gleich mit verdrängen. Sie dürfen keine Sehnsucht nach den alten Lebensverhältnissen zugeben, sie dürfen nicht zeigen, wie sehr sie leiden, manchmal wird ihnen sogar gesagt, sie sollten nicht so »spießig« sein und sich die alte »Mama-Papa-Kind-Konstellation« wünschen.

Um es gleich vorwegzunehmen: Ich verurteile niemanden, der seinen Partner verlässt. Ich selber habe in meinem Leben einige Trennungen erlebt, unter anderem vom Vater meines Kindes. Doch die Ansichten verändern sich, der Mensch entwickelt sich. Und es ist offensichtlich, wie wenig Rückhalt und Geborgenheit Kinder häufig erfahren, die zu Trennungsopfern werden. Wie wenig Bereitschaft die nun in zwei Wohnungen lebenden Eltern zeigen, um des Kindes willen einen einigermaßen entspannten Umgang zu pflegen. Machtspiele und Konkurrenzkämpfe um die Gunst des Kindes sind an der Tagesordnung. Die Solidargemeinschaft Familie als übergeordnete Idee existiert vielerorts nicht mehr. Und das ist mehr noch zu beklagen als die Trennungen.

Ein Bewusstsein ging verloren, das Bewusstsein der Zusammengehörigkeit über Streit und Auseinandersetzungen hinweg. Die Arche Noah ist morsch geworden. Sie dümpelt mit Schieflage in trüben Gewässern. Müssten wir nicht beginnen, unser Ego zu zähmen, wenn es um unsere Kinder geht? Können wir es nicht schaffen, die Vision einer Großfamilie inklusive der neuen Partner zu entwerfen, wenn wir schon die traditionelle Kernfamilie nicht über mehrere Jahrzehnte hinweg stabil erhalten können? Wäre es nicht möglich, die Waffen ruhen zu lassen, weil das Ziel ein höheres ist? Können wir nicht intakte Beziehungen verwirklichen, auch wenn wir den Partner verlassen oder verlassen werden?

Als Hanne von ihrem Mann verlassen wurde und mit ihren beiden kleinen Kindern alleine dasaß, sann sie zunächst auf Rache. Sie malte sich aus, wie sie ihm die Kinder vorenthalten würde. Sie stellte sich vor, wenn er das nächste Mal käme, dass nicht sie, sondern ein fremder, gut aussehender Mann die Hautür öffnen würde. Sie träumte davon, ihn umzubringen.

Hanne entschied sich anders – sie ließ ihren Ex leben und verarbeitete ihre Trennung mit fachlicher Hilfe. Einmal wöchentlich weinte und schrie sie sich den Schmerz von der Seele, und zwar auf der Couch eines Therapeuten. Sie tat es für sich, doch vor allem für ihre Kinder. Hanne wünschte sich, dass die Kleinen ihren Papa so lieb haben sollten wie zuvor. Heute hat sie ein entspanntes Verhältnis zum Vater ihrer Kinder. Und die Geschwister genießen es, wenn Papa und Mama manchmal auch albern miteinander sein können und sich gemeinsam kaputtlachen. Dann ist ihre kleine Welt – wenigstens für eine kurze Zeit – komplett in Ordnung.

Alleinerziehende – warum sie es besonders schwer haben

Sie sind die Heldinnen des Alltags: Mütter, die ihre Kinder allein erziehen. Nach Scheidungen und Trennungen sind es vor allem Frauen, die die Erziehungsarbeit auf sich nehmen: Im Jahr 2000 lebten 96,8 Prozent der minderjährigen Scheidungskinder bei der Mutter, nur 2,6 Prozent beim Vater und 0,3 Prozent bei anderen Familienmitgliedern, so das Deutsche Jugendinstitut (DJI) in München.[58]

Besondere Unterstützung können die Multitasking-Mütter nicht erwarten. »Vater Staat« jedenfalls verhält sich wenig väterlich und lässt sie zunehmend im Stich, was vor allem das neue Scheidungsrecht belegt. So werden sie gezwungen, schneller und intensiver als früher berufstätig zu sein und für ihre Kleinstfamilie zu sorgen. Wesentliche Steuererleichterungen für Alleinerziehende gibt es kaum – auch der 2004 eingeführte Entlastungsbetrag für Alleinerziehende, die in Steuerklasse 2 eingestuft sind, berücksichtigt nur, ob überhaupt Kinder in der Familie leben. 1308 Euro Steuererleichterung gibt es pro Jahr und Haushalt, wie viele Kinder in diesem Haushalt leben, ist dem Staat egal. Und dass man neuerdings 4000 Euro jährlich für Betreuungskosten absetzen kann, ist angesichts der realen Ausgaben für Kindergärten, Tagesmütter, Schulhorte, Babysitter und Ferienbetreuung nur der buchstäbliche Tropfen auf den heißen Stein.

Eine unhaltbare Situation, denn die Zahl der Frauen, die unter der mangelnden Fürsorgepflicht des Staates leiden, steigt stetig an. Der Anteil der Alleinerziehenden an den Eltern-Kind-Gemeinschaften wuchs laut Statistischem Bundesamt 2005 seit 1996 von 17 Prozent auf 20 Prozent im Jahr 2004. Besonders stark war dieser Anstieg in den ostdeutschen Bundesländern. Hier waren 1996 19 Prozent aller Eltern-Kind-Gemeinschaften alleinerziehend, 2004 betrug dieser Anteil bereits 24 Prozent. Alarmierende Zahlen, was den Zustand unserer Gesellschaft betrifft. Es sind aber auch Fakten, die aufhorchen lassen: Wer hilft diesen Müttern organisatorisch und emotional? Wer gibt ihnen Rückhalt?

»Die anderen Kinder hatten ihren Papi dabei, als unsere Hockeymannschaft gespielt hat«, beschwerte sich Mike, neun Jahre alt, kürzlich bei seiner Mutter. »Aber nicht mal du warst da, als wir unseren Sieg gefeiert haben, du musstest ja arbeiten …« Er ist zwar nicht der Einzige in der Klasse, der nur mit seiner Mutter zusammenlebt, doch der Anblick von Elternpaaren stimmt ihn jedes Mal traurig. So sollte es sein, so wäre es richtig, ist seine Schlussfolgerung. Seine Mutter zuckt mit den Achseln. Und fühlt sich wie in einer Zweiklassengesellschaft. Dort die heile Welt, hier der Familientorso, bei dem immer etwas fehlt.

Ich kenne solche Situationen. Eine Weile war ich selbst alleinerziehende Mutter und spürte den harten Wind, der einer Frau entgegenweht, die dieses Schicksal auf sich nimmt oder nehmen muss. Ich habe nach Kräften versucht, neben dem Vater alle wichtigen Bezugspersonen einzubinden, die vorstellbar waren. Leicht war das nicht. Und ständig kämpfte ich mit dem schlechten Gewissen, das wohl alle alleinerziehenden Mütter bedrückt: Tue ich alles für mein Kind? Bekommt es genug Liebe, genug Zuwendung? Wie verkraftet es die Trennung?

Besonders stark ist daher der psychische Druck, den alleinerziehende Mütter spüren. Sie sind auf sich gestellt, oft ohne helfende Hände von Großeltern, Onkel oder Tanten, auf reine Improvisation angewiesen, und noch dazu stehen sie gesellschaftlich nicht gerade auf einer hohen Stufe. Misstrauen und die Unterstellung, es stehe nicht zum Besten in solch einer Familie, begegnet ihnen fast täglich. Im Kindergarten, in der Schule, im Freundeskreis wird argwöhnisch darauf geachtet, ob das Kind einer solchen Mutter etwa verhaltensauffällig ist, ob seine schulischen Leistungen reichen, ob es anders als die anderen ist.

So geraten diese Mütter rasch in die Defensive. Denn für ihre Kinder gilt, was bei Scheidungskindern generell beobachtet wird: Sie sind deutlich gefährdeter als ihre Altersgenossen aus sogenannten intakten Familien. Eine Studie des schwedischen Ministeriums für Gesundheit und Wohlfahrt von 2003 ergab erschreckende Ergebnisse. Kinder und Jugendliche aus Ein-Eltern-Familien wurden fünfmal häufiger wegen Drogenmissbrauchs ins Krankenhaus eingeliefert, sie tranken verstärkt Alkohol, es gab deutlich mehr Selbstmordversuche – und sie wurden überproportional oft Opfer von Gewalt.[59] Düstere Aussichten?

Die Verhaltensauffälligkeit und die Gefährdung von Scheidungskindern ist tatsächlich höher, doch nicht immer und nicht nur hat das mit der neuen Lebenssituation zu tun. Vorschnelle Schuldzuweisungen sind daher gefährlich, warnt E. Mavis Hetherington, Scheidungsforscherin an der Universität Virginia. »Viele der Anpassungsprobleme von Eltern und Kindern, die wir der Scheidung zusprechen, sind in Wirklichkeit schon vorher vorhanden«, stellt sie fest. »Wenn eine Ehe zerbricht, hat das zerrüttete Familienleben längst seinen Preis gefordert.«[60] Mit anderen Worten: Was der Trennung vorausging, war meist belastender als die Situation danach.

Doch auch wenn die Trennung oft eine Erlösung ist: Nach der ersten Erleichterung stellt sich meist das ganz große Vakuum ein. »Als Holger ging, fiel ich in vollkommene Leere«, erinnert sich Sonja. »Wir waren nicht verheiratet, ich war im vierten Monat schwanger, und wir lebten in einer Wohnung, deren Mietvertrag nur er unterschrieben hatte.« Sie suchte sich eine kleine, bezahlbare Wohnung, gab ihre einjährige Tochter in die Krippe, um mit einer Dreißigstundenstelle sich und das Kind über die Runden zu bringen. »Es war ein ständiger Kampf gegen die Uhr«, seufzt Sonja. »In meinem Job kann man nicht einfach den Stift fallen lassen und zum Kindergarten flitzen. Ständig kam ich zu spät, um mein Kind abzuholen – in den Augen meiner Arbeitskollegen dagegen ging ich immer zu früh. Ein aufreibender Spagat, der mich an den Rand des Nervenzusammenbruchs brachte. Die Erzieherinnen waren genervt, die Kollegen auch, und ich befand mich mitten dazwischen.«

Wenn sie die finanziellen Möglichkeiten gehabt hätte, sagt Sonja, wäre sie »liebend gern« zu Hause geblieben: »Es hat mir jeden Tag das Herz gebrochen, meine einjährige Tochter in die Hände fremder Menschen geben zu müssen.« Mittlerweile ist Sonja verheiratet, hat zwei weitere Kinder bekommen, und für die beiden jüngsten ist sie ganz bewusst in den ersten Jahren daheimgeblieben. »In schwierigen Situationen merke ich deutlich, dass die beiden Kleinen viel mehr inneren Halt haben, während sich die Große immer meiner Nähe und Zuneigung versichern muss. Ich hätte auch ihr gern dieses Urvertrauen der ersten Jahre mitgegeben«, zieht Sonja Bilanz.

Der Druck, den Mütter auch in abgesicherten finanziellen Verhältnissen in den nächsten Jahren verstärkt zu spüren bekommen werden, ist für alleinerziehende Frauen längst Alltag. Sie müssen arbeiten, um sich und ihre Kinder durchzubringen. Stillschweigend akzeptiert die Gesellschaft, dass diese Frauen ihre Kinder fremd betreuen lassen, um berufstätig zu sein. Diejenigen aber, deren Unterhalt ausreicht, ihnen und ihren Kindern ein abgesichertes Leben zu ermöglichen, gelten schnell als »Abzockerinnen«, die sich ihre Ehe »vergolden« lassen.

Dabei ist es immens wichtig für die Kinder, nach der auch für sie schmerzhaften Trennung wenigstens einen Elternteil dauerhaft als sicheren Anker zu haben – mehr als eben nur ein, zwei Stunden am Tag. Für Kinder ist es ein Glücksfall, wenn die Mutter es sich nach der Trennung leisten kann, zu Hause zu bleiben. Die Realität sieht leider meist anders aus: Lediglich ein Drittel der Mütter kann nach der Trennung sorgenfrei leben, Scheidungskinder sind von Armut bedroht wie kaum eine andere Bevölkerungsgruppe. Hier nimmt das viel zitierte »Unterschichtenproblem« bereits häufig seinen Anfang.

Die nüchternen Zahlen sprechen für sich. Nur 28 Prozent der unterhaltsberechtigten Frauen und Männer haben ein Einkommen von mehr als 1259 Euro im Monat, über die Hälfte, genau 52 Prozent, liegen darunter. Ein Drittel der Alleinerziehenden hat höchstens 900 Euro im Monat zur Verfügung. Von den Unterhaltspflichtigen dagegen können 60 Prozent mit mehr als 1250 Euro netto im Monat rechnen – so der Verband alleinerziehender Mütter und Väter (VAMV). Gleichzeitig leben 37 Prozent der Kinder von sieben bis zehn Jahren in Ein-Eltern-Familien unterhalb der Armutsgrenze. Ihr Schicksal teilen sie mit kinderreichen Familien und Familien mit Migrationshintergrund.[61]

Arm zu sein in Deutschland bedeutet nicht nur, sich nichts leisten zu können. Es bedeutet gleichzeitig, von den Bildungschancen abgeschnitten zu sein. Nur 12,2 Prozent der Kinder, die jemals Armut erfahren haben, schaffen den Sprung aufs Gymnasium, dagegen 35,6 Prozent aus gesicherten finanziellen Verhältnissen. 17,9 Prozent von ihnen besuchen die Hauptschule – mit geringen Chancen auf eine gute Ausbildung und einer Existenz jenseits der Armutsfalle. Hinzu treten soziale und gesundheitliche Aspekte: Kinder in Armut haben weniger Kontakte zu Gleichaltrigen über Vereine, bekommen seltener Besuch von Freunden, leiden häufiger unter Gewichtsproblemen und haben früher mit Suchtmitteln wie Alkohol und Zigaretten Kontakt.[62]

Mehr als die Hälfte der Scheidungen (57 Prozent) wird von den Frauen eingereicht. Sind Frauen, die sich trennen, also leichtfertig? Naiv? Oder mutig? Sicherlich sind sie manchmal naiv – wenn sie etwa einen Ehevertrag abgeschlossen haben, der sie ihrer Rechte beraubt, oder wenn sie an den Sozialstaat Deutschland glauben, von dem sie Hilfe und Absicherung für sich und ihre Kinder erhoffen. Mutig sind sie ganz bestimmt, denn Kinder allein zu erziehen erfordert viel Kraft und Durchhaltevermögen. Ihnen Leichtfertigkeit vorzuwerfen aber hieße zu verkennen, dass die meisten Frauen sich erst nach langem Bemühen um die Partnerschaft trennen. Sie haben eine gewaltige Strecke des Leidensdrucks hinter sich gebracht und wissen zuverlässig, dass sie nicht mehr weiter in dieser Verfassung leben können und wollen.

So wie Sabine. Fünf Jahre lang hat sie Streit und Auseinandersetzungen ertragen. Mittlerweile ist Sabine aus der Gründerzeitvilla im vornehmen Hamburger Stadtteil Othmarschen ausgezogen und lebt mit ihren beiden Töchtern in einer Sechzigquadratmeterwohnung. »Mehr können wir uns in den teuren Elbvororten nicht leisten. Aber mir war es wichtig, die Kinder in dieser Situation wenigsten in ihrem vertrauten Freundeskreis zu lassen«, erklärt sie.

Sabine sucht einen Job, nach zehn Jahren als Hausfrau und Mutter ein schwieriges Unterfangen, zumal ihre jüngste Tochter erst in einigen Monaten einen Kindergartenplatz erhält. Sie hofft auf eine Teilzeitstelle, obwohl sie weiß, dass diese Jobs rar sind. »Ich möchte den Mädchen so viel Sicherheit wie möglich geben. Sie leiden schon genug.« Schwerwiegender noch sind für sie die familiären Probleme, die sie am Horizont aufziehen sieht. »Für die Kinder würde meine Berufstätigkeit bedeuten, dass die Familie endgültig zerrissen wird. Nach der Trennung vom Vater sollen sie nun auch noch ganztags von Erzieherinnen betreut werden, statt wenigstens die Sicherheit zu haben, dass wir drei ab mittags zusammen sind.«

Trotz aller Zweifel und Bedenken: Sabine muss Arbeit finden, denn vom Unterhalt geht ein erheblicher Anteil für die Krankenversicherung drauf. Bisher war sie über ihren Mann privat versichert gewesen. Nach der Scheidung jedoch ist keine gesetzliche Krankenversicherung gezwungen, sie aufzunehmen – obwohl nicht sie, sondern ihr Mann die Entscheidung für eine private Krankenversicherung getroffen hatte, und zwar lange vor der Familiengründung. Daher muss Sabine die teure Privatversicherung weiterzahlen, Arzthonorare vorstrecken und darauf hoffen, bald einen versicherungspflichtigen Job zu bekommen.

So verschieden die Familienkonstellationen, so unterschiedlich sind auch die Gründe, derentwegen Frauen sich trennen. Wenn die Frau geht, hat sie, nicht der verlassene Mann, finanziell das Nachsehen. Erst wenn es um den Unterhalt geht, wird vielen Frauen klar: Kinderbetreuung ist dem Staat nichts wert. Zwar werden ihre Erziehungsjahre auf die Rente angerechnet, aber längst nicht in dem Umfang, als wenn Sabine berufstätig gewesen wäre. Findet sie jetzt eine Teilzeitstelle, wird sie wiederum weniger in die Rentenkasse einzahlen können als Frauen mit Vollzeitjob.

»Bisher war das für mich okay, weil ich davon ausging, dass die Rente meines Mannes später für uns beide reicht«, sagt sie. »Aber jetzt habe ich Angst vor dem Alter. Und das nur, weil ich für jene Kinder da sein will, die später mal die Rente für alle anderen zahlen. Es ist doch verrückt: Nur für die eigene Mutter bleibt nichts übrig. Das ist bitter.«

Der trügerischen Sicherheit, mit Kindern in allen Höhen und Tiefen des Lebens versorgt zu sein, geben sich anscheinend noch immer überwiegend jene Frauen hin, die verheiratet sind. So arbeiten laut Statistischem Bundesamt von 2005 bei 23 Prozent der Ehepaare mit Kindern unter fünfzehn Jahren Vater und Mutter ganztags, bei nicht verheirateten Paaren mit Kindern dagegen liegt diese Zahl bei 41 Prozent. Der Staat sieht zwar die Ehe als besonders schützenswert an – und hält deshalb auch am Ehegattensplitting fest, statt das gerechtere Familiensplitting einzuführen. Wer aber den Hafen der Ehe verlässt, findet sich rasch im Sturm auf hoher See wieder. So bleibt es für die 2,5 Millionen alleinerziehender Eltern mit Kindern ein Rätsel, warum der Staat sie so unverhohlen aus seinem »besonderen Schutz« entlässt.

Zu den finanziellen Sorgen kommen die menschlichen Defizite, die durch den abwesenden Vater entstehen. Selbst die beste, liebevollste Mutter-Kind-Beziehung kann nicht wettmachen, dass der männliche Erziehungsanteil fehlt. Die Entwicklungspsychologin Inge Seiffge-Krenke gehört zu den wenigen Forschern, die sich eingehend mit diesem Thema beschäftigen. Ihr Fazit ist alles andere als hoffnungsvoll: »Durch die Beteiligung von Mutter und Vater erfährt das Kind mehr Perspektiven als durch die Mutter allein«, stellt sie fest. »Das sieht man besonders deutlich bei vaterlos aufwachsenden Kindern. Diese Kinder haben es einfach schwerer. Viele haben Probleme bei der Rollenfindung, sie weisen Defizite und psychische Störungen auf.«[63]

Es ist also unbestritten, dass alleinerziehende Mütter vor einer Herausforderung stehen, die allzu oft über ihre Kräfte geht. Sie sind rund um die Uhr gefordert, Ruhepausen gibt es selten oder nie. Das könnten wir wissen, wenn wir darüber nachdenken würden, doch welche Konsequenzen ziehen wir eigentlich daraus? Wie viele dieser Mütter kennen Sie? Welche Unterstützung haben Sie ihnen angeboten?

Wenn wir Familie ernst nehmen und die Werte und Qualitäten dieser Lebensform beherzigen wollen, darf niemand von uns die Augen verschließen vor dem Problem der Überforderung, das viele alleinerziehende Mütter in Verzweiflung und Resignation treibt. Sicher, auch der Staat ist gefordert, und er hätte auch die Möglichkeiten dazu. Doch das ist längst nicht alles, was getan werden muss.

Matthias Franz beispielsweise, Professor für psychosomatische Medizin und Leiter eines Forschungsprojekts, der »Düsseldorfer Alleinerziehendenstudie«, stellt die Diagnose einer heillosen Überlastung, und die Lösung liegt seiner Ansicht nach nicht nur in finanziellen Belangen. Er fordert unter anderem ein System von »Ersatz-Großmüttern«, die auf ehrenamtlicher Basis arbeiten und jenen Frauen zur Hand gehen, die im Bermudadreieck Beruf-Kind-Haushalt unterzugehen drohen. Menschen sind gefragt, die menschlich auf Not reagieren. Nicht nur Profis, sondern Freiwillige, Engagierte.[64]

Das ist eine ungewohnte Argumentation. Denn für viele ist der Fall klar: Man muss nur die Kinder den ganzen Tag lang in Krippen, Kindergärten oder Ganztagsschulen unterbringen, und alles läuft glatt. Aber gerade alleinerziehende Mütter werden von ihren Kindern mehr gebraucht, als Ansprechpartnerin, als Trösterin, als Mutter, die ein Zuhause erschafft, eine Wärmeinsel, in der die Kinder sich wohlfühlen können. Und die durch ihre Anwesenheit neues Vertrauen aufbaut, nachdem der Vater sich allzu oft zurückgezogen hat oder nur sporadisch Verantwortung übernimmt. Sie muss die Vaterrolle gleich mit übernehmen, muss strafen und kuscheln, stark sein und weich.

Wo aber sind die Netzwerke für diese Frauen? Wo ist die Nachbarschaftshilfe? Welche Erzieherin, welcher Lehrer erkundigt sich – mit allem Respekt –, ob sie klarkommt? Welche Freunde, welche Verwandte bieten sich an, regelmäßig zumindest einen Nachmittag in der Woche mit dem Kind etwas zu unternehmen, auf den Spielplatz zu gehen, in den Zoo oder einfach zu malen oder Nudeln zu kochen?

Wir haben verlernt, auf Menschen zu achten, die oft ungewollt in die gesellschaftliche Vereinsamung geraten sind. Und wenig Aussichten haben, das kurzfristig zu ändern. Denn gleichzeitig laboriert die alleinerziehende Mutter an einem anderen Problem: Wenn sie einen Mann kennenlernt, gerät sie schnell in einen Zwiespalt. Darf sie einen Teil der ohnehin knappen Freizeit einer neuen Beziehung widmen oder sollte sie sich nicht besser voll und ganz auf ihre Mutterrolle konzentrieren? Muss sie sich heimlich treffen oder sollte sie jeden Flirt mit nach Hause bringen? Schadet es dem Kind, eine Mutter mit wechselnden Partnern zu erleben? Sollte sie wie eine Nonne leben?

»Manchmal fühle ich mich wie der Teenager von einst«, seufzt Marita, eine Bekannte, die seit zwei Jahren getrennt ist und ihren Sohn Tim allein aufzieht. Ihr Job in einer Bank lässt ihr am frühen Abend gerade mal drei Stunden, in denen sie einkauft, das Abendessen kocht, die Schularbeiten ihres Kindes überfliegt, sich die Freuden und Nöte ihres Sprösslings anhört und ihn dann ins Bett bringt. Danach erledigt sie den Haushalt, bügelt und putzt. Für Liebschaften ist keine Zeit. Oder?

»Es ist wie früher, als ich noch bei meinen Eltern wohnte«, erzählt sie. »Vor Kurzem habe ich einen Mann getroffen, es war sofort eine große Leidenschaft da, aber ob die Sache Zukunft hat – keine Ahnung. Deshalb treffen wir uns immer nur bei ihm, manchmal knutschen wir auch im Auto. Bei mir zu Hause waren wir noch nie. Wie soll ich Tim denn erklären, wer der fremde Mann am Frühstückstisch ist? Soll ich sagen: ›Das ist Fred, wir sind verknallt, aber dein neuer Papi ist das nicht?‹«

Marita weiß, dass das nicht ewig so weitergehen kann. Aber alleinerziehend und ein Freund, das ist noch schlimmer als ohne, findet sie. »Sonst sagen die Nachbarn noch, ich führe ein Lotterleben, das sich moralisch verheerend auf Tim auswirkt. Am Ende nimmt man mir mein Kind weg, weil man mir unterstellt, ich kümmerte mich nicht genug um ihn – dann doch lieber Dates außer Haus, oder?«

Die vielen spektakulären Fälle von Kindesvernachlässigung tun ein Übriges, um den Ruf alleinerziehender Frauen weiter zu beschädigen. Die Mutter, die vor zwei Jahren ihre beiden Kinder in einer Hochhaussiedlung zurück- und verdursten ließ; die Mutter, deren vier Kinder ein halbes Jahr lang unbeaufsichtigt in einer völlig verdreckten Wohnung vegetierten – sie waren alleinerziehend, und sie vergaßen ihre Kinder, weil sie sich verliebt hatten. Sehr wahrscheinlich aber auch deshalb, weil sie fliehen wollten vor einer Verantwortung, der sie sich nicht mehr gewachsen fühlten.

Während das Unterhaltsrecht zumindest in der Mehrzahl der Fälle ein – wenn auch häufig dünnes – finanzielles Fundament für alleinerziehende Mütter und ihre Kinder bildet, sind alleinerziehende Väter fast immer gezwungen, ihren Lebensunterhalt vollständig selbst zu bestreiten. Denn wenn ein Vater seine Kinder zugesprochen bekommt, liegen oft schwerwiegende Gründe vor, aus denen die Frau das Sorgerecht nicht erhält. Dies geht oft einher mit einer Berufsunfähigkeit der Frau, die somit auch keinen Unterhalt zahlen kann. So wie bei Paul: Seine Kinder lebten nach der Scheidung bei der Mutter, Paul sah sie regelmäßig. Immer häufiger erlebte er seine beiden Söhne an den Wochenenden verstört, zurückhaltend. Erst nach und nach fand Paul heraus, dass seine Exfrau massive Alkoholprobleme hatte, selbst einfachste Dinge nicht mehr erledigte. Dennoch dauerte es noch zwei Jahre, bis er das Sorgerecht für Max und Felix erstritten hatte. »Männern wird immer noch unterstellt, dass sie schlechter für ihre Kinder sorgen können als die Mutter«, sagt er. Während alleinerziehende Mütter mittlerweile gesellschaftlich anerkannt sind, gilt ein geschiedener Vater, dessen Kinder bei ihm leben, noch immer als Exot. »Für meinen Chef war es undenkbar, meine Arbeitszeit zu reduzieren, damit ich mehr Zeit mit den Kindern verbringen kann«, erzählt Paul. Auch die Kollegen reagierten mit wenig Verständnis, wenn er pünktlich gehen musste, um seine Söhne aus dem Hort zu holen. Er erlebte das, was für viele Frauen in seiner Situation ebenfalls Alltag ist: Er bekam nicht mehr die interessanten, lukrativen Projekte, fühlte sich unmerklich aufs Abstellgleis geschoben. »Natürlich hat man es als Vater erst mal leichter, den Lebensunterhalt zu verdienen, weil die Männer meistens sowieso im Berufsleben stehen, während viele Frauen nach einer Scheidung erst wieder einsteigen müssen. Doch Karrieresprünge kann man auch als Mann vergessen, wenn man den Anspruch, für die Kinder da zu sein, ernst nimmt.« Mittlerweile hat er ein soziales Netz, das ihn und seine Kinder auffängt, wenn Paul krank ist oder am Wochenende arbeiten muss. »Doch das hat lange gedauert. Als Vater findet man nicht so schnell den Draht zu anderen Eltern. Auf dem Spielplatz, in der Turngruppe, überall sind fast ausschließlich Mütter. Ich als Vater war immer außen vor.«

Dennoch: Mit einem ungeliebten Partner »wegen der Kinder« zusammenzubleiben, kann keine Lösung sein. Kinder, deren Eltern häufig Konflikte austragen, profitieren von einer Scheidung. Ganz wichtig allerdings ist es für sie, wie die Eltern mit der Trennung umgehen. Bleibt der Expartner ein verlässlicher Vater, der sowohl die finanzielle als auch die persönliche Verantwortung für seine Kinder weiterhin übernimmt und gelingt es der Mutter, ein selbstbestimmtes Leben aufzubauen, werden die Kinder eine Trennung relativ unbeschadet überstehen.

Generationenzusammenhalt – alles bröckelt

Ratlosigkeit macht sich breit, wenn wir betrachten, wie wenig tragfähig sich das Modell Familie heute erweist. Zusammenhalt, Verlässlichkeit, das sind Fremdwörter in der modernen, aufgeklärten Gesellschaft, die das Individuum feiert und Bindungen für puren Luxus hält oder für Hemmnisse, die der Selbstverwirklichung entgegenstehen.

Die Ich-Ideologie hat viel von dem zerstört, was wir Instinkt oder Intuition nennen könnten, das Bedürfnis, denen nah zu sein, die wir lieben, uns um sie zu kümmern und unser Heil nicht in der Selbstbezogenheit zu suchen, sondern in der Beziehung zu anderen. Damit einher geht die Tendenz, die Generationen systematisch voneinander zu trennen. Längst leben Kinder, Eltern und Großeltern in verschiedenen Teilbereichen der Gesellschaft. Und so sieht es aus, das Modell, das schon in naher Zukunft Wirklichkeit sein wird: Mutter und Vater sind ganztägig berufstätig, die Kinder sind ganztägig in Krippe, Kindergarten oder Ganztagsschule, die Großeltern leben im Heim.

»Mal deine Familie auf«, hieß es neulich in der Schule, die der Sohn einer Freundin besucht. Adrian ist in der zweiten Klasse. Er zeichnete sich selber ganz klein unten im Bild, weiter entfernt eine große, runde Mutter, der winzige Vater landete oben in der linken Ecke. »Und wer gehört noch dazu?«, fragte die Lehrerin. Ratlos schaute Adrian sie an. »Äh, vielleicht mein Freund Jasper?« Die Lehrerin war sprachlos. »Na, hast du keine Oma? Oder einen Onkel?« Adrian nickte unsicher. Die Namen seiner Verwandten konnte er allerdings nicht sagen. Und wer wessen Vater, Onkel, Bruder war, wusste er nicht.

Als seine Mutter Charlotte mir die Geschichte erzählte, war sie nicht im Mindesten beunruhigt. Sie lachte sogar darüber. »Die Familie spielt bei uns eben keine große Rolle«, erklärte sie, »der Vater entzieht sich, wir haben Freunde, das reicht.« Als ich nachfragte, wie lange denn Freundschaften im Allgemeinen halten, runzelte sie die Stirn. »Man trifft sich, findet sich nett, hat Gemeinsamkeiten, aber irgendwann lebt man sich auch wieder auseinander«, sagte sie. »Ist doch normal. Worauf willst du eigentlich hinaus? Dass Blut dicker ist als Saft? Lass mich bloß in Ruhe mit diesen alten Sprüchen.«

Dieses Gespräch ging mir noch lange durch den Kopf. Jeder weiß, was gemeint ist. Wenige Freundschaften halten ein Leben lang, man entwickelt sich weiter, orientiert sich neu, und passend zu jeder Phase sucht man sich Freunde. Doch hinter diesem Verhalten wird eine Problematik sichtbar, die weit über die Alternative Freunde oder Familie hinausgeht. Charlotte hat nämlich nie den Versuch gemacht, Tanten, Onkel oder Großeltern aktiv einzubinden. Ihr war der Gedanke fremd.

Was wir zur Zeit erleben und sehenden Auges zulassen, ist eine folgenreiche Isolation der Generationen. Kritiker sprechen schon von einer drohenden »Kasernierung«. Und haben sie nicht recht? Wo sieht man in einer deutschen Großstadt tagsüber Kinder? Wo sind die Alten, die Gebrechlichen? Wo sind die Mütter, die Väter? Und wann sieht man sie alle gemeinsam? Die Antwort kennen wir alle. Großfamilien im Supermarkt, im Lokal, auf dem Spielplatz sind schlicht nicht anzutreffen. Was wir beobachten, sind allenfalls Paare im Restaurant, professionell beaufsichtigte Kindergruppen auf dem Spielplatz, vereinzelte ältere Menschen im Park, wenn sie nicht als Busladung im Rahmen einer Seniorenfahrt daherkommen.

Soziologen sprechen von der »Ausdifferenzierung der Lebenswelten«. Ein wertneutraler Begriff, der nichts von dem Verlust andeutet, der damit verbunden ist, dass der Familienzusammenhalt bröckelt. Jeder wird dem Alter entsprechend in seiner Teilwelt verwahrt. Das Zusammenleben findet, wenn überhaupt, nur noch bei Familienfeiern statt, selbst im Urlaub geht man getrennte Wege. Adrian beispielsweise hat viele seiner Verwandten noch nie gesehen. Sie wohnen weit weg, man hält nur lose Kontakt, wenn überhaupt.

Alles bestens, sagen die einen. Kinder bewegen sich in kindgerechter Umgebung, die Mütter und Väter haben den Kopf frei für die Arbeit, und alte Leute wollen sowieso ihre Ruhe. Isolationsfolter, sagen die anderen. Sie beklagen, dass die Idee der Familie nur noch eine Wochenendoption ist und dass das selbstverständliche Miteinander der Generationen verlernt wird. Eine verstärkte Vereinsamung sei die Folge, eine soziale Leere, die nur noch durch Freizeitaktivitäten gefüllt werden kann, welche selbstverständlich ebenso dem Gebot der Generationentrennung folgen. Mama geht ins Frauenfitnessstudio, Papa trifft sich mit Freunden, die Kinder lassen sich von Unterhaltungselektronik bespielen, die Alten bleiben unter sich und allein.

Man muss keinen Familientherapeuten konsultieren, um zu erkennen, dass diese auseinandergerissenen Generationen ein starkes Defizit haben: Sie kennen einander nicht, sie verstehen einander wenig, sie wollen eigentlich nichts miteinander zu tun haben. Alles, was im Zusammenspiel der Generationen wie von selbst erlernt werden könnte – Rücksicht beispielsweise, Toleranz, Verantwortung –, fällt weg und kann nicht mehr aufgeholt werden. Darunter leidet das gesamte Miteinander. Denn was einem fremd ist, wirkt im Zweifelsfall feindlich.

Eine meiner Freundinnen wohnt in einem großen Mietshaus, hinter dem ein Seniorenheim liegt. Alle paar Wochen im Sommer hatte das Heim Musiknachmittage im eigenen Garten veranstaltet, der an den Garten des Mietshauses grenzt. Mit einem Akkordeonspieler, der Volkslieder spielte. Die alten Herrschaften konnten mitsingen, es war für sie ein wunderschönes Ereignis. Einer Nachbarin meiner Freundin gefiel das nicht. Sie fühlte sich durch die nachmittägliche

Musik gestört. Flugs beschwerte sie sich bei der Heimleitung, ließ das Wort »Ruhestörung« fallen, und seitdem ist es vorbei mit dem harmlosen Vergnügen der Senioren.

Doch damit nicht genug. Wenn die insgesamt fünf Kinder, die in dem Haus leben, bei schönem Wetter im Gemeinschaftsgarten spielen, ist Streit vorprogrammiert. Und es sind nicht nur die kinderlosen Ehepaare im Haus, die sich beschweren, neulich wütete sogar eine Mutter von zwei Kindern gegen das Herumtoben im Garten. Der Rasen sei kein Spielplatz, giftete sie. Ihre Kinder besuchen Ganztagsschulen, kommen erst gegen Abend nach Hause. Im Garten halten sie sich nur sonntagmorgens auf, wenn die Eltern ausschlafen wollen und die kleinen »Plagegeister« auch bei Wind und Wetter regelmäßig vor die Tür geschickt werden.

Zwei Beispiele, die symptomatisch sind. Traurige Beispiele, denn sie erzählen davon, wie wenig selbstverständlich es empfunden wird, wenn man von anderen Generationen überhaupt etwas hört oder sieht. Es sind bereits Kleinigkeiten, die als störend empfunden werden, weil die Bedürfnisse anderer als Angriff auf die eigenen empfunden werden.

Neulich hatte ich den Prospekt eines Wellnesshotels in der Hand. Ein Viersternehaus an der Ostsee mit allem, was man sich wünschen kann – großer Pool, Jacuzzi, Massagen, Aquagymnastik, Meditationskurse. Doch dann las ich einen Satz, der mich stutzig machte: Kinder, so stand da, seien nicht erwünscht. Nicht erwünscht? Klar, wer sich erholen will, mag keine Kleinen im Pool, die fröhlich lärmen und Wasserball spielen. Wirklich so klar? Nein! »Hunde nicht erwünscht«, daran hatte ich mich schon gewöhnt. Aber dass Kinder ausdrücklich draußen bleiben sollten, das hatte ich bisher noch nicht erlebt.

Dazu passt die wütende Erzählung eines Freundes, der neulich auf Mallorca im Urlaub war. Nach seiner Rückkehr machte er seinem Zorn Luft. Da seien lauter alte Leute im Hotel gewesen, »einfach schrecklich«. Er erging sich in hasserfüllten Berichten über korpulente Senioren am Pool und schimpfte auf die »Silberpappeln«, die ihm den Spaß am Urlaub verdorben hätten. Schon durch den bloßen Anblick des »Krampfaderngeschwaders«, wie er die alten Leute nannte, habe er sich belästigt gefühlt.

Ich fühlte mich sofort an jene Urlauber erinnert, die vor ein paar Jahren ihren Reiseveranstalter verklagten, weil im Hotel eine Gruppe behinderter Kinder Ferien machte. Nicht zumutbar, fanden sie. Sie gingen vor Gericht – und erhielten Recht. Ein Extremfall vielleicht, doch der Trend ist eindeutig: Man will unter sich bleiben, unter seinesgleichen. Wie hat es so weit kommen können?

Die Großfamilie früherer Zeiten lebte meist unter einem Dach. Jede Generation hatte Kontakt mit den anderen, man kannte die Vorlieben, die Eigenarten, auch die Qualitäten, die die verschiedenen Lebensalter auszeichneten. Das brachte natürlich auch eine Menge Probleme und Ärger mit sich. Vor allem diejenigen Menschen, welche sich »frei« entwickeln, ihren Weg finden und sich selbst erarbeitete Urteile bilden wollten, wurden durch den Familienrat schon mal daran gehindert. Wer versuchte, alte, traditionelle Strukturen aufzubrechen, hatte es selten leicht. Die Großfamilie soll also hier nicht als allein richtiges Lebensmodell gepriesen werden.

»Ich hatte eine tolle Kindheit«, erzählte kürzlich Hajo, Anfang vierzig und Bauingenieur. »Denn bei uns im Haus wohnten damals meine Großeltern. Vor allem mein Opa hatte immer Zeit für mich. Er zeigte mir, wie man Figuren schnitzt, wie man Papierflieger baut, und sonntags gingen wir angeln. Ich freute mich die ganze Woche darauf, in Gummistiefeln und mit einem Glas Würmer loszustiefeln. Stundenlang saßen wir dann an einem kleinen See, und oft erzählte er mir, wie er früher große Hechte und Barsche aus dem Wasser gezogen hatte.«

Als die Großeltern krank und bettlägerig wurden, war es selbstverständlich, dass die ganze Familie für sie sorgte. »Wir waren alle gefordert«, erinnert sich Hajo. »Meine Eltern, meine Geschwister, auch ich. Und wir fanden es völlig normal. Nach der Schule brachte ich ihnen das Mittagessen in ihre Wohnung im ersten Stock, und danach hörten wir zusammen Radio. Sendungen über fremde Länder zum Beispiel. Das fand ich unheimlich schön.« Widerwillen habe er nie empfunden, obwohl es manchmal etwas streng roch in der Wohnung der Großeltern. »Das war doch mein Opa, das war meine Oma, ich habe nie darüber nachgedacht ...«, überlegt er.

Das Geheimnis dieses Familienlebens war das Prinzip der Ergänzung. Was der eine nicht hatte, nicht konnte, übernahm der andere. Und niemand fiel durchs Raster. Krankheiten waren keine Katastrophen, es war immer jemand da und bereit, die Pflege zu übernehmen. Heute dagegen raufen sich Eltern schon die Haare, wenn das Kind fiebert. Wohin mit dem Störenfried, wenn man doch zur Arbeit muss? Werden die Großeltern krank oder dauerhaft pflegebedürftig, ist die Panik ebenfalls groß. Zwar werden noch drei Viertel aller pflegebedürftigen alten Menschen von ihren Angehörigen versorgt, doch die heute Vierzigjährigen werden ihre Mütter und Väter überwiegend ins Heim bringen. Familiäre Pflege ist unvorstellbar und nicht zu realisieren, wenn alles im Rhythmus der Erwerbstätigkeit getaktet ist und wenn die Empathie für alte Menschen fehlt.

Dafür gibt es doch den Staat, lautet der Seufzer der Erleichterung. Der muss für alles sorgen. Doch der kennt nur das Konzept des Auseinanderreißens. Erst allmählich dringt ins Bewusstsein, dass dieser Zustand auf Dauer unhaltbar ist. Auf Initiative von Privatpersonen entstehen momentan in vielen Städten »Mehrgenerationenhäuser«. Und auch die amtierende Familienministerin treibt diese Projekte massiv voran; es gibt sie schon in einigen deutschen Großstädten. Die Idee ist einfach: Verschiedene Menschen in unterschiedlichen Lebensaltern leben unter einem Dach. Es sind Wahlverwandtschaften, meist keine Familien.

Die ersten Erfahrungen zeigen, dass diese neue Lebensform durchaus Vorteile hat. Kinder lernen, dass immer jemand da ist, vor allem die alten Leute zeigen Präsenz. Die wiederum fühlen sich gebraucht und aktivieren alle Kräfte, die im stationären Verwahrbetrieb der Heime längst eingeschlummert wären. Und die Kinder erleben ganz selbstverständlich, was Alter und Tod bedeuten, dass beides zum Leben dazugehört. Die mittlere Generation löst sich von der Konstruktion der Kleinfamilie mit ihrem hohen außerhäuslichen Betreuungsbedarf. Dafür übernimmt sie Verantwortung und kümmert sich nicht nur um den Nachwuchs, sondern auch um die Älteren.

Doch auch diejenigen, die nicht solche Wohnprojekte in Betracht ziehen, sind gefordert. Sie müssen sich die Frage gefallen lassen, wie viel Bequemlichkeit, wie viel Intoleranz sie zulassen dürfen, wenn es um das Zusammenleben der Generationen geht. Und besonders die mittlere Generation sollte sich ehrlich eingestehen, was sie ihren Kindern vorlebt, wenn sie die Kleinen auf Abstand hält und genauso die Großeltern. Ob sie nicht eine noch rücksichtslosere Generation heranwachsen lässt, die weder Eltern noch Großeltern als feste Bezugspunkte kennt und nur noch die Clique der Gleichaltrigen akzeptiert. Dass vor allem die Schwachen, die Schützenswerten dabei benachteiligt werden, liegt auf der Hand. Können wir uns das wirklich leisten?

Solidarität – wie sie uns abhandenkam

»Alle für einen, einer für alle!« Wer kennt nicht dieses hehre Motto der drei Musketiere? Das ritterliche Ideal, das die mythischen Helden mit Mantel und Degen verkörpern, imponiert uns immer noch. Mut, Tapferkeit, Selbstlosigkeit, wenn es um die Schicksalsgenossen geht – so müsste das Leben erträglich sein. Es ist das Bild einer verschworenen Gemeinschaft, in der jeder auf den anderen zählen kann. Was könnte man sich Besseres wünschen?

Jeder gegen jeden, alle gegen alle, so hört sich leider jedoch das Motto an, das heute Allgemeingut geworden ist. Wir kämpfen immer noch, wenn auch ohne Degen, doch wir tun es hauptsächlich für uns selber.

»Ja, ja, ich liebe meinen Mann und meine Kinder«, sagte Annette neulich nach dem dritten Glas Wein in einem ungewöhnlich offenen Moment. Sie arbeitet bei einer großen Unternehmensberatungsfirma und gilt als besonders qualifiziert. »Ganz ehrlich: Trotzdem denke ich manchmal, ohne Familie hätte ich es viel weiter gebracht«, sinnierte sie. »Solange ich nicht uneingeschränkt verfügbar bin, bei Überstunden abwinke und Dienstreisen ablehne, bin ich eine unsichere Kandidatin für meinen Chef. Ich darf gar nicht daran denken, was meine Familie finanziell für mich bedeutet – eine Katastrophe nämlich. Stell dir vor, mein Mann verlässt mich, die Kinder gehen eines Tages. Und dann? Dann ist es zu spät, ich stehe dumm da, und die Dreißigjährigen in der Firma ziehen munter an mir vorbei.«

Schon jetzt versucht Annette konsequent alles auszublenden, was ihre berufliche Einsatzfähigkeit hemmen könnte. Sie leistet sich eine Putzhilfe für den Haushalt, ein Au-pair-Mädchen für die Kinder, und wenn in der Schule oder im Freundeskreis Engagement eingefordert wird, lehnt sie dankend ab. »Bines Lehrerin hat mich neulich doch tatsächlich gefragt, ob ich beim Schulbasar einen Verkaufsstand übernehme«, ärgerte sie sich. »Als ob ich nichts Besseres zu tun hätte! Einen Nachmittag freinehmen, um selbst gebackenen Kuchen an den Mann zu bringen? Geht's eigentlich noch?«

Auch die Anfrage, ob sie im Tennisverein ihres Mannes einen Grillnachmittag mit vorbereiten würde, quittierte sie mit ablehnendem Protest. »Was hab ich schon davon?«, sagte sie. »Ist doch völlig überflüssig. Ich bin für Ehrlichkeit. Auch bei meinen Schwiegereltern. Die wollten, dass ich beim Renovieren ihrer Wohnung helfe, als wäre ich ein Anstreicher! Das kommt überhaupt nicht infrage. Lieber bezahle ich denen jemanden, der die Möbel rückt und die Farbeimer schleppt. Gut, sie hätten gern jemanden aus der Familie, aber die Zeiten sind doch vorbei, wo man sich krummlegte, um der lieben Verwandtschaft einen Gefallen zu tun!«

Als Annette ging, war ich wie vor den Kopf geschlagen. Es war der Eishauch der sozialen Kälte, die mir soeben im Schnellgang präsentiert worden war. Ein Einzelfall? Wohl eher kaum. Es ist dies das Verhalten einer Gesellschaft, das Schule macht und die Menschen radikal und einschneidend verändern wird. Einen Egoismus und eine gefühllose Rücksichtslosigkeit, die alles als sentimental und unwichtig abstempelt, was nicht einen direkten finanziellen oder anderen materialistischen Nutzen erbringt.

Sicher: Die Existenz muss heute, in Zeiten der Globalisierung und der Arbeitsplatzgefährdung, mehr denn je verteidigt werden. Viele allerdings tun es mit Zähnen und Klauen. Im Beruf, aber auch in der Familie. »Ich will nicht zu kurz kommen«, lautet der Schlachtruf.

»Ich will mich selbst verwirklichen! Niemand darf mir in die Quere gelangen!« Familiäre Verpflichtungen werden auf ein Minimum reduziert, der Job steht im Vordergrund. Was Theoretiker die »Ökonomisierung« der Gesellschaft nennen, hat längst ein Gefühl beschädigt, das man Solidarität nennen kann.

Um ganz ehrlich zu sein: Auch ich kenne diese Anwandlungen. Als erfolgreiche Karrierefrau vor einigen Jahren erging es mir in einigen Situationen ähnlich, mit dem Ergebnis, dass ich nicht immer rücksichtsvoll für andere entschied. In ruhigen Momenten wurde mir dann durchaus klar, dass dies nicht der Königsweg sein konnte. Doch blieb mir nicht genügend Zeit, um lange über mein Fehlverhalten zu sinnieren, ich hatte scheinbar Wichtigeres zu tun. Erst als mein Kind auf der Welt war, geriet die glitzernde Ego-Welt ins Schlingern, und ich fing an nachzudenken.

Wir erinnern uns: Solidarität ist ein Wort, das aus der politischen Welt stammt. Es war ein zentraler Begriff der Arbeiterbewegung, gemeint war das Gefühl der Zusammengehörigkeit, das Ethos der Verantwortung, der Schutz der Schwachen. »Gemeinsam sind wir stark«, war die Überzeugung jener, die gegen Ungerechtigkeit und Chancenlosigkeit der weniger Privilegierten aufbegehrten. Damit spiegelte sich auf der gesellschaftlichen Ebene ein Gemeinsinn, der sich noch aus der Erfahrung der Familie herleiten ließ.

Mit dem Scheitern der großen politischen Utopien von Freiheit und Brüderlichkeit ging auch der Anspruch einer umfassenden Solidarität verloren. Nur noch im Begriff der »Solidargemeinschaft« hält sich etwas davon. Aber was ist das noch, diese Solidargemeinschaft? Der Staat wird als anonym empfunden, ihn zu betrügen gilt als Kavaliersdelikt. Es herrscht die Mentalität: »Nimm mit, was du kriegen kannst! Nach uns die Sintflut!« So werden auf der gesellschaftspolitischen Ebene die sich leerenden Kassen geplündert, Versicherungen, Krankenkassen, staatliche Institutionen hintergangen, um alles herauszuholen, was mit ein paar Tricks und Schwindeleien herauszuholen ist.

Diese Haltung ist so verinnerlicht worden, dass sie auch in den zwischenmenschlichen Belangen angekommen ist. Und selbst in der Familie. Warum gäbe es sonst Väter, die mit allen Tricks versuchen, nach einer Trennung den Unterhalt für Frau und Kinder zu beschneiden? Warum sonst tun manche Leute alles dafür, ihre alten Eltern in eine hohe Pflegestufe einordnen zu lassen, damit sie stationär weggeschlossen werden können? Das sind nur zwei Beispiele, die Liste ließe sich beliebig verlängern.

Verlassen wir für einen Moment den politisch aufgeladenen Begriff der Solidarität, und gehen wir weiter zurück zu den Wurzeln des christlichen Abendlandes. Dort begegnen wir dem Wort von der Nächstenliebe. Diese Vorstellung erscheint heute schon fast exotisch. Wir selbst sind uns nur allzu oft »der Nächste«, und »Liebe« ist ein Gefühl, das viele als irrational bezeichnen, als einen Zustand der Verwirrung, in dem man Dinge tut, die man später bereuen wird.

Doch die Botschaft der Nächstenliebe ist alles andere als sentimental oder altmodisch. Pathetisch gesagt: Nächstenliebe ist die einzige Quelle der Hoffnung in einer kälter werdenden Gesellschaft. Was ist schon Kinderbetreuung ohne Liebe? Was leistet Altenpflege ohne Liebe? Wir haben uns fast daran gewöhnt, dass wir alle Handreichungen zwischen Menschen professionalisieren können. Dass wir Fachkräfte in Anspruch nehmen, die für all das zuständig sind, was früher einmal durch das Netzwerk der Familie getragen wurde – nicht nur organisatorisch, sondern auch mit viel Gefühl. Nächstenliebe ist eine Brücke zwischen den Menschen. Sie überwindet Fremdheit, Ängste, Bequemlichkeit. Und kommt uns immer mehr abhanden.

Nächstenliebe fragt nicht zuallererst nach dem Nutzen. Sie bedeutet Empathie für andere, sie bedeutet Verstehen und Verzeihen. Alle sind wir darauf angewiesen, ob wir es wahrhaben wollen oder nicht. Auch Annette, die sich noch in der Illusion wiegt, sie könne sich alles erkaufen, was sie braucht. Doch sie irrt. Vielleicht wird sie es erst bemerken, wenn sie auf Hilfe angewiesen sein wird. Wenn sie in einem schwachen Moment der seelischen Not oder Krankheit dankbar feststellt, dass eine Freundin selbstlos hilft und für sie da ist, dass der Arzt sie nicht als Karteileiche behandelt, sondern ihr Wohlergehen als Mensch im Blick hat. Dass sie auf Mitmenschen trifft, die sie trotz aller Schwächen und Defizite nicht kühl und distanziert behandeln.

Doch damit solche Zuwendungen geschehen können, müssen sie erlernt werden. Und wo anders könnte man diese Erfahrung machen als in der Familie? Durch Vorbilder, durch das Vorleben?

Annette, die ich eingangs erwähnte, empfindet Pflichten grundsätzlich als lästig, als Opfer. Aufopferung als etwas Positives mag sie sich nicht vorstellen. Aufopferung hält sie für Selbstverleugnung. Mitleid ist für sie Luxus. Und Egoismus ist in ihren Augen gesund. Aber ist der Egoist teamfähig? Kann er sich auf komplexe Situationen einstellen, in denen menschliche Qualitäten gefragt sind?

Perspektiven einer neuen Familienkultur

Achtsamkeit – das ist sicher der wichtigste Begriff einer neuen Familienkultur, nachdem die traditionelle Familie vielfach ausgedient hat. Was bedeutet Familie schließlich heute noch? Für nicht wenige Menschen ist sie eine zwanglose Angelegenheit, etwas, was man beiläufig ausprobiert und beendet, wenn es nicht zufriedenstellend klappt. Eine Möglichkeit unter vielen, mehr nicht. Mit dem Begriff der »Achtsamkeit« aber wird angedeutet: Es geht um eine neue Qualität des Verhaltens, nicht um die Frage, ob man nun in einer traditionellen Familie, einer Patchworkfamilie, alleinerziehend oder als Single lebt. Achtsamkeit heißt Rücksicht nehmen. Vorsicht walten zu lassen, behutsam auf die Empfindungen anderer Menschen zu reagieren.

Damit verschiebt sich die alte Diskussion, ob es gelingen kann, um jeden Preis herkömmliche Familienstrukturen zu erschaffen und aufrechtzuerhalten. Wir haben gesehen, dass die Entwicklung in eine ganz andere Richtung geht. Erstmals in der Geschichte ist die Partnerwahl in Folge ein gängiges Lebenskonzept. Früher entstanden Singles, Alleinerziehende und »Stieffamilien« vor allem, wenn ein Ehepartner starb. Durch die Möglichkeit der Frauen, finanziell unabhängig zu sein, aber auch durch eine tief greifende Veränderung der Moralvorstellungen ist es heute fast die Regel, mehrere »Lebensabschnittsbeziehungen« zu haben.

Sehen wir den Tatsachen ins Auge: Ein Zurück gibt es nicht, so wünschenswert das auch vielen erscheint. Doch erzwingen kann man solche Verhältnisse nicht. Deshalb muss unser Augenmerk jetzt auf einer anderen Thematik ruhen: Wie kann es uns gelingen, unter den Bedingungen von Wechsel, Trennung und Flüchtigkeit dennoch dauerhafte und vertrauensvolle Bindungen aufzubauen? Dass wir diese brauchen, ist unbestritten. Vor allem Kinder sind darauf angewiesen, aber auch Erwachsene und alte Menschen. Ohne das Gefühl der Zusammengehörigkeit sind wir den ökonomisierten Lebensverhältnissen schutzlos ausgeliefert. Wir vereinsamen, und glücklich werden wir selten dabei.

Dass Familie aber neu bestimmt werden kann und muss ungeachtet der Lebenssituationen und Lebensformen, das gilt es noch zu entdecken. Machen wir Schluss mit den Schuldzuweisungen. Beenden wir den Geschlechterkampf, der Frauen und Männer entzweit, rüsten wir ab im Streit mit Exmännern, Exfrauen und deren neuen Partnern. Entwickeln wir ein neues Verhältnis zu jenen, die die Schwächsten sind und am meisten unter der Zersplitterung von Familien leiden: den Kindern und den Älteren.

Wir sind im Begriff, die Hektik und Dynamik der Moderne auch in unsere familiären Lebensformen sickern zu lassen. Zeitfenster werden geöffnet und geschlossen, es herrscht immer häufiger die Überzeugung vor, es komme nicht auf die Dauer, sondern auf die Intensität der Eltern-Kind-Beziehung an. Genauso beteuern ja auch manche Paare, ihre Partnerschaft sei intensiver, weil sie sich wenig sehen. Kurz und heftig, lautet das Motto.

Die Flexibilität und Effizienz, die uns das moderne Arbeitsleben abverlangt, taugt also wenig als Modell für ein intaktes Familienleben. Zeit zu haben, sich Zeit zu nehmen, ist nicht ersetzbar durch noch so intensive fünf Minuten. Die Autorin Christa Meves sagte einmal, es sei eher Stress für ein Kleinkind, wenn sich die berufstätige Mutter voller Schuldgefühle abends auf ihren Nachwuchs stürzt und ihn mit ihren Liebesbezeigungen überhäuft. Denn das Kind ist vielleicht schon müde, quengelt, hat Hunger und ist gar nicht eingestellt auf Liebe nach Stoppuhr, auf Kommando. Außerdem, so Christa Meves, habe die Mutter dann bereits die vielen Situationen im Tagesablauf verpasst, in denen sie wirklich gebraucht werde: um zu trösten, bei Lernprozessen zu unterstützen, bei Ängsten zu helfen und vieles mehr.[65]

»Meine Familie ist ein einziges Schlachtfeld«, seufzte Gitte, eine Bekannte, die ich lange nicht gesehen hatte und zufällig wieder traf. Sie ist getrennt, neu verheiratet, hat aus der ersten Ehe einen Sohn und aus der zweiten eine Tochter. »In der Woche geht es ja noch«, erzählte sie, »die Kinder sind lange in der Schule und dann im Hort, sie kommen erst gegen fünf nach Hause, wenn auch ich wieder vom Job zurück bin. Mein Mann ist selten vor acht Uhr da.«

Gitta arbeitet in einer Werbeagentur. Ein Job, der ihr höchste Kreativität und viel Einsatz abverlangt. Umso wichtiger ist ihr die Freizeit. »Aber am Wochenende ist Land unter«, klagt sie. »Die Kinder streiten sich bis aufs Blut, sie sind eifersüchtig aufeinander, und sie kämpfen um jede Minute, die sie mit uns verbringen dürfen. Mein Mann will seine Ruhe und kriegt regelmäßig einen Wutanfall, wenn er nicht ungestört seine Zeitung beim Sonntagsfrühstück lesen kann. Mit meinen Eltern bin ich total über Kreuz, weil sie sich dauernd in die Erziehung einmischen wollen, und dann ist da noch mein Bruder, der nichts als Ärger macht, weil er denkt, als Single mit dem Wunsch nach Familienanschluss kann er einfach mal auf einen Kaffee oder zum Mittagessen reinschneien. Hölle!«

Klingt das bekannt? Wir kennen solche Situationen alle. Und obwohl sich wohl jeder nach Harmonie sehnt, wird selten der Versuch gemacht, zumindest eine dieser Baustellen selbst auch zu bearbeiten. Wozu auch, denken manche, auch Gitta: »Hauptsache, ich komme da heil raus und mache mein eigenes Ding«, war ihre Einstellung. »Ich gehe jetzt sonntagmorgens immer eine Stunde joggen, und nachmittags treffe ich mich mit Freundinnen. Auf das Hickhack zu Hause habe ich absolut keine Lust mehr. Wenn es nicht richtig klappt, muss man halt Sicherheitsabstand wahren. Mein Mann macht es genauso, der trifft sich an diesem Tag mit seinen Kumpels. Und die Kinder verabreden sich mit Freunden.«

Sicherheitsabstand, ein treffendes Wort, um viele deutsche Familien zu beschreiben. Wie soll auch plötzlich ein inniges Zusammenleben möglich sein, wenn in der Woche jeder seines Weges geht? Wie sollen Kinder die Familie als schützenden Hafen erfahren, wenn jeder sich aus dem Staub macht, sobald es brenzlig wird? Wenn Zerwürfnisse mit den Großeltern und anderen Verwandten als Tatsache hingenommen werden?

Auf die Frage, warum sie nicht zumindest einmal im Monat einen großen Sonntagsbrunch veranstaltet, um die ganze Familie an einem Tisch zu versammeln, um positive Erlebnisse zu ermöglichen, Gelegenheit für Gespräche zu geben, einander näherzukommen, schaute Gitta verwundert. »Oh nee, viel zu viel Arbeit, und außerdem endet das dann doch wieder im Streit«, wehrte sie ab. »Vielleicht würde deine Mutter nur zu gern mit einer Suppe oder einem Kuchen anmarschieren«, entgegnete ich, »und wenn du deinen Bruder zur Abwechslung mal einlädst, statt ihm zu signalisieren, wie lästig er ist, bringt er sicher gern auch einmal etwas mit.«

So hatte Gitta es noch nicht gesehen. Sie war ganz einfach nicht auf die Idee gekommen, dass die Familienmitglieder durchaus bereit wären, etwas zu geben, nicht nur zu nehmen und sich bedienen zu lassen. »Stimmt eigentlich«, sagte sie nachdenklich, »im Grunde liebt es meine Mutter, gebraucht zu werden. Und sie leidet darunter, dass wir uns weigern, sonntagnachmittags zu Kaffee und Kuchen bei ihr zu erscheinen. Dabei backt sie für ihr Leben gern.«

Nach anfänglichem Zögern hat Gitta den Versuch gewagt. »Es wirkte Wunder«, sagte sie danach, »und dabei war es eigentlich ganz einfach. Wir machen das jetzt an jedem ersten Sonntag im Monat, und alle freuen sich immer darauf. Die Kinder helfen bei der Vorbereitung, meine Eltern bringen jede Menge zu essen mit, und danach spielen mein Mann und mein Bruder mit den Kindern Fußball. Wieso hatte ich nicht eher die Idee?«

Verzeihen, versöhnen, einander Zeit widmen, sich gegenseitig stärken – wenn wir das schaffen, kann die Familie wieder zur Arche

Noah werden. Zu einem starken, stolzen Schiff, in das wir uns zurückziehen können, wenn es draußen hart auf hart kommt. Doch die Arche Noah kann man nicht buchen wie eine Kreuzfahrt. Sie ist ein Projekt, an dem täglich gearbeitet werden muss. Wir müssen uns überwinden lernen, auch gegen Eigeninteressen und uns für andere zu entscheiden. Es ist jedoch eine Arbeit, die Spaß macht, wenn wir sie nicht als Angriff auf unsere Annehmlichkeiten betrachten.

All das ist nicht nur in der sogenannten Kernfamilie möglich. Gerade Patchworkfamilien und Alleinerziehende können an diese neue Familienkultur anknüpfen und sie sogar erweitern durch enge Freunde, die in die neu erfundenen Familienrituale eingebunden werden. Es wird nicht jedem leichtfallen, den Exmann und seine neue Freundin zu Spaghetti einzuladen. Doch die Chance ist groß, dass wir durch solche Gesten ein neues Netzwerk erleben, statt Fronten aufzubauen. Und was die Kinder daraus lernen, ist unschätzbar für ihr späteres Leben – und für ihre eigene Familienkultur, denn sie lernen Geben, nicht nur in Form von Unterstützung, Hilfe und Nachsicht, sondern vor allem lernen sie, Liebe zu schenken. Und wer Liebe gibt, bekommt sie tausendfach zurück.

5

Bildung – der Zugriff des Staates

Die Wahrheit hat nichts zu tun mit der Anzahl der Leute, die von ihr überzeugt sind.

Paul Claudel

Windelalarm – was die Kleinsten lernen sollen

»Bildung von Anfang an!« Mit dieser optimistischen Parole wird zurzeit von der Familienpolitik eine Betreuungsoffensive angekündigt, wie es sie in der Geschichte der Bundesrepublik noch nicht gegeben hat. Kleinstkinder, sogar Babys, sollen nun in die Obhut pädagogischer Profis kommen, damit sie einen makellosen Start in ein erfolgreiches Leben erhalten. So jedenfalls lauten die hehren Absichten, glaubt man den Äußerungen Ursula von der Leyens.

Aber was verbirgt sich wirklich hinter dieser Offensive? Welche Ziele werden verfolgt, und was bedeutet das für unsere Kinder?

Es wäre vielleicht zu leichtgläubig anzunehmen, dass solch kernige Sätze einzig dazu dienten, das Kindeswohl zu verbessern. Betrachtet man hierbei den politischen Zusammenhang, so wandelt sich das Bild. Die übergeordneten Ziele der neuen Familienpolitik haben nämlich ganz andere Themen im Blick.

Zunächst einmal geht es um die Erhöhung der Geburtenrate, die angesichts der überalterten Gesellschaft in Deutschland der Dreh- und Angelpunkt ist, wenn es um den Fortbestand der sozialen Systeme und um die ökonomische Wettbewerbsfähigkeit unseres Landes geht. Die Kinder von heute finanzieren die Zukunft! Je mehr da sind, desto besser wird es der Gesellschaft gehen. Des Weiteren geht es um die Rolle der Frauen, denen stärker als je zuvor eine Berufstätigkeit nahegelegt werden soll und die daher entlastet werden müssen, wenn sie trotz Familie arbeiten wollen oder sollen. Und schließlich geht es auch um das berühmte »Gender-Mainstreaming«, die Gleichstellung von Frauen und Männern, deren Erfolg allerdings hauptsächlich daran gemessen wird, welche Jobchancen und Aufstiegsperspektiven Frauen im Beruf haben.

Sehen wir uns diese Argumentation einmal näher an. Wissenschaftliche Untersuchungen haben herausgefunden, dass anders, als von höchster Stelle behauptet, der Zusammenhang von Kinderbetreuung und Geburtenrate nicht umstandslos nachgewiesen werden kann. Im Gegenteil: Gerade in Bundesländern mit geringen Betreuungsangeboten wie Baden-Württemberg und Bayern ist die Geburtenrate höher als dort, wo Krippen und Kindergärten in ausreichender Zahl vorhanden sind. Und noch eine andere Grundannahme ist unhaltbar: Dass Frauen in den Regionen am stärksten in den Arbeitsmarkt eingebunden sind, wo wenig Kinder geboren werden. Die Universität Bielefeld hat hierzu eine Studie vorgelegt, die das Gegenteil zeigt.[66]

Es ist davon auszugehen: Weder ermuntern flächendeckende Betreuungsangebote Frauen dazu, überhaupt oder vermehrt Kinder zu bekommen, noch sind Kinder allgemein ein Hemmschuh für die Berufstätigkeit. Was aber steckt hinter den Widersprüchen und Unstimmigkeiten, die uns argumentativ aufgetischt werden?

Anzunehmen ist, dass eine Fülle von Scheinwahrheiten verbreitet werden, weil neue Leitbilder installiert werden sollen. Leitbilder, die empfindlich in unsere intimsten Entscheidungen eingreifen, wie wir leben, wie wir unsere Kinder erziehen und das Familienleben gestalten wollen. Da Frauen als Arbeitskräfte und als Beitragszahlerinnen für die Rentenkassen gebraucht werden, wird ein radikaler Umbau der Familienstrukturen betrieben, der noch als Angebot präsentiert wird, bald aber schon als allgemeine Richtlinie gelten könnte.

Wie sich das auswirkt, erfahren heute bereits jene Mütter, die sich vorübergehend oder ganz für die Familienarbeit entschließen. Das Image solcher »Vollmütter« ist denkbar schlecht. Man unterstellt ihnen, sie seien schlicht zu faul für die Berufstätigkeit und es ginge ihnen nur um Freizeit, die sie übrigens auch gar nicht mit den Kindern verbrächten. Das jedenfalls behauptet der siebte *Familienbericht*, den die Familienministerin im Frühjahr 2006 veröffentlichte. Dort werden Hausfrauen und Mütter als vergnügungssüchtig diffamiert, als eine gesellschaftliche Gruppe, die sich auf Kosten ihrer Männer und letztlich auch des Staates ein schönes Leben macht.[67] Ein Schlag ins Gesicht engagierter Mütter, die ohnehin schon am Ende der Werteskala stehen. Ihr Protest war heftig, doch das Vorurteil steht seitdem im Raum.

Noch unredlicher als die versteckte – oder offene – Kritik an der häuslichen Erziehung ist die Diagnose selbst ernannter Experten, die behaupten, viele Eltern seien heute gar nicht mehr in der Lage, ihre Kinder selbst zu erziehen. Mal kursiert eine Zahl von 15 Prozent, mal sollen es sogar 30 Prozent sein, die ihren Nachwuchs vernachlässigen, zu wenige Anregungen geben und eine schulkompatible Sprachkompetenz verhindern.

Die Schlussfolgerung ist deutlich und passt auffällig zum politisch gewollten Trend: Je früher die Kinder in Betreuungseinrichtungen kommen, desto besser; je früher ausgebildete Profis sich der Kinder annehmen, desto leistungsfähiger und erfolgreicher werden sie später natürlich auch sein.

Im Ernst: Sind wir wirklich ein Volk mit faulenzenden Müttern, die ihre Kinder mangelhaft aufziehen? Die gestörte Wesen in die Gesellschaft entlassen? Und brauchen wir tatsächlich eine frühkindliche Betreuung von Babys, damit sie später fehlerfrei Gedichte rezitieren und das Einmaleins besser lernen können?

Verräterischerweise werden in die offiziellen Debatten um die Kinderbetreuung selten oder nie Kinderpsychologen einbezogen. Diese Spezialisten, hoch qualifiziert, wenn es um die Beurteilung einer optimalen Entwicklung von Kindern geht, sind nicht gefragt. Warum auch? Wie wir bereits wissen, geht es ja nicht in erster Linie um die Kinder. Stattdessen werden Demografen, Soziologen und Rentenspezialisten zitiert, die genauestens nachrechnen, wie sich die Fremdbetreuung von Kindern volkswirtschaftlich auswirkt.

Würde man die wirklich zuständigen Fachleute jedoch befragen, so würden sie als Erstes feststellen, dass für die frühkindliche Psyche nicht Bildung, sondern Bindung wichtig ist. Ohne die sichere und dauerhafte Bindung an Bezugspersonen können Kinder nicht unbeschadet aufwachsen. Es ist eine emotionale Bindung, die dann auch die Basis für gelingende Lernprozesse ist. Hier von Bildung zu sprechen, ist irreführend. Kleinstkinder »funktionieren« nicht intellektuell, sie brauchen intensive Beziehungen, durch die sie umfassend lernen und das Muster für ihr gesamtes späteres Verhalten entwickeln. Bindungsforscher wie der Engländer Richard Bowlby weisen immer wieder darauf hin, dass im Besonderen die soziale Entwicklung des Menschen geprägt ist durch die frühen Erfahrungen. Wer starke Bindungen erlebte, gibt diese weiter an Ehepartner und an eigene Kinder.[68]

So anregend und fördernd ein guter Kindergarten für Kinder über drei Jahre sein mag, für Kinder unter drei Jahren ist das Thema Betreuung ein völlig anderes. Die Begeisterung, mit der Ursula von der Leyen den Krippenausbau vorantreibt, geht an der Tatsache vorbei, dass die realen Möglichkeiten einer Förderung von Kleinstkindern in der Gruppe eher gering sind.

Wie der Alltag von Kindern in Krippen aussieht, das ist leicht zu erforschen. In einem Land ohne staatlich festgelegte Betreuungsschlüssel ist es völlig normal, dass eine schlecht ausgebildete Betreuerin sechs bis acht Babys zu versorgen hat. Können Sie sich vorstellen, wie so etwas konkret abläuft? Und was diesen Betreuungsalltag von der natürlichen Beziehung zwischen Mutter und Kind unterscheidet?

Wenn jemand eine junge Mutter kritisch befragt, was sie eigentlich den ganzen Tag mache, wird sie nur entnervt abwinken und denken, diese Person hat ja keine Ahnung … Jede Mutter, die einst ein Kind im Arm hatte, weiß, wie zeitintensiv und aufreibend es ist, sich schon um ein einziges Baby zu kümmern. Sie weiß aber auch, welch großes Spektrum von Gefühlen und Erfahrungen sie über diese Aufgabe hinaus zu tragen hat. Schlaflose Nächte, Schreiattacken, volle Windeln, Erbrechen, Fieber – die Liste der Herausforderungen ist lang. Doch das alles ist zu schaffen, wenn die Liebe zum

Kind da ist, die unverwechselbare und unersetzliche emotionale Bindung, die über Erschöpfung und Schlafdefizite hinweghilft.

Immerhin: Hat eine Mutter Zwillinge oder gar Drillinge geboren, wird ihr die allergrößte Anteilnahme des Umfelds sicher sein. »Das kann man doch gar nicht schaffen«, sagen Freunde und Verwandte, »die Arme!« Und niemand wird sich wundern, wenn diese Mutter sich Hilfe sucht, eine Vertrauensperson, die sie unterstützt, um die doppelten und dreifachen Anforderungen zu bewältigen.

Kehren wir zurück in die Kinderkrippe. Dorthin, wo angeblich »Bildung von Anfang an« stattfindet. Die Praxis sieht anders aus. Sechs, sieben und manchmal leider auch noch mehr schreiende Babys gleichzeitig, die identische Anzahl voller Windeln und gefüllter Milchflaschen warten auf den »Profi«, der aus Geldmangel der öffentlichen Kassen immer häufiger eine billige, flüchtig angelernte Kraft ist. Wie sie das schafft? Wenn sie schnell ist und durch Stress nicht leicht zu erschüttern, wird sie die »Satt-und-sauber-Pflege« einigermaßen hinbekommen. Und darüber hinaus? Der Begriff »Bildung« ist ein Hohn in dieser Situation, und Bindungen wird man wohl kaum ernsthaft erwarten, denn die Interaktion zwischen Betreuerin und Baby wird sich schon aus Zeitgründen darauf beschränken müssen, dass nur das Allernötigste absolviert wird.

Was die Gefühle einer solchen Betreuerin betrifft, so sollten wir uns keine Illusionen machen. Aus ihrer Perspektive sind die Babys nicht selten fordernde »Quälgeister«, die auch dann möglicherweise noch schreien, wenn sie gefüttert und gewindelt sind. Babys, die lautstark nach Körperkontakt verlangen, die sich allein gelassen fühlen und Nähe suchen, sind für sie häufig Sand im Getriebe ihres notgedrungen eng getakteten Berufsalltags. So wird sie oft kaum die Lust und die Zeit haben, ein Baby liebevoll in den Arm zu nehmen und mit ihm zu reden. Im schlimmsten Fall wird sie es beschimpfen oder ihm sogar körperlich wehtun, um es für seine »Aufsässigkeit« zu bestrafen und zum Schweigen zu bringen. Niemand wird davon erfahren …

Selbst Kinderfrauen und Nannys, wie sie beispielsweise in amerikanischen Haushalten üblich sind, sind nicht gefeit vor »Ausrutschern«. Ende der Neunzigerjahre wurde es in den USA üblich, kleine Überwachungskameras in der Wohnung und sogar in Plüschtieren zu verstecken, mit denen besorgte Eltern sich ein Bild machen wollten, wie es ihren Kindern mit der Aufsichtsperson ergeht. Was sie sahen, war schockierend: Sobald die Eltern das Haus verließen, änderte sich der Umgangston zahlreicher Nannys und wurde kälter. Babys wurden weinend im Bettchen gelassen oder stundenlang in den Hochstuhl gezwängt. Sie wurden angeschrien und unsanft behandelt, auch Ohrfeigen waren an der Tagesordnung.

Die Erklärung für dieses Verhalten liegt auf der Hand: Wenn man nicht eine innige Beziehung zu einem Kind hat, empfindet man das Baby leicht nur noch als anstrengend, sogar lästig. Die Überforderung wird zum Stress, der sich irgendwann in Wut entlädt. Und solange Kinder noch nicht richtig sprechen können, ist es ihnen unmöglich, den Eltern davon zu erzählen. Wer sich also dazu entschließt, sein Kind nicht selbst zu betreuen, muss größte Sorgfalt darauf verwenden, einer absolut vertrauenswürdigen Person diese Aufgabe zu überantworten. Doch welche Wahl hat man schon, wenn man eine Krippe gefunden hat, die noch dazu einen »guten Eindruck« macht?

Die Einrichtung kann man auswählen, die Betreuerinnen nicht. Oft wechseln sie sich überdies im Schichtdienst ab, hinzu kommt die mögliche Fluktuation, wenn eine Betreuerin kündigt und eine neue eingestellt wird. Garantierte Kontinuität gibt es nicht. Und selbst bei guter Menschenkenntnis wird ein entspanntes Vorstellungsgespräch wenig Aufschluss darüber geben, wie die betreffende Person unter Stress reagiert. Ob sie auch unter Druck ruhig und liebevoll bleibt oder ob sie dann aggressiv oder sogar handgreiflich wird, weil ihr die Arbeit über den Kopf wächst.

Ganz anders gestaltet sich das Beziehungsmuster zwischen Mutter und Kind. Immer wieder gibt es innigem Körperkontakt, die Mutter streichelt das Kind, wiegt es, wenn es weint, singt und spricht zu ihm. Das Baby lernt im Idealfall früh, dass jemand seine Signale wahrnimmt, versteht und beantwortet. »Ich hatte schnell ein Ohr dafür, warum meine Tochter weint«, erzählte Anna. »Ob sie Hunger hatte und gestillt werden wollte, ob sie Koliken plagten – dann massierte ich ihr den Bauch – oder ob sie einfach müde war und den Wunsch hatte, in den Schlaf gewiegt zu werden.« Ähnliches habe ich selbst erfahren, so wie die meisten Mütter. Allmählich gewinnt man eine Sicherheit im Umgang mit dem Baby, man lernt einander kennen, und in jeder Phase bemüht man sich, auf das Kind einzugehen, es nicht mit seinen Bedürfnissen allein zu lassen.

Coole Frauen, die ihre Kinder früh wegorganisieren, werden das jetzt als Sentimentalität abtun. Doch sie machen einen großen Fehler. Denn durch diesen intensiven Kontakt lernt das Baby unaufhörlich essenzielle Dinge. Es lernt, Gefühle zu äußern und in den Reaktionen der Mutter die Gefühle eines Gegenübers zu erkennen. Und es lernt auf höchst komplexe Weise schließlich auch, durch Emotionen die Welt zu begreifen.

Wie das im Einzelnen vor sich geht, darüber gibt es viele Regale voller Fachliteratur. Eines der faszinierendsten Werke dazu ist von Stanley I. Greenspan, Professor für Psychiatrie und Kinderheilkunde an der George Washington University in den USA. Auch wenn er in manchen Kreisen umstritten sein mag, lohnt es sich meines Erachtens durchaus, die Ergebnisse seiner klinischen Studien mit Säuglingen und Kindern genauer anzuschauen. In den Vereinigten Staaten gründete er ein nationales Zentrum für Kinder von null bis drei Jahren, das »Zero to Three«. Dieses Zentrum dient der Erforschung und Therapie von Entwicklungsstörungen und emotionalen Problemen von Kindern.

In seinem neuesten Buch *Der erste Gedanke* beschreibt Greenspan detailliert, wie sich der Spracherwerb und die intellektuellen Fähigkeiten beim Baby und Kleinkind ausbilden – nämlich durch Gefühle, wie sie durch die Fürsorge der Mutter oder einer vergleichbar nahen und kontinuierlichen Bezugsperson ausgetauscht werden. In der kommunikativen gefühlsbetonten Wechselbeziehung mit der Mutter, so Greenspan, liegt das Geheimnis der kognitiven Entwicklung. Zusammen mit dem amerikanischen Sprachwissenschaftler Stuart G. Shanker hat er jahrelange Beobachtungen ausgewertet und kommt zu dem Schluss: »Wir haben entdeckt, dass die

Fähigkeit, Symbole zu schaffen und zu denken, genau jenem Bereich entstammt, den Philosophen oft als ›Feind‹ der Vernunft und Logik betrachten: unseren Leidenschaften oder Emotionen. Sinnliche und subjektive Erfahrungen bilden durch fortschreitende Transformationen die Basis sowohl für das kreative wie auch das logisch reflektierende Denken.«[69]

Kurz gesagt: Satt und sauber reicht dafür nicht aus. »Es sind natürliche Interaktionen, die zu neuem Lernen führen«, stellt Greenspan fest, »so wie das verspielte An- und Zurücklächeln oder die vielfältigen Lautgebungen zwischen Säugling und Bezugsperson, bei denen das Kind Kontaktaufnahme und Interagieren lernt.«[70]

So kann also Bildung von Anfang an aussehen! All die kleinen Spiele zwischen Mutter und Kind, die scheinbar »überflüssigen« Kontaktaufnahmen, sind ein unverzichtbarer Teil der frühkindlichen Entwicklung.

Das setzt sich fort mit dem Spracherwerb. Denn was Wörter wirklich bedeuten, lernen Kinder ausschließlich über Emotionen. Dazu gibt Greenspan ein eindringliches Beispiel: »Durch Liebkosungen und zärtliche Blicke weiß das Kind, was ›Liebe‹ heißt; die Bedeutung des Wortes hängt unauflöslich mit den Liebeserfahrungen mit seiner Bezugsperson zusammen.«[71] Was aber ist, wenn es keine liebende Bezugsperson gibt, sondern ein Baby den überwiegenden Teil des Tages mit einer emotional distanzierten Betreuerin verbringt und sich immer wieder selbst überlassen ist?

Spannend wird es, wenn Greenspan auf die psychische Erkrankung des Autismus eingeht. Entgegen der verbreiteten Meinung, es handele sich um einen rein biologischen Defekt, geht er davon aus, dass autistische Kinder in einer frühen Phase nicht gelernt hätten, Wörter mit Gefühlen und Handlungen sinnvoll zu verbinden. Sie seien zwar in der Lage, Wörter zu wiederholen, die sie gehört haben, doch es geschehe sinnfrei und nicht im Rahmen einer Kommunikation. Seine Therapieerfolge scheinen seine Thesen zu bestätigen: Denn er arbeitet mit Gefühlen, beschäftigt sich nachhaltig und zeitintensiv mit den gestörten Kindern, bezieht die Eltern ein, bis die Kinder ihre Sprache als Kommunikationsmittel begreifen.

Wie ausgerechnet Emotionen zum Schlüssel der intellektuellen Entwicklung werden, dieser Frage widmet Greenspan ein ausführliches Kapitel. Durch zahlreiche Tests kam er zu dem Schluss, dass Kinder mit gelebten emotionalen Erfahrungen bei abstrakten Problemstellungen weit besser abschnitten als solche, die teilnahmslos und unemotional wirkten und Probleme mit Freundschaften hatten. Auch hier erzielte er mit seiner Therapie durchaus Erfolge: »Wir beobachteten, dass selbst Kinder mit schweren Entwicklungsstörungen, einschließlich autistischer Muster, kreativer und reflexiver werden konnten.« Bedingung dafür war eine nachhaltige Änderung ihrer Betreuung: durch »mehr affektiv reichhaltige und fortschreitend anspruchsvollere affektive Eins-zu-eins-Interaktionen mit ihren Bezugspersonen«[72].

Folgt man Greenspans Argumentation, könnte man sagen: Erst durch die intensive und gefühlsbetonte Beziehung zur Bezugsperson, im Zweifelsfall zur Mutter, konnten diese Kinder ihre Verstandesleistungen verbessern. Eins zu eins, wohlgemerkt. Keine Gruppenbetreuung.

Um es ganz deutlich zu sagen: Nicht jedes Krippenkind wird zum Autisten. Aber die typischen emotionalen Defizite von Kindern und Jugendlichen, die beklagte Verrohung, das mangelnde Einfühlungsvermögen, das fehlende Mitleid bei Gewalttaten, die uns so erschrecken, sie haben ihre Wurzel womöglich in der lieblosen und gefühllosen Art und Weise, wie viele von ihnen aufgezogen wurden. Dass auch das intellektuelle Zurückbleiben seine Wurzel in der fehlenden emotionalen Ansprache des Babys und Kleinkindes hat, gehört zu dem, was Greenspans Thesen bei aller Umstrittenheit so interessant macht.

Die Konsequenzen mangelnder Gefühle in der Lebenswelt von Kleinstkindern sind für ihn weitreichend. Seine Schlussfolgerung: »Das menschliche Überleben hängt von Fähigkeiten zur Intimität, Empathie und reflexivem Denken ab und von einem gemeinsamen Sinn für das Menschsein.«[73]

Greenspan arbeitet als Arzt und Psychologe und ist vor allem daran interessiert, nach erfolgreichen Behandlungsmethoden für entwicklungsgestörte Kinder zu suchen. Seine Erkenntnisse, die man hier nur ansatzweise vorstellen kann – sein Buch umfasst annähernd fünfhundert Seiten –, sollte jeden interessieren, der Kinder unter drei Jahren und vielleicht sogar schon Neugeborene frohgemut in eine Krippe bringt.

»Bildung von Anfang an« – folgt man diesem Wissenschaftler, so müsste das ein Konzept sein, bei dem der Betreuungsschlüssel eins zu eins lautet und die betreuende Person eine starke, zeitintensive und hochemotionale Beziehung zum Kind hat. Auf wen könnte die Beschreibung besser passen als auf eine hingebungsvolle Mutter? Und warum nach Ersatz suchen, der noch dazu unbezahlbar wäre? Wem wirklich am Kindeswohl gelegen ist, der lässt sich nicht einschüchtern durch Parolen, die nahelegen, schon Babys seien fremdbetreut in einer Gruppe am besten aufgehoben.

Dabei soll nicht verschwiegen werden, dass es Mütter gibt, die durch eigene Probleme keine Kraft und keine Energie haben, sich uneingeschränkt ihrem Kind zu widmen. Diese Mütter brauchen dringend unsere Hilfe. All jene aber, die sich gezwungen sehen zu arbeiten, um ihren Lebensunterhalt zu verdienen, sollten endlich die finanzielle Unterstützung erhalten, um wenigstens in den ersten drei Jahren für ihre Kinder da zu sein. Erziehungsarbeit sollte bezahlte Arbeit sein, wie jede andere Arbeit auch.

Und für Mütter schließlich, die ihre Selbstverwirklichung nur im Beruf suchen und Kinderbetreuung für langweilig und uninteressant halten, ist es unerlässlich, sich genau darüber zu informieren, was mit ihren Kleinkindern wirklich geschieht, wenn sie sie abgeben. Was diese in den Jahren möglicherweise versäumen, kann nur durch aufwändige Therapien wieder aufgeholt werden, wenn überhaupt. Doch bis dahin wird das Kind bereits einen Leidensweg zurückgelegt haben, der zu verhindern gewesen wäre.

Nach dem Erscheinen des *Eva-Prinzips*, in welchem ich eingehend auf die Krippenbetreuung und ihre Folgen zu sprechen kam, titelten einige Tageszeitungen in den neuen Bundesländern, ich würde die Ostdeutschen zu Beziehungskrüppeln schlechtreden, weil sie in der Krippe aufgewachsen waren. Das war niemals meine Absicht, doch informiere ich auch weiterhin über die Gefahren, die Wissenschaftler auf der ganzen Welt herausgefunden haben und herausfinden. Nicht jeder Mensch, der in der Krippe aufwuchs, muss Störungen haben. Doch sollten wir wissen, dass das Risiko, wenn wir unser Kind in fremd betreute Welten abgeben, größer wird.

Qualität – ein Begriff ohne Debatte

»Würdest du einen Urlaub in einem Hotel buchen, von dem du nicht weißt, ob es eine gute oder eine schlechte Herberge ist?« Diese Frage stellte ich in letzter Zeit einigen Freunden und Bekannten. Ausnahmslos alle sahen mich entgeistert an. »Natürlich nicht«, war die einhellige Antwort. »Als Erstes sehe ich nach, wie viel Sterne das Hotel hat. Dann informiere ich mich über alle Details, die Lage, das Essen, die Freizeitangebote. Ist doch klar!«

Sonnenklar. Wenn es um die »kostbarste Zeit des Jahres« geht, schauen wir sehr genau hin, was uns erwarten wird. Der mündige Konsument kauft nicht die Katze im Sack, und er lässt sich auch nicht durch bunte Prospekte täuschen. Man will schon zweifelsfrei wissen, in welcher Kategorie man landet, und ob das Preis-Leistungs-Verhältnis stimmt. Doch wo ist der mündige Verbraucher, wenn es um das kostbarste Gut geht, das wir haben – unsere Kinder? Wo sind die Kriterien, an denen sich verantwortungsvolle Eltern orientieren können, wenn sie eine Krippe, einen Kindergarten, eine Schule für ihr Kind aussuchen? Warum gibt es keine Qualitätssiegel für besonders gute Einrichtungen? Und warum herrscht nicht ein Wettbewerb um den besten Ruf?

In den vergangenen Monaten haben wir viel über Kinderbetreuung gehört und gelesen. Es waren vor allem Zahlen. Eine Qualitätsdebatte ist erstaunlicherweise noch nicht einmal ansatzweise auszumachen. Während sich Länder und Kommunen den Kopf darüber zerbrechen, wie sie trotz finanzieller Probleme all die neuen Krippen- und Kindergartenplätze einrichten sollen, scheint sich kaum jemand dafür zu interessieren, was wirklich in den vielen Stunden passiert, die die Kinder außer Haus verbringen. Ein Verhalten, das man nur als absurd bezeichnen kann. Oder als gefährlich gedankenlos.

Krippen- und Kindergartenplätze sind rar. Wer einen Platz ergattert in der Überzeugung, das Richtige zu tun, wird vielleicht nur noch wenig Interesse haben, die Qualität der Einrichtung kritisch zu betrachten oder gar infrage zu stellen. »Es wird schon gut gehen«, beruhigt man sich, »da sind Fachleute am Werk, die wissen, was sie tun.« Was Eltern nicht wissen: Neben dem Betreuungsschlüssel (Bedingung für eine intensive Ansprache der Kinder) ist auch die Qualifizierung der Betreuer offenkundig ein Problem. Nach der Beurteilung von Kinderpsychologen sind die Gruppen meist zu groß; und geleitet werden sie von Erzieherinnen und Erziehern, denen eine Fachkommission der EU die Note »ungenügend« gab.

Ja, »ungenügend« (Schulnote 6): Die Ausbildung von Pädagogen in Deutschland hielt der Brüsseler EU-Kommission nicht im Mindesten stand. Es fehlt schlicht an Wissen, die Ausbildungszeiten sind zu kurz, die Lehrinhalte oberflächlich. Außerdem werden durch Stellenkürzungen immer mehr Teilzeitjobs vergeben, meist an wenig qualifizierte, manchmal sogar an unausgebildete Kräfte. Auf dem Papier steht dann die Erfolgsmeldung: Wir haben neue Plätze geschaffen! Doch der Preis ist hoch. Denn immer mehr Kinder sind Betreuern überlassen, die über keine ausreichende Ausbildung für diese verantwortungsvolle Aufgabe verfügen.

Der Vergleich beispielsweise mit Frankreich zeigt die wesentlichen Unterschiede: Dort verfügen die Erzieherinnen von Kleinstkindern bereits über eine Qualifikation, die denen von deutschen Grundschullehrerinnen ähnelt. Doch davon sind wir weit entfernt. Die Hysterie, mit der immer mehr Plätze eingefordert werden, lässt die Frage nach der Qualität weitgehend außer Acht. Tagesmütter sollen verstärkt zum Einsatz kommen, oft nur im Schnellverfahren ausgebildet und kaum kontrollierbar, wenn sie erst einmal Kinder betreuen. Und auch die öffentlichen Einrichtungen können nicht auf eine bestimmte Güte pochen, weil Zertifizierungen völlig unüblich sind.

Längst zeichnet sich ein Zweiklassensystem ab: Wer es sich leisten kann, bezahlt anfangs eine Kinderfrau, dann einen Privatkindergarten, und später wird sich derjenige bei den immer zahlreicheren Privatschulen umschauen, um die Qualitätsmängel öffentlicher Einrichtungen zu umgehen. Eine zufriedenstellende Grundversorgung wird dadurch immer unwahrscheinlicher. Mehr Plätze, größere Gruppen, weniger Personal, schlechtere Ausbildung der Betreuer – das ist momentan der Trend. Umso fahrlässiger erscheint es, mit großem Nachdruck die Eltern dazu zu bewegen, ihre Kinder möglichst früh aus der familiären Geborgenheit zu entlassen.

Wissen die Politiker, was sie tun? Würden sie ihre Kinder in einen Kindergarten geben, der nachweislich keine kindgerechte und pädagogisch exzellente Betreuung anbieten kann? In Berlin, gleich neben dem Kanzleramt, gibt es einen Abgeordnetenkindergarten. Dorthin bringen unsere Volksvertreter und deren Mitarbeiter ihren Nachwuchs. Eine Insel der Seligen. Kompetentes Personal, kleine Gruppen, frühmusikalische Erziehung schon für Eineinhalbjährige, Ökokost, Süßigkeitsverbot, die arbeitenden Eltern im Notfall in unmittelbarer Nähe – von solchen Bedingungen können andere Mütter und Väter nur träumen. Sollte es da so etwas wie einen Realitätsverlust geben?

Vieles spricht dafür. Kein Abgeordneter würde seinen Sprössling in einem Kindergarten oder einer Schule in sozialen Brennpunkten wie Berlin-Neukölln unterbringen. Kein Wunder. Seit die Bilder aus der berüchtigten Rütli-Schule durch die Medien gingen, weiß jeder, dass es öffentliche Bildungseinrichtungen gibt, die indiskutabel sind. Ein geregelter Unterricht ist vielerorts nicht mehr möglich, Gewalt gehört zur Normalität. Selbst der Berliner Bürgermeister Klaus Wowereit sagte öffentlich, er würde seine Kinder keinesfalls auf eine Kreuzberger Schule schicken. Die Empörung über seine Äußerung war groß, und doch hatte der Politiker nur ausgesprochen, was letztlich viele denken.

Die Energie, mit der Kinder neuerdings aus dem Haus und in die Betreuungseinrichtungen gedrängt werden, täuscht darüber hinweg, dass Familien- und Bildungspolitik in Deutschland den Einfluss von Eltern schwächen will, ohne dafür zu sorgen, dass die Erziehungsleistungen durch Krippen, Kindergärten und Schulen überzeugende Alternativen anbieten. Und viele Eltern fragen sich verunsichert: Ist es wirklich besser, meine Kinder früh abzugeben? Entgeht ihnen etwas, wenn sie zu Hause bleiben? Oder nehmen sie umgekehrt Schaden, wenn sie die Familie zu früh verlassen?

Die Argumente der Politiker sind jedenfalls eher dazu angetan, Eltern das Selbstvertrauen zu nehmen. »Ihr habt nicht genug zu geben«, heißt es, »ihr dürft euren Kinder nichts vorenthalten.« Als Paradebeispiel dienen nun sozial schwache Familien mit mangelnder Erziehungskompetenz, vom Hartz-IV-Empfänger bis zur Familie mit Migrationshintergrund. Dass Kinder aus solchen Milieus oft selbst in schlechten Einrichtungen besser aufgehoben sind als bei den Eltern, wird niemand bestreiten. Ein Kind, das zu Hause keine Zuwendung erfährt, vor dem Fernseher geparkt und vernachlässigt wird, hat eindeutig bessere Chancen, sich aus den bedrückenden Verhältnissen zu befreien, wenn es früh außer Haus betreut wird, mit welchem Qualitätsanspruch auch immer. Diese Kinder müssen ohne Wenn und Aber gefördert werden, um ihre Sprachkompetenz zu schulen, geordnete Tagesabläufe zu erleben und das Sozialverhalten zu trainieren.

Doch handelt es sich dabei um die Ausnahme, nicht um die Regel. Aufgeschreckt durch reißerische Medienberichte entsteht für viele Eltern allerdings der Eindruck, die Extrembeispiele von Verwahrlosung seien die Spitze eines Eisbergs, denn auch in normalen Familien sei nicht alles in Ordnung. Und so erscheint als einziger Ausweg die Perspektive, die Kinder abzugeben.

Wie stark die medialen Einflüsterungen greifen, haben nicht zuletzt TV-Reality-Formate wie *Super Nanny* gezeigt. Was da vorgeführt wird, ist die Bankrotterklärung elterlicher Fähigkeiten. Überforderte Mütter und Väter, schreiende und spuckende Kinder, chaotische Verhältnisse, so wird das deutsche Familienleben dargestellt. *Super Nanny* ist eine Erfolgssendung – und bei durchschnittlich fünf Millionen Zuschauern und einem Marktanteil von 20 Prozent muss man davon ausgehen, dass ein Nerv getroffen wird. Kinder werden auf diese Weise immer häufiger als Problemfälle gesehen.

»All das Spucken und Trampeln und Ausflippen der Sprösslinge spiegelt nur wider, was in ihrer nächsten Umgebung los ist – nämlich Regellosigkeit, Unfreundlichkeit, hilfloses Gerangel um Liebe und Aufmerksamkeit«, fasste die *Bunte* den Inhalt der Sendung zusammen. In demselben Artikel analysiert die »Super Nanny« Katharina Saalfrank den Kern des Dilemmas: »Die Achtundsechziger waren als Befreiungsschlag ganz gut. Dennoch kam die Grenzenlosigkeit bei vielen Kindern als Lieblosigkeit an. Jetzt sind wir auf der Suche nach einem Mittelweg.«[74]

Dass es sich bei den vorgeführten Beispielen allesamt um Familien handelt, deren Leidensdruck so groß ist, dass sie nicht einmal die Medienöffentlichkeit scheuen, wird leicht vergessen. Dies ist nicht Normalität, sondern das Spiel mit dem Voyeurismus der Zuschauer. Intakte Familien und ein harmonisches Familienleben würden längst nicht so quotenträchtig sein, so viel ist sicher. Doch die verborgene Botschaft wird tief verinnerlicht: Familie ist ein Schlachtfeld, Kinder sind kleine Monster, ohne fachliche Beratung sind die meisten Eltern überfordert. Was liegt da näher, als die Kinder möglichst früh aus der Familienhölle zu befreien? Das *Super Nanny*-Format wird vermutlich auch deshalb von so vielen angesehen, weil es bestens in die Atmosphäre einer tiefen Verunsicherung passt, die Mütter und Väter ergriffen hat.

Dennoch: Völlig einschüchtern lassen sich Eltern offenbar noch nicht. Thüringen beispielsweise geht neuerdings den Weg, Eltern wirklich Wahlfreiheit zu geben, was Kleinstkinder betrifft. Dieses Bundesland zahlt den Eltern ein Betreuungsgeld, das sie behalten können, wenn sie die Kinder zu Hause erziehen, oder aber für einen Krippenplatz ausgeben können. Und siehe da: Die überwiegende Mehrheit der Eltern zieht es vor, ihre Kinder nicht wegzugeben.

Dazu schrieb der *Tagesspiegel*: »Gäbe es echte Wahlfreiheit, so würden sich vermutlich viele Eltern in Ostdeutschland entscheiden, ihre Kinder zu Hause zu betreuen.« Jedoch: »Das finden moderne Politiker schlecht. Sie sagen es nicht laut, aber sie meinen: Eltern, die selbst nicht gebildet oder arbeitslos sind, verweigern ihren Kindern die optimale Betreuung.« Und der Artikel schließt mit der Beurteilung: »Doch daraus abzuleiten, dass ein Betreuungsgeld deshalb falsch sei, ist diskriminierend. Eltern, die ihre kleinen Kinder zu Hause erziehen wollen, verdienen denselben Respekt dieser Gesellschaft wie die, die ihre Kinder betreuen lassen.«[75]

Wie wenig Vater Staat für die Kinder tut, hat nicht zuletzt die PISA-Studie gezeigt. Sie war eine empfindliche Kränkung für das stolze Volk der Dichter und Denker, für ein Land, das seine Bildungstradition hochhält. Ratlos raufte man sich die Haare: Wie konnte es sein, dass Deutschland im internationalen Leistungsvergleich nur auf den hinteren Plätzen landete? Warum schafft es eines der reichsten Länder der Welt nicht, seine Kinder ausreichend zu qualifizieren? Wie sollen sich die Absolventen des deutschen Bildungssystems auf dem globalisierten Arbeitsmarkt behaupten?

Die Ressource Bildung wird zusehends verschleudert. Qualitätskontrollen und Evaluationen, in der freien Wirtschaft übliche Vorgänge, sind in öffentlichen Krippen, Kindergärten und Schulen ein Tabu. Speziell der Beamtenstatus der Lehrer und die Macht der Erziehungsgewerkschaft GEW behindert die dringend notwendige Qualitätsdebatte. Zwar verankern die einzelnen Bundesländer routinemäßige Evaluationen in ihren bildungspolitischen Programmen, doch wer hätte je gehört, dass sich eine Schule selbst die Note »mangelhaft« gibt und erst einmal schließt? Wer hätte davon gehört, dass ein nachweislich schlechter Lehrer seinen Hut nehmen muss? Welche Schulaufsichtsbehörde hätte jemals die Eltern alarmiert, weil die Verhältnisse in einer Schule aus dem Ruder laufen?

Von außen betrachtet, haben diese angeblichen Qualitätskontrollen jedenfalls bisher nichts daran ändern können, dass etwa das deutsche Schulsystem im internationalen Vergleich nicht wettbewerbsfähig ist. Gezielte Förderung sowohl von lernschwachen Kindern als auch von Hochbegabten beispielsweise ist an den Schulen nicht selbstverständlich. Wie auch? Das würde die Arbeitszeiten von Lehrern verlängern, was sie keinesfalls akzeptieren würden, oder man müsste zusätzliche Pädagogen anstellen, um diesen Bedarf zu befriedigen. Dafür aber ist kein Geld da.

Zum Dilemma wird deshalb allmählich die Gleichheitsideologie des öffentlichen Bildungssystems spätestens in der Schule. Es wird so getan, als bräuchte ein Kind mit Lernschwierigkeiten und Sprachdefiziten haargenau den gleichen Unterricht wie Kinder, die eine besondere Begabung zeigen. Sie alle, geht es nach dem Willen der Politiker, sollen »gleiche Chancen« bekommen. In Wahrheit heißt das: Das Mittelmaß ist der Maßstab. So fallen viele Kinder mit Problemen durchs Raster, werden später in die Hauptschule abgeschoben. Andere hingegen, die außergewöhnliches Talent zeigen, dürfen keine Extraförderung erhalten. Bloß keine Elite, heißt die Devise. Keiner darf bevorzugt werden. Ein verhängnisvoller Irrtum.

Andere Länder machen längst vor, wie durch gezielte Förderung Hochbegabter die Ressource Bildung erschlossen und genutzt wird. In Deutschland dagegen gibt es nur die Möglichkeit, das Kind eine Klasse überspringen zu lassen oder es in eines der wenigen Internate für Hochbegabte zu schicken, mit allen menschlichen Konsequenzen einer Trennung von der Familie. Solche Maßnahmen stempeln die Kinder zu Außenseitern ab, misstrauisch beäugt, statt in ihrer Einzigartigkeit anerkannt. Für ihr Selbstbewusstsein nicht gerade die beste Bedingung.

Umgekehrt ist die spezielle Förderung von schwächeren Kindern ähnlich ein Tabu. Sie könnten sich ja zurückgesetzt fühlen, so das Argument. Ein falsches Argument. Sehen wir uns mal ein Land an, das bei der PISA-Studie besonders gut abgeschnitten hat: Finnland. Dort wird vom ersten Schuljahr an nichts dem Zufall überlassen. Stellt der Lehrer fest, dass ein Kind den Stoff nicht bewältigen kann, wird es intensivst betreut. So lange, bis es den Anschluss wieder findet. Es wird nicht achselzuckend hingenommen, dass es eben immer Verlierer gibt, stattdessen herrscht die Überzeugung, dass jedes Kind in den Stand versetzt werden muss, gute Leistungen zu erbringen.

Doch das sind fast schon Luxusprobleme angesichts des verheerenden Zustands unserer Schulen. Wer lange keine derartige Einrichtung betreten hat, wäre schockiert, wenn er sich schon die äußerlichen Bedingungen ansehen würde, unter denen unsere Schüler heute unterrichtet werden. Viele dringend renovierungsbedürftige Gebäude verfallen, sind zusätzlich von Vandalismus bedroht. Das

Mobiliar ist ergonomisch gesehen meist mangelhaft. Die Kinder, die heute im Schnitt größer sind als noch vor zehn Jahren, müssen sich mit zu kleinen Stühlen und Tischen abquälen. Die Lehrmittel sind oft veraltet. Noch dazu fällt viel zu viel Unterricht aus, weil Lehrermangel herrscht oder die Personaldecke so dünn ist, dass bei Erkrankung eines Lehrers kein Ersatz bereitsteht. Und kaum eine Schule bietet gesunde Pausensnacks an. Man muss kein Pessimist sein, um diese Verhältnisse skandalös zu nennen.

Die Qualität des Unterrichts passt in dieses düstere Bild. Die Wissensvermittlung befindet sich häufig noch auf einer Stufe wie vor zwanzig, dreißig Jahren. Sicher, Rechnen, Lesen und Schreiben sind Basisfähigkeiten, die niemals überflüssig sein werden. Doch die fehlende Qualität der Inhalte macht sich bereits in der Grundschule bemerkbar. Viel zu spät wird beispielsweise mit dem Erlernen von Fremdsprachen begonnen, die später einmal den Berufsalltag in einer global vernetzten Welt prägen werden. Dabei fällt es gerade Kindern im Grundschulalter und auch noch davor besonders leicht, sich andere Sprachen anzueignen.

»Mein Sohn hat bereits in der Vorklasse mit Englisch begonnen«, berichtete eine Mutter, deren Sohn eine Berliner Privatschule besucht. »Für ihn war das ein Kinderspiel. Englische Lieder und Abzählreime hatte er blitzschnell drauf. In der dritten Klasse kam Französisch hinzu. Jetzt, in der vierten Klasse, kann er bereits englische und französische Konversation machen und auch Sätze in diesen Sprachen schreiben. Ich finde das gut. In seinem Alter prägt sich das alles viel leichter ein als später.«

Auf die Frage, ob das nicht zu viel des Guten sei, antwortet sie: »Nein, auf keinen Fall. Die spielerische Leichtigkeit, mit der Kinder in diesem Alter alles noch aufnehmen, ist nicht vergleichbar mit den Anstrengungen später. Ich bin froh, dass unser Sohn früh mit diesen Sprachen in Berührung kommt. Und es passt auch in seine Lebenswelt: Er mag Popmusik und kann viele englische Texte schon verstehen, fragt auch nach, wenn er es genauer wissen will.«

Wie immer man dazu stehen mag, dieser zehnjährige Junge hat

einen guten Vorsprung. Denn wenn er nach der Schule eine Ausbildung machen oder studieren wird, wird Englisch bereits verbindlich sein. Schon heute ist es in naturwissenschaftlichen Fächern üblich, Abschlussarbeiten für den Bachelor- und den Mastergrad auf Englisch zu schreiben. Auch in Berufen ohne Studium werden unsere Kinder mit Sicherheit viel auf Englisch kommunizieren müssen, als verbindliche Sprache in einer globalisierten Welt. Die Bildungspolitiker machen sich um diese Dinge aber offenbar wenig Sorgen.

Ein anderer Punkt ist die Art der Wissensvermittlung, in der Fachsprache Didaktik genannt. Anders als noch vor wenigen Jahren ist durch das Internet Information in fast unbegrenztem Umfang zugänglich. Es müsste also eher darum gehen, eine Kompetenz zu schulen, wie man diese Informationen sinnvoll nutzt, wie man sie einschätzt und durch andere Quellen gegencheckt. Kinder müssen heute dringend erfahren, wie man lernt – nicht nur, dass man etwas lernen kann. Doch wie viele Computer stehen heute in den Schulen? Wie viele Lehrer sind sensibilisiert dafür, dass man den Kindern beibringen muss, das Lernen zu erlernen?

Verknüpft mit diesen Herausforderungen wäre auch eine qualifizierte Medienkunde. Das betrifft vor allem den Umgang mit Massenmedien und mit Unterhaltungselektronik. Die Schulen gehen oft noch davon aus, als gäbe es nur Bücher. Dass die Kinder Handys, Spielkonsolen, Computer, Fernsehen und Kino ganz selbstverständlich nutzen, wird in unverzeihlicher Blindheit ausgeklammert. Eine Ignoranz, die sich eine zukunftsorientierte Kommunikationsgesellschaft nicht mehr leisten kann.

Hier tut Aufklärung not. Es ist richtig und wichtig, die Kinder zum Lesen von Büchern zu motivieren, gleichzeitig aber müssen sie lernen, welche Chancen und welche Gefahren sie in der Mediengesellschaft erwarten. Dass sie sich etwa durch zu hohen Medienkonsum Konzentrationsschwächen einhandeln oder dass ihre Gedächtnisleistungen versagen, wenn sie nach der Schule stundenlang vor Ballerspielen sitzen. Doch die Lehrer beschränken sich meist darauf, Handys und Gameboys auf dem Schulgelände zu verbieten, mit wenig Erfolg und noch dazu mit dem Ergebnis, dass das Verbotene umso interessanter wird.

Die Mängelliste ist lang, man könnte noch sehr viel mehr Defizite des Unterrichts aufzählen. Wo aber liegen Perspektiven, diese Zustände zu ändern?

Eine ehrliche Qualitätsdebatte wird nicht umhinkommen können, endlich Licht in die Grauzone zu bringen. Es müssen eindeutige Qualitätsstandards gesetzt werden, die nachprüfbar sind und von der Krippe, dem Kindergarten, der Schule eingefordert werden können, wenn diese nicht erfüllt werden. Bisher werden interessierte Eltern eher abgewimmelt. Man lässt sich ungern in die Karten schauen. Außerdem gilt das Prinzip: »Das haben wir immer so gemacht, daran wird nichts geändert.« Elternabende in Kindergärten und Schulen sind meist müde Pflichtübungen, die niemand gern absolviert, weil aktive Mitarbeit gar nicht erwünscht ist.

Eine Bekannte, Karla, Mutter eines Achtjährigen, hat das nicht hingenommen. »Direkt gegenüber der Schule gibt es einen Kiosk«, erzählt sie. »Und allmählich wurde es üblich, dass sich die Kinder in den Pausen dort mit Süßigkeiten eindeckten. Die Schulbrote landeten unausgepackt wieder zu Hause.« Als sie mit dem Klassenlehrer darüber sprach, zog der nur entnervt die Augenbrauen hoch. Er könne da auch nichts machen, meinte er. Die Sache ließ Karla nicht auf sich beruhen. Da der Elternabend nichts erbrachte, rief sie kurzerhand einige engagierte Mütter an und beratschlagte mit ihnen, wie man etwas verändern könnte.

»Wir haben jetzt einen Frühstücksdienst eingerichtet«, berichtet sie. »In der großen Pause kommt immer abwechselnd eine von uns Müttern mit Brötchen, Obst und Rohkost in die Klasse. Es sind zwanzig Schüler, einmal im Monat ist man also nur dran. Das ist wirklich für jeden zu schaffen. Und die Kinder haben es schnell akzeptiert. Außerdem haben wir durchgesetzt, dass aus der Klassenkasse Mineralwasser bezahlt wird, es steht immer ein Kasten da, aus dem die Kinder sich bedienen können. Sonst würden sie sich Limonade und Cola kaufen.«

Ein kleines Beispiel mit großer Wirkung. Die Initiative jedoch kam nicht aus der Schule, sondern von den Eltern. Indessen wird man jedoch nur etwas ändern können, wenn die Schule sich als Partner der Eltern versteht. Und mehr noch: als Dienstleister, dessen Qualität permanent auf dem Prüfstand steht. Das ist eine ungewohnte Sicht der Dinge. Lehrer, selbst Erzieher in Krippen und Kindergärten, denken nicht so. Sie verstehen sich als Instanzen, nicht als Anbieter.

Nur ein offener Wettbewerb zwischen den Einrichtungen wird Abhilfe schaffen, verbunden mit einem neu zu formulierenden Kriterienkatalog, an dem man sich messen muss. Warum richtet man nicht ein Sternesystem ein, wie etwa bei Hotels? Ist erst einmal transparent, was eine Einrichtung leistet, können Eltern viel besser beurteilen, ob sie ihr Kind dorthin geben möchten oder nicht. Sie werden auf den ersten Blick sehen, wie der Betreuungsschlüssel in einer Kita aussieht, welche Bildungsangebote es gibt, wie qualifiziert die Mitarbeiter sind, ob die baulichen Bedingungen den besten Standards entsprechen. Und die Schulen werden sich mehr anstrengen müssen, einen zeitgemäßen, hoch kompetenten Unterricht und ansprechende Lernbedingungen anzubieten. Geschieht all das nicht, werden die Verhältnisse nicht besser.

Wer aber kann eine solche Qualitätsdebatte anregen? Weder Politiker noch Erzieher werden sich freiwillig darauf einlassen, weil das unbequem, zeitintensiv und im Zweifelsfall auch ernüchternd ist. Also müssen wir Eltern tätig werden. Wir müssen die Verantwortung dafür neu entdecken und ernst nehmen. Mir ist klar, dass dies anstrengende Vorschläge sind, die unser ohnehin voll gepacktes Leben nicht gerade erleichtern und entlasten. Doch Kritik allein hilft nicht weiter. Die Bereitschaft zur aktiven Mitarbeit ist unerlässlich, wenn wir etwas ändern wollen, und auch auf der politischen Ebene sollten wir viel mehr Forderungen stellen. Worauf warten wir?

Erziehung – Leistung statt Wertevermittlung?

Die fehlende Qualitätsdiskussion hat noch einen weiteren Missstand nach sich gezogen: Es gibt keine überzeugenden Erziehungskonzepte. Denn eigentlich müsste in der Schule nicht nur Wissen vermittelt werden, sondern noch viel mehr: soziale Kompetenzen, Gemeinsinn, Verantwortlichkeit, dazu profunde Kenntnisse über gesunde Ernährung und die Bedeutung von sportlicher Aktivität. Erst diese Dinge formen Menschen, die sich gut entwickeln und später einen positiven Beitrag zur Gesellschaft leisten können.

Wer Glück hat, trifft auf einen hoch motivierten Lehrer, der sich um solche Dinge kümmert. Vorgesehen und festgeschrieben sind derartige Inhalte nicht. Im Gegenteil, viele Lehrer lehnen es ab, sich zu engagieren. »Was in den Familien versäumt wurde, können wir in der Schule nicht aufholen«, heißt es häufig.

Manchmal hat man den Eindruck, dass sich alle gegenseitig den Schwarzen Peter zuschieben. Wer trägt die Verantwortung für eine gute Entwicklung der Schüler jenseits von guten Noten? »Natürlich die Eltern«, behaupten die Lehrer. »Nein, die Lehrer müssen den Kindern mehr als das Einmaleins beibringen«, sagen die Eltern. Und Lehrer wie Eltern machen am Ende die Politiker verantwortlich, wenn die Schule zum Notstandsgebiet wird. So werden mal wieder Fronten geschaffen, statt dass sich alle an einen Tisch setzen und gemeinsam überlegen, wie man neue Konzepte entwickeln könnte.

Vor allem das Argument, »Dafür ist der Staat zuständig«, ist brandgefährlich. Es ist kein Zufall, dass man diesen Satz immer öfter hört. Gerade die massive Diskussion um außerhäusliche Betreuung führte dazu: Zusehends wird das Gefühl erweckt, es sei nicht mehr Sache der Eltern, sondern der Politik, sich um den Nachwuchs zu kümmern, auch um die Erziehung. Ein Symptom dafür ist, dass viele Eltern sich weigern, ihren Kindern wenigstens bei den Hausaufgaben zu helfen.

»Ich arbeite den ganzen Tag«, stöhnte eine Bekannte, »und dann soll ich mich abends hinsetzen und mit Lars Vokabeln pauken? Nein, danke!« Für Mütter, die nicht berufstätig sind und sich um die schulischen Belange ihrer Kinder kümmern, hat sie nur Verachtung übrig. »Das sind alles unbezahlte Nachhilfelehrerinnen«, spottete sie, »dafür bin ich mir zu schade. Soll doch der Lehrer dafür sorgen, dass Lars seine Englischlektion lernt.« Auch dass Lars seine Mitschüler in Stresssituationen kratzt und beißt, stört sie nicht. »Das muss er selber regeln«, findet sie. »Oder der Lehrer. Zu Hause macht er das schließlich nicht.«

Diese Haltung ist weit verbreitet. Auf Kinder wirkt sie nicht gerade ermutigend. Sie verstehen schnell, dass ihre Eltern sich nicht wirklich dafür interessieren, was in der Schule passiert, und dass sie keine Lust und keine Energie haben, Anteil zu nehmen. So wird ein negatives Signal gegeben. Schule, so die Schlussfolgerung, ist ein notwendiges Übel: »Lass mich bloß in Ruhe damit.« Allenfalls wird zähneknirschend ein Nachhilfelehrer bestellt. Den Rest soll gefälligst der Lehrer übernehmen. Auch die Korrektur mangelnder Umgangsformen. Womit wir wieder im Schulgebäude gelandet wären.

Dort geht es mittlerweile manchmal zu wie auf einer Party. Schüler kommen und gehen, wie sie wollen, Pünktlichkeit ist vielerorts ein Fremdwort, manchmal wird auch die Schule geschwänzt. Es wird während der Schulstunde gegessen und telefoniert, die Schüler fläzen desinteressiert auf dem Tisch herum. In der Pause kursieren Pornos und Gewaltvideos auf den Handys, und Tätlichkeiten auf dem Schulhof sind keine Seltenheit. Respekt für Lehrer und Mitschüler ist unbekannt, so wie auch Autorität und Disziplin.

Dass es so weit überhaupt kommen konnte, hat viel mit unserer Geschichte zu tun. Was die Lehrer betrifft, muss man der »Super Nanny« recht geben. Gerade Autoritätsgläubigkeit, Gehorsam und Disziplin, das behaupteten die Achtundsechziger einst, hätten Deutschland in die Katastrophe des Nationalsozialismus schlittern lassen. Solche »Sekundärtugenden« erzeugten hirnlose Untertanen, die man nach Belieben manipulieren konnte. Weg mit den Formen, weg mit Traditionen, und vor allem Schluss mit diesen »Sekundärtugenden«, dies schien die einzig mögliche Konsequenz zu sein. Die Quittung für diese neuen Leitlinien erhalten wir heute. »Ein geregelter Unterricht ist längst schon nicht mehr möglich«, ächzten die Lehrer an der schon erwähnten Rütli-Schule, und Deutschland starrte gebannt auf die TV-Bilder, in denen aufsässige Schüler randalierten und sogar die Lehrer bedrohten.

Viel zu lange haben wir Lässigkeit mit Nachlässigkeit verwechselt. Möglicherweise wollten Eltern die besten Freunde der Kinder sein und ließen ihnen zu viel durchgehen. Oder sie wollten nicht als spießig und uncool gelten und verzichteten auf konsequente Einhaltung von Umgangsformen. So schlichen sich allmählich Disziplinlosigkeiten ein. Lehrer werden oft nicht mehr ernst genommen, weil sie auch dann noch diskutieren, wenn besser starke Regeln und ihre unmissverständliche Einhaltung angebracht wären.

Jede Mutter, jeder Vater weiß, wie viel Kraft man braucht, um Regeln zu setzen und sie auch einzuhalten. Man muss mit Protest rechnen, mit bewussten Verstößen, durch die Kinder testen, wie weit sie gehen können. Wer dann fünfe gerade sein lässt, weil es anstrengender ist, konsequent zu sein, hat schon verloren. Auch Lehrer brauchen Kraft, Vorschriften durchzusetzen. Und noch mehr Kraft brauchen sie anscheinend, überhaupt erst einmal welche einzuführen. Dass man zum Beispiel kein Papier auf den Boden wirft. Und dass der, der es trotzdem tut, anschließend Putzdienst zu verrichten hat. So etwas ist unpopulär. Aber genau das ist Erziehung. Und davor drücken sich viele Lehrer, weil es nicht offiziell zu ihrem Auftrag gehört.

Widerspruch regt sich erst langsam. Bernhard Buebs Erziehungsbuch *Lob der Disziplin* wurde ein Bestseller – obwohl oder gerade weil es wie eine Provokation nach der Epoche der antiautoritären Erziehung wirkte. In Bremen bieten einige Schulen Benimmkurse an, weil die Umgangsformen der Schüler unerträglich geworden waren. In Berlin bringt eine Grundschullehrerin ihren Hund in die Klasse mit, damit die Schüler lernen, Rücksicht zu nehmen. »Die Kinder schreien nicht mehr unkontrolliert im Unterricht herum, seit sie wissen, dass mein Hund sich dann erschreckt«, erzählte sie einem Fernsehreporter. »Die ganze Atmosphäre hat sich verändert. Vorher waren die Schüler Rabauken, die ich nicht mehr bändigen konnte.«

Sollen Schulen also erziehen? Ja, sie müssen es! Denn neben einer dauernden Überforderung ist es häufig auch Bequemlichkeit, die Lehrer resignieren lässt. Sie gehören heute zur Bevölkerungsgruppe mit den meisten Frühpensionierungen. »Ich habe mit zweiundfünfzig Jahren aufgehört zu arbeiten«, erzählt eine ehemalige Lehrerin, die in Hamburg-Billstedt, einem sozial besonders schwierigen Stadtteil der Hansestadt, tätig war. »Ein Psychologe hat mir bescheinigt, dass die Schule mich krank macht.«

Ihre Schilderungen sind eindrucksvoll: »Die Schüler haben im Unterricht geschlafen, hatten meist keine Hausaufgaben dabei. Sie warfen ihren Müll einfach auf den Boden, beschmierten die Wände mit Graffiti, rauchten auf der Toilette und pöbelten mich sogar an, wenn ich sie zur Rede stellte. Als ein Schüler mich eines Tages in der Pause mit einem Messer bedrohte, war für mich Schluss.«

Auf die Frage, was man denn hätte tun können, um solche Zustände zu verhindern, schweigt sie eine Weile. »Ich glaube, man muss ganz früh anfangen, schon in der Grundschule, ach was, im Elternhaus«, sagt sie schließlich. »Kinder brauchen feste Vorgaben. Auch einen Umgangskodex. Irgendwann hat man zum Beispiel abgeschafft, dass die Schüler sich erheben, wenn der Lehrer die Klasse betritt und im Chor ›Guten Morgen‹ sagen. Man fand das lächerlich. Heute sehe ich das anders. Es ist eine Geste des Respekts, den wir dringend benötigen.«

Außerdem seien es meist die verhaltensauffälligen Außenseiter, die das Klima in der Klasse vergiften und auch besser erzogene Schüler mitzögen. »Wer im Unterricht Quatsch macht und sich nicht darum schert, was der Lehrer sagt, gilt als cool. Die anderen machen es ihm nach. Die meisten Lehrer verhängen dann Strafen, irgendwann lassen sie die Störenfriede links liegen, weil sie nur noch nerven. Vermutlich müsste man aber gerade diese Kinder von Anfang an fördern, einbeziehen, ihnen Verantwortung geben, damit sie ihr Verhalten ändern. Konzepte dafür gibt es nicht. Und der Schulpsychologe wird meist erst gerufen, wenn es schon zu spät ist.«

Es muss hellhörig machen, dass diese Lehrerin fehlende Konzepte beklagte. Offenbar sind die Lehrer auf Improvisation angewiesen. Haben sie in ihrer Ausbildung nicht ausreichend gelernt, mit solchen Kindern fertig zu werden? Fehlen ihnen die Ideen und Richtlinien, welche Erziehungsleistungen Schule vornehmen darf und sollte? Alsbald sind sie dann, wie gesagt, überfordert und resignieren nach einiger Zeit. Wie aber könnte eine politisch gewollte und vorgegebene schulische Erziehung aussehen, die diesen Namen verdient?

Wir sollten davon ausgehen, dass der Großteil der Schüler in unserem Land eine mehr oder weniger ausgeprägte natürliche Lernbereitschaft mitbringt und nicht jeder Schulanfänger aggressiv, lernunwillig, verhaltensgestört oder schlecht erzogen ist. Richtig ist, dass es Kinder gibt, die aus schwierigen Familienverhältnissen stammen oder vielleicht bereits im Kindergarten Auffälligkeiten zeigten. Doch in Deutschland ist es aus Datenschutzgründen verboten, dass Kindergärten und Grundschulen kooperieren. Es darf keinen Informationsfluss darüber geben, ob Kinder Aufmerksamkeitsschwierigkeiten haben, zu Hause geschlagen werden, umfeldbedingte psychische Defekte haben. Dieser Umstand verhindert eine spezielle Förderung von Anfang an. Ein schweres Manko.

Doch es geht noch weiter. Zwar wird in den Zeugnissen immer auch das Sozialverhalten schriftlich beurteilt, aber es gibt keine verbindlichen Strategien oder Angebote, die es gegebenenfalls korrigieren. Es liegt im Ermessen des Lehrers, wie er seine Klasse zur Gruppe formt. Und da auch diese Pädagogen nur Menschen sind, neigen sie dazu, sich gern mit ihren angenehmeren Schülern zu beschäftigen. Mit den höflichen, netten, leistungsbereiten. Dabei wäre es am dringlichsten, allen folgendes Gefühl zu vermitteln: »Wir als Klasse gehören zusammen. Wir verbringen einen großen Teil des Tages gemeinsam. Wir müssen lernen, Rücksicht zu nehmen, Konflikte zu lösen, uns gegenseitig zu unterstützen – und stolz auf unsere Schule zu sein.«

Das Wort »stolz« mag seltsam klingen, doch es ist ein Schlüsselbegriff für gelingende Erziehung. In den USA beispielsweise wird viel dafür getan, dass die Schüler ihre Institution als Teil ihrer Identität begreifen. In vielen Aktivitäten außerhalb des Unterrichts werden sie zusammengeschmiedet, vor allem durch den Sport, der in der amerikanischen Schulerziehung eine ungleich größere Rolle spielt als bei uns. Fairness, Leistungsbereitschaft, Teamgeist, das sind Qualitäten, die beim Gruppensport vermittelt werden, der für alle verbindlich ist. Antipathien, Mobbing, Feindschaften haben keine Chance, wenn alle gemeinsam sportlich kämpfen müssen. Es gibt darüber hinaus eine Schulfahne, ein Schulmotto, die Kinder wissen, wozu sie gehören – und wer sich zugehörig fühlt, wird seine Schule auch nicht zerstören oder beschmieren.

Das Beispiel macht deutlich, dass reine Wissensvermittlung nicht ausreicht. Gemeinsame Aktivitäten sind die einzige Chance, ganz nebenbei Verhaltensregeln zu erlernen. Und die müssen unerschütterlich gelten. Das hat nichts mit Drill zu tun. Es geht um einen Unterschied, wie wir ihn aus der Medizin kennen: Ein guter Arzt ist nur derjenige, der neben einer Diagnose mittels Apparaten und Tests sich auch mit dem Menschen auseinandersetzt, ihn in seiner Gesamtheit im Blick, Gespräche führt. Das ist zeitintensiv. Es ist auch anstrengend.

Um auf die Schule zurückzukommen: Auch für einen Lehrer ist es aufwändig, sich umfassend auf den Schüler zu konzentrieren, sich nicht nur für die Ergebnisse eines Mathetests zu interessieren.

Die ganzheitliche Sicht aber gerät immer mehr zum Zankapfel. Einerseits sehen alle die dringliche Erfordernis eines überzeugenden Erziehungskonzepts, andererseits weisen die Lehrer jede Erziehungsleistung weit von sich – im Namen des Individualismus. Sie fürchten sich geradezu davor, Eltern einzubeziehen, Konflikte mit ihnen auszuhalten, Konsens herzustellen. Anstrengend ist dies ebenfalls.

Also reicht es nicht, an die Gutwilligkeit der Pädagogen zu appellieren. Wenn unseren Bildungspolitikern wirklich daran liegt, Erziehung zum Zentrum der schulischen Erfahrung zu machen, müssen sie auch die Strukturen dafür schaffen. Soziale Aktivitäten im Sinne sozialen Lernens in den Lehrplänen verankern, Familienkunde für all jene, die zu Hause kein Familienleben mehr vorfinden, musische Kurse verbindlich vorschreiben, täglichen Gruppensport anordnen. Höfliches Desinteresse für die Hilflosigkeit vieler Schüler reicht nicht mehr aus.

Wegorganisiert – die Tendenz zum Tagesinternat

Seit einiger Zeit brodelt es in der Hansestadt Hamburg. Die Einführung der verbindlichen Ganztagsschule ließ viele Eltern Sturm laufen. Was war passiert? Nichts weniger als der eiserne Zugriff des Staates auf die Kinder. Was bisher als vereinzelte Wahlmöglichkeit des pluralistischen Bildungssystem angeboten wurde, soll nun für alle gelten – die Schulpflicht von morgens bis abends.

Sicher, für alleinerziehende Mütter oder beruflich stark eingebundene Eltern bedeutet eine Ganztagsschule die Lösung vieler organisatorischer Probleme. Doch Eltern, die bisher ihre ganze Energie und Leidenschaft auf die Familie verwandt und sich freiwillig und gern nachmittags um ihre Kinder gekümmert haben, fühlen sich seither entmündigt. Über ihren Kopf hinweg wurde beschlossen, dass es nicht nur gleiches Recht, sondern auch gleichen Zwang für alle geben soll.

»Für uns ist die Schule nur ein Teil des Lebens«, sagte Susanne aufgebracht. Als Hausfrau und Mutter widmet sie sich voll und ganz ihren drei Kindern. Sie tut das aus voller Überzeugung und sehr gern. Denn sie hat viel zu geben, und die Kinder nehmen es dankbar an. »Alle Kinder gehen nachmittags in Sportvereine«, berichtete sie. »Sie haben Klavierunterricht, treffen sich mit Freunden zum Spielen, und nicht zuletzt genießen sie das gemeinsame Mittagessen und die Geborgenheit des Familienlebens. Wir reden, wir basteln, wir singen, besuchen regelmäßig die Großeltern. Die Schule kann ihnen nicht annähernd das bieten, was sie nachmittags zu Hause erleben.«

Doch der Druck wächst. Kinder sollen im Namen der Gleichheitsdoktrin gleichsam kaserniert werden und nur noch in der Schulgemeinschaft ihre Lebenswirklichkeit finden. Seit die PISA-Studie beschrieb, dass die Milieus der Elternhäuser wesentlichen Einfluss auf den Schulerfolg haben, starrt man nicht nur gebannt auf Kinder aus Problemfamilien, auch solche aus sogenannten heilen Verhältnissen unterliegen nun einer misstrauischen Beobachtung. Keiner soll es schlechter haben als andere. Darf es etwa auch keinem besser ergehen als anderen? Ist es etwa unfair, wenn intakte Familien und engagierte Eltern ihren Kindern außerschulische Bildungsmöglichkeiten anbieten?

Die erbitterte Diskussion um die verbindliche Ganztagsschule zeigt über weite Strecken Züge eines wahren Klassenkampfes. Es drängt sich der Eindruck auf, es gehe um die Einführung eines Bildungssozialismus, der Kinder dem Einfluss der Elternhäuser entziehen und sie zu gleichförmigen Produkten der Schule machen soll. Was dabei auf dem Spiel steht, ist nichts weniger als das Recht auf Pluralismus, den die Demokratie garantieren sollte. Eltern wird eingeredet, nichts sei besser für die Kinder, als den ganzen Tag lang mit ihren Altersgenossen zu verbringen. Das aber hat großen Einfluss auf das Familienleben, das nur noch als Feierabendangebot existieren soll.

Was ignoriert wird, ist die Tatsache, dass der Schulalltag in Deutschland nicht so abläuft, dass er das Familienerleben ersetzen könnte. Wer daran glaubt, hängt Träumen nach, die nicht im Mindesten der Wirklichkeit entsprechen. Dort, wo Ganztagsschulen im Aufbau sind, hakt es gewaltig. Vor allem die Strukturen, in denen Unterricht und Hortbetreuung kombiniert werden, stehen vor gravierenden Mängeln. Denn es geht nicht einfach darum, mehr Unterricht anzubieten, mehr Aufsicht zu gewährleisten, sondern um ein umfassendes Konzept, das die kindlichen Bedürfnisse nach Freizeitaktivitäten, nach emotionaler Ansprache und »Wohlfühlzonen« berücksichtigt.

Solche Konzepte stecken meist noch in den Kinderschuhen, und sie wecken wenig Vertrauen für das, was sich der Staat da vorgenommen hat und als verbindlich vorschreiben will. Vielmehr spüren viele Eltern ohnehin schon ein Unbehagen, wenn sie ihre Kinder morgens abgeben, und sind froh, wenn die Kinder nachmittags in der Familie eine Alternative vorfinden, eine andere Welt mit anderen Gesetzen. Gewalt, Mobbing, wenig individuelle Förderung, negative Einflüsse der Mitschüler, ausbleibende Lernfreude – darüber beklagen sich viele Schüler und ihre Eltern. Diesem könnte man bewusst gegensteuern, würden die Kinder nach der traditionellen Schulzeit wieder in ihre Obhut kommen.

Der Liedermacher Reinhard Mey hat in seinem Chanson »Faust in meiner Hand« sehr einfühlsam und ehrlich seine Gefühle beschrieben, mit denen er seinen Sohn zur Einschulung brachte. Er spürte die »kleine, heiße Faust« in seiner Hand, und Mey wusste, dass sein Sohn »ahnte, was ihm blühte«. In dieser Schule, so folgert der Liedermacher nach einigen Jahren, »gibt es kein Fach Menschlichkeit und Mut«.

Ich vermute, jede Mutter und jeder Vater hat schon einmal ähnliche Gedanken und Gefühle gehabt, wenn das Kind mit hängenden Schultern und still aus der Schule kam, wenn eben nicht alles rund lief und klar war, dass nicht Details, sondern das gesamte System gegen das Kind arbeitete. Ein System, dem das Kind schutzlos ausgeliefert ist. Was ist, wenn die Verweildauer in der Schule zwangsweise verlängert wird, wenn Eltern nicht mehr die Gelegenheit bekommen, ihren Kindern einen psychischen, emotionalen und auch intellektuellen Ausgleich zu bieten?

Das Schreckgespenst einer zwangsweisen Ganztagsschule lässt viele Mütter und Väter grundsätzlich darüber nachdenken, welchen Einflüssen ihre Kinder überhaupt ausgesetzt sind. Und man muss sich nicht wundern, dass die Gegenreaktionen zuweilen extrem sind.

Stellvertretend dafür steht die Bewegung des »Homeschooling« – dabei werden Kinder von ihren Eltern oder von Hauslehrern im Familienkreis unterrichtet. In Deutschland sind es schätzungsweise fünfhundert Jungen und Mädchen, die auf diese Weise lernen, aber die Eltern bewegen sich dabei auf illegalem Terrain. Wenn auch Bundesländer wie Sachsen-Anhalt, Sachsen, Mecklenburg-Vorpommern und Schleswig-Holstein im Einzelfall diese Art des Unterrichts dulden, sind die Sanktionen im Allgemeinen drastisch. Geldbußen und die Androhung eines Sorgerechtsentzugs erwarten Eltern, die sich der »Schulpflicht« ihrer Kinder entziehen.

Dabei ist Homeschooling in vielen europäischen Ländern erlaubt, und es wird auch erfolgreich durchgeführt: in Österreich, Italien, Spanien, Belgien, Frankreich, Großbritannien, Dänemark, Schweden und Norwegen beispielsweise. Die norwegische Ausbildungs- und

Forschungsministerin Kristin Clement erklärte dazu: »Weder eine Regierung noch eine Partei kann den Eltern das Recht nehmen, eine alternative Bildungsform für ihre Kinder zu wählen. Das steht in den Menschenrechtserklärungen.«[76]

Wo Homeschooling gestattet ist, geschieht es stets in Kooperation mit Schulaufsichtsbehörden, die regelmäßig den Wissensstand der Kinder kontrollieren und so gewährleisten, dass sie nicht von den üblichen Bildungsstandards abgekoppelt werden. Solch ein tolerierter Schulboykott ist bei uns noch völlig tabu, obwohl die Eltern meist reiflich überlegt haben, ob sie sich wirklich dafür entscheiden wollen.

Schon 1982 machte der Essayist Hans Magnus Enzensberger in seinem *Plädoyer für den Hauslehrer* den Vorschlag, wieder Hauslehrer einzuführen. Seine Worte beim Blick in die Geschichte waren mehr als deutlich: »Die Kinder, denen der Hauslehrer etwas beibringen sollte, lernten in ihrer gewohnten Umgebung, in ihren eigenen vier Wänden, dort, wo sie zu Hause waren – und nicht auf einem fremden, unwirtlichen Territorium, in einem Ghetto für die Jugend und ihre Dompteure, in einem Gebäude, das ihnen feindlich entgegentrat, als Stall, als Käfig, als Gefängnis oder Kaserne.«[77]

Enzensberger entwirft das Modell kleiner Gruppen von fünf bis sieben Kindern, in denen sich das Sozialverhalten von selbst einstellt. Und: »In einer kleinen Gruppe von Kindern und Eltern wird es sich auch schnell herumsprechen, wenn ein Lehrer allzu faul, unfähig oder terroristisch ist, als dass man ihn ertragen könnte. Ein solcher Pädagoge wird seine Klienten schnell eingebüßt haben.«[78]

Auch wenn man weder den Hauslehrer oder das Homeschooling momentan als ernsthafte Alternative zur Schulpflicht bezeichnen kann, so äußert sich in dem Gedankenspiel doch der tiefe Unmut über die Hilflosigkeit, mit der sich viele Eltern einem mangelhaften Schulsystem ausgeliefert fühlen. Das Fehlen einer Qualitätsdebatte und die Ratlosigkeit, was schulische Erziehung betrifft, wird endgültig zum neuralgischen Punkt, wenn es um die Ganztagsschule geht.

Hinzu kommen ganz praktische Überlegungen: Ist das Schulessen zufriedenstellend? Haben die Kinder genug Rückzugsmöglichkeiten? Ist ein ganztägig diktierter Zeitrhythmus wirklich für alle Kinder von Vorteil? Brauchen sie nicht den Kontakt mit Eltern, Geschwistern, Großeltern, Freunden, um sich außerhalb einer Bildungseinrichtung ein »Privatleben« ohne Leistungsdruck aufzubauen? Sind nicht spezielle Schwerpunkte wichtig, die Eltern setzen, die wahlweise mehr Wert auf musische Förderung, Sportaktivitäten oder religiöse Erziehung legen, als die Schule es tut? Darf sich der Staat einfach so die Kinder holen?

Die Tendenz zum staatlich verordneten Tagesinternat ist das Ende der Erziehungshoheit von Eltern und damit das Ende des Individualismus. Was das bedeutet, kann man nur erahnen. Solange zwanzig und mehr Schüler viele Stunden am Tag zusammen eingepfercht sind, ohne Ausweichmöglichkeiten, ohne Ruheräume, ohne eine echte Bezugsperson, der sie sich anvertrauen können, muss man die Sorgen der Eltern ernst nehmen.

Bedenklicher noch ist die Tendenz, die in der Vorgabe von Ganztagsschulen sichtbar wird: Geht es nach dem Willen vieler Bildungs- und Familienpolitiker, sollen Kinder vom frühesten Alter an überwiegend aushäusig betreut werden. Das beginnt dann mit der Ganztagskrippe, setzt sich fort im Ganztagskindergarten und findet seinen Abschluss in der Ganztagsschule. Bei allem Respekt vor solchen Plänen: Sicherlich wird auch mit der Bildung der Kinder argumentiert, doch da das Ziel stets die Rekrutierung der Eltern für den Arbeitsmarkt ist, muss man sehr genau hinsehen, an wessen Wohl eigentlich gedacht wird.

Wie wenig die Schüler im Mittelpunkt stehen, zeigt schon die Verringerung der Schuljahre im Gymnasium. In zwölf statt dreizehn Schuljahren haben künftig die Gymnasiasten die Abiturreife zu erlangen. Das bedeute eine Verbesserung der Berufschancen, wird verkündet, und daher müsse der Stoff in einem kürzeren Zeitraum vermittelt werden: durch ganztägigen Unterricht.

Auch wenn es vielfach überspielt und verschwiegen wird: Wir stehen zurzeit an einem Scheideweg. Wollen wir überhaupt noch ein Familienleben? Ist es politisch erwünscht? Oder ist das Zerreißen der Familie eine Idee, wie man die gesellschaftlichen Gruppen leichter steuern kann? Geschichtlich wurde die allgemeine Schulpflicht in Preußen schon 1717 eingeführt, doch erst die Nationalsozialisten definierten sie als Präsenz der Kinder in Schulen. Damals ging es um eine Kontrolle aller Lebensbereiche durch einen totalitären Staat. Dass heute ein Kontrollbedarf oder gar eine Rechtfertigung für die systematische Trennung von Eltern und Kindern besteht, kann nur jemand behaupten, der allen deutschen Eltern in Bausch und Bogen die Erziehungskompetenz abspricht.

Zum ersten Mal in der Geschichte der Bundesrepublik stehen sich das Private und das Politische unversöhnlich gegenüber. Beziehungsweise: Das Privatleben wird politisiert, in unheilvoller Weise. Eltern, die ihren Erziehungsanteil verteidigen, geraten in die Schusslinie. Dass aber Sozialkompetenz nur in Gruppen von Gleichaltrigen erlernt werden könne, diese Behauptung geht völlig an der gesellschaftlichen Realität vorbei. Längst ist der Generationenvertrag aufgekündigt. Die Jungen wollen für die Alten nicht mehr teure Renten zahlen, die Alten verhalten sich vielfach kinderfeindlich. Der Generationenkonflikt wird die Gesellschaft weiter spalten, wenn die Jungen und Alten noch stärker als bisher voneinander isoliert werden.

So erschütternd die Einzelfälle von Kindesmissbrauch, Kindesverwahrlosung und mangelnder familiärer Förderung auch sein mögen: Noch immer ist das Familienleben eine wichtige Chance, das Miteinander zu erleben und positiv aufzuladen. Dabei spielt der Zeitfaktor eine grundsätzliche Rolle. Wie sollen Kinder beispielsweise lernen, wie man in der eigenen Familie, in der Verwandtschaft oder bei befreundeten Familien mit Babys umgeht, mit Alten, Schwachen, Kranken, wenn das nicht mehr alltäglich erfahren wird? Wie sollen sie ein Gefühl für Geborgenheit, Familienidentität, gegenseitige familiäre Unterstützung bekommen, wenn sie den lieben langen Tag in der Schule verbringen?

Ein nachhaltiger Stimmungswechsel kündigt sich an. Die Gesellschaft wird kälter werden, wenn die Familie als wärmender, schützender Ort nicht mehr als ein Gegenmodell zur Leistungsgesellschaft erlebt wird. Denn in der Schule zählt nach wie vor hauptsächlich Leistung, so wie auch später im Berufsleben. Doch eine gesicherte

Berufstätigkeit und ein ausgeglichenes Konto sind nicht alles im Leben. Mit der Zerstörung der Familienkultur wird noch viel mehr zunichte gemacht: der Arche-Noah-Gedanke, die Solidarität mit Menschen. Oder wollen wir wirklich ein Volk von Singles werden, die tagsüber ihrer Arbeit nachgehen und abends in ihrem Einzimmerapartment allein vor dem Fernseher hocken?

Perspektiven für neue Erziehungskonzepte

Kinder sind unsere Zukunft. Das ist mehr als eine Binsenweisheit. Denn sie werden einmal unsere Gesellschaft prägen, das soziale Klima, die Bewohnbarkeit öffentlicher Räume, den Umgang miteinander in Familie und Beruf. Mit starrem Blick auf die Erfordernisse der Leistungsgesellschaft wurde dennoch bisher versäumt, essenzielle Werte und menschliche Qualitäten in den Bildungszielen festzuschreiben.

Dass der bereits erwähnte Slogan »Bildung von Anfang an« eine gewisse Strahlkraft erzeugen konnte, verwundert daher nicht. »Bildung von Anfang an« – wer hätte je dieses Motto aus dem Munde eines Politikers gehört?

Kinder sind keine Festplatten, die man programmieren muss. Dennoch hat man mittlerweile den Eindruck, es gehe nur noch darum, Kontrolle und Bildung zu organisieren, als seien Kinder Computer oder Roboter. Solch ein mechanistisches Weltbild lässt alles außer Acht, was den Menschen zum Menschen macht.

Wir brauchen dringend den Mut zur Erziehung. In der Familie, in der Schule, im Freundeskreis. Wir kennen sie doch noch, die Werte, die uns das Leben erträglich machen. Aber die nächste Generation? In vielen Großstädten sind beispielsweise öffentliche Verkehrsmittel in einem erbärmlichen Zustand. Die Wände von U- und S-Bahnen sind beschmiert, auf dem Boden liegt Müll, randalierende Jugendliche übernehmen abends die Macht. Niemand steht mehr auf, wenn ein älterer, gebrechlicher Mensch einsteigt, niemand hilft, wenn sich eine Mutter mit einem Kinderwagen und bepackt mit

Einkaufstüten in einen Bus quält. Alle sehen gelangweilt zur Seite. »Was geht's mich an?«, steht auf ihrer Stirn geschrieben.

Höflichkeit, Respekt, Anteilnahme in der Öffentlichkeit sind bereits die Ausnahme. Man bleibt für sich. Und speziell Jugendliche verhalten sich oft so, als gehöre ihnen der öffentliche Raum – nicht im Sinne der Verantwortung, sondern im Sinne der Rücksichtslosigkeit. Viele Einkaufszentren beschäftigen schon private Wachdienste, um Vandalismus und Belästigungen zu verhindern. In Potsdam geht man neuerdings sogar so weit, die historischen Parkanlagen mit speziellen behördlichen Aufsichtskräften zu kontrollieren, weil regelmäßig Statuen beschädigt, Lagerfeuer auf dem sorgsam gepflegten Rasen entzündet werden, Hunde frei herumlaufen und die Rosenbeete durchpflügen.

Dieselben Menschen, die zu Hause die Schuhe ausziehen, bevor sie ihre Wohnung betreten, den Abfall regelmäßig herunterbringen und ihren Teppich saugen, verhalten sich konsequent rücksichtslos, wenn sie sich in öffentlichen Bereichen bewegen. Es darf vermutet werden, dass sie dieses Verhalten unter anderem in der Schule gelernt haben. In einer intakten Familie sicher nicht.

Ich bin fest davon überzeugt, dass wir eine wahre Erziehungsoffensive brauchen. Alle sollten daran mitarbeiten, Eltern und Pädagogen. Doch dazu muss zunächst einmal ein Bewusstsein dafür entstehen, dass menschliches Zusammenleben auf allen Ebenen fester und liebevoller Regeln bedarf und eines Konsenses über eine menschenwürdige Form des Zusammenlebens. Was sich abzeichnet, ist eine Unkultur der Lieblosigkeit und der Missachtung. Solange Kinder nur aufbewahrt werden, statt geliebt und angeleitet, solange ihre wahren Bedürfnisse ignoriert werden im Sinne von politischem Gehorsam, solange sie von frühester Kindheit an in fremden, unwirtlichen Räumen geparkt werden, solange ihre Aggressionen und Frustrationen nur gebändigt, nicht aber korrigiert werden, wird es keine Änderung zum Positiven geben.

Erziehung muss mit Liebe einhergehen, mit Verständnis mit Regeln. Sie sollte zum Zentrum des Denkens und Handelns werden, wenn es um Kinder geht. Doch Erziehung ohne Liebe kann es nicht geben. Erst die emotionale Färbung der Erziehungsinhalte macht sie zu Werten, die auch von den Kindern anerkannt werden können.

»Mirko hat neulich begriffen, dass es mich verletzt, wenn er die Dinge, die mir wichtig sind, beschmutzt oder zerstört«, erzählte ein Vater. »Ich hatte ihm erlaubt, mit meinem antiken Blechspielzeug zu spielen, weil er lange darum gebettelt hatte. Er nahm ein paar davon ohne mein Wissen mit in den Garten. Abends fehlten zwei Autos, ein anderes hatte keine Räder mehr. Ich war nicht nur wütend, sondern vor allem traurig.« Mirko ist fünf, in seinem Kindergarten ist es völlig normal, achtlos mit Spielzeug umzugehen. Die Erzieherinnen beteuern, Kinder bräuchten auch die Freiheit, mal etwas kaputt zu machen, um ihre Experimentierlust zu fördern.

Als sein Vater Mirko erklärte, dass er ihn liebe und achte, dass er aber auch an seiner Sammlung hänge und traurig sei, wenn etwas kaputtgehe, hat das den Jungen erst einmal erstaunt. »Doch seitdem geht er sehr, sehr vorsichtig mit meinen Schätzen um. Er hat begriffen, dass ich ihm vertrauen möchte und dass er eine Verantwortung hat, achtsam mit den Dingen umzugehen, an denen mir liegt. Weil sie einen Wert haben, materiell und ideell.«

Diese Geschichte, berichtete der Vater, habe ihm auch einen wesentlichen Unterschied klargemacht: »Der Kindergarten lässt den Kindern nicht nur Freiheiten, es gibt auch die Mentalität, dass alles verfügbar und ersetzbar ist. In der Schule von Mirkos großem Bruder Dennis geht es genauso zu. Dauernd gehen Möbel kaputt, Fußbälle verschwinden auf Nimmerwiedersehen, die Toilette ist in einem schrecklichen Zustand. Die Schüler fühlen sich nicht verantwortlich, und die Lehrer greifen nicht ein. Wenn Dennis nicht zu Hause lernen würde, wie man sich respektvoll verhält, auch, um die Bedürfnisse anderer zu verstehen, wo dann?«

Was Mirko und Dennis gelernt haben, ist getragen durch die Liebe des Vaters, der mit Emotionen erzieht und das Einfühlungsvermögen seines Sohnes gefördert hat. Das Band der Liebe verknüpft Vater und Söhne und macht Erziehung zu einem Lernprozess, der nicht Drill ist, sondern die Einsicht in Verantwortlichkeit in einer Beziehung.

Insofern ist das Elternhaus ein wichtiges Korrektiv zur gefühlten Anonymität von Betreuungseinrichtungen. Da man von Profis keine Liebe erwarten kann, ist die Ergänzung öffentlicher Erziehung durch die starke emotionale Bindung an Eltern und ihr Wertesystem unerlässlich. Diese Wertevermittlung darf an der Schwelle zum Kindergarten oder an der Schultür nicht enden. Doch Gemeinsinn kann nicht verordnet werden. Er muss erfahrbar gemacht werden. Schüler beispielsweise, die ihre Klassenzimmer selbst reinigen müssen oder die Wände nach ihrem Geschmack streichen dürfen, gehen ganz anders mit diesen um. Denn er ist zu ihrem eigenen Raum geworden, an dem ihnen etwas liegt, mit dem sie sich auch identifizieren können.

Wir kennen alle die Grobheit, mit der eine Schulklasse Jugendlicher auftritt, wenn sie etwa einen Ausflug macht. Es wird gepöbelt und geschrien, getreten und gemüllt. Ein Schrecken. In einigem Abstand folgt meist ein verlegen lächelnder Lehrer, der lieber so tut, als ob er nicht dazugehört. Dieselben Kinder wären einzeln vermutlich zu einem erträglicheren Verhalten zu bewegen. Und im familiären Zusammenspiel sowieso. Doch sie haben das Gefühl, dass sie jenseits des Elternhauses alles vergessen dürfen, was Erziehung bedeutet – weil diese in der Schule nicht stattfindet.

Wir brauchen eine Debatte darüber, wie Eltern und Pädagogen Hand in Hand daran arbeiten können, die Kinder zu verantwortlichen, rücksichtsvollen Menschen heranzuziehen. Wir brauchen neue Lerninhalte und neue Ideen für Aktivitäten, bei denen Gemeinsinn und Verantwortung geschult werden. Sonst wird das öffentliche Leben unerträglich, und auch das Familienleben würde nachhaltig beschädigt.

6

Familienpolitik – die momentanen Weichenstellungen

Man klaut uns die Sau vom Hof und
gibt uns bei Wohlverhalten ein Schnitzel zurück.
Jürgen Borchert, Sozialrichter

Gender-Mainstreaming – die Karriere eines Kampfbegriffs

Unsere Gesellschaft fällt auseinander und ist in ihren Strukturen häufig nur noch schwer zu verstehen: So werden kleine Kinder und alte Menschen immer häufiger aus den Familien ausgelagert und von wildfremden Leuten betreut, Männer wie Frauen stehen sich irritiert gegenüber und verzichten mehr und mehr auf Gemeinsamkeiten, während sie von der politischen Seite wiederum zunehmend gleichgemacht werden sollen. Deutlich wird, dass nicht die Familien selbst entscheiden können, welche Lebensform sie wählen möchten, sondern der Staat sich vielmehr verstärkt Rechte herausnimmt, um »von oben« zu steuern und sich die Gesellschaft so hinzubiegen, wie es für das wirtschaftliche System günstig erscheint.

Dabei versäumen es die Politiker nicht, fast gebetsmühlenartig zu verkünden, wie familienfreundlich die Maßnahmen in Wirklichkeit seien, und sie werden nicht müde darauf hinzuweisen, welche umfangreichen Mittel und Erleichterungen Familien von staatlicher Stelle zur Verfügung gestellt würden.

Der Vorsatz von Politik und Staat, die Entscheidungsfreiheit des einzelnen Bürgers einzuschränken und die Hoheit lieber selbst auszuüben, wird immer offensichtlicher. Und man muss sich fragen, was eigentlich in unserem Land vor sich geht und was hinter diesem System steckt? Warum wird plötzlich etwas favorisiert, das noch vor wenigen Jahrzehnten als Maßnahme sozialistischer Ideologien galt? Wieso sind die Entscheidungen, die heute als familienfreundlich »verkauft« werden, in Wirklichkeit häufig Fallstricke, die weder aus einer demografischen Misere retten noch unser Klima in Deutschland kinderfreundlicher machen werden?

Es war nur eine kleine Meldung, die im *Newsletter* April 2007 auf der Homepage der Landesregierung von Nordrhein-Westfalen zu lesen war. Doch machten mir diese wenigen Zeilen schlagartig deutlich, in welche Richtung die Familienpolitik Deutschlands und ganz Europas gehen soll. Sie zeigten auf ernüchternde Weise, dass jedes weitere persönliche Engagement, sich gegen bestimmte familienpolitische Maßnahmen zu wehren, künftig fast schon überflüssig zu sein scheint.

In diesem *Newsletter* stand folgende Meldung zu lesen: »Am 13. März 2007 haben das Europäische Parlament, Rat und Kommunen in Straßburg eine gemeinsame Erklärung zur Kinderbetreuung in Europa abgegeben. Danach sollen die Anstrengungen in diesem Bereich erheblich verstärkt werden, damit bis 2010 in allen Mitgliedsstaaten Betreuungsmöglichkeiten für mindestens 90 Prozent der Kinder ab dem dritten Lebensjahr und für mindestens 33 Prozent der Kinder unter drei Jahren zur Verfügung gestellt werden können.

Diese Ziele hat der Europäische Rat bereits im März 2002 in Barcelona vereinbart. Kommissar Spidla verpflichtete sich, die Zielvorgaben von Barcelona, die bei Weitem noch nicht erreicht seien, zu fördern. Der Ausbau der Kinderbetreuung müsse verstärkt vorangetrieben werden.«[79]

Damit ist im Prinzip alles klar. Und damit scheinen alle weiteren Gegenbemühungen geradezu unnötig, weil wirkungslos zu sein. In unserem Land werden sozialistische Verhältnisse einkehren, und Millionen unserer Kleinsten, die dringend die Nähe ihrer Eltern brauchen, werden künftig massenhaft in Kinderkrippen fremdbetreut werden – weil einige wenige Europapolitiker dies über unsere Köpfe hinweg so beschlossen haben. Und weil wir in einem geeinten Europa angeblich gemeinsam stark sind.

Haben wir in Deutschland wirklich keine Chance mehr, gegen familienfeindliche politische Maßnahmen aufzubegehren und Missstände zu verändern? Diese *Newsletter*-Meldung zeigt zumindest: Wir werden längst von ganz weit oben regiert. Und dagegen wagt niemand mehr zu protestieren. Politiker aller Farben, ob rot, gelb oder schwarz, sind daran beteiligt. Wie an einem unsichtbaren Band gezogen, stets nur diese eine Richtung verfolgend, haben sie in den zurückliegenden Jahren auf merkwürdig einseitige Weise dem inflationären Krippenausbau zugestimmt, ihn gutgeheißen, ja, geradezu empfohlen.

Deutlich wird auch, dass wir damit praktisch entmündigt sind, weil wir den sechsundzwanzig anderen europäischen Ländern in schicksalsentscheidenden Fragen angeglichen werden sollen. Ohne Rücksicht auf Individualität, Kultur, Tradition, Menschenbild und Mentalität. Ob es sich um Litauen, Rumänien oder Deutschland handelt, für alle Länder sollen künftig die oben genannten Richtlinien gelten. In den wichtigsten Fragen unseres Miteinanders werden wir also gewissermaßen ferngesteuert.

Häufig fragte ich mich in den zurückliegenden Monaten, warum keiner der Politiker bei der Diskussion um Fremdbetreuung für kleine Kinder über deren immense Nachteile sprach. Ich stellte mir immer wieder die Frage, warum eine Familienministerin, die selber Mutter von sieben Kindern ist, sich offenbar nicht für die Gefahren der seelischen Entwicklung unserer Kinder im Land interessierte, sondern ausschließlich in diesem Zusammenhang die notwendige Wettbewerbsfähigkeit Deutschlands hervorhob. Doch offenbar konnte kein Politiker etwas anderes tun, als die Krippenpolitik energisch zu verteidigen, denn wer sich dem übergeordneten europäischen Gremium widersetzt, hat in der Politik nichts mehr zu suchen, er gefährdet seine berufliche Position.

Bei diesen Entscheidungen, das wird deutlich, geht es um Gleichmacherei, um die Uniformierung des Menschen. Eine Strategie, wie sie totalitären Systemen zu eigen ist.

Nach mehreren Jahrzehnten umfangreicher Krippenbetreuung in Russland schrieb beispielsweise der ehemalige Regierungschef Michail Gorbatschow in seinem Buch *Perestroika*: »Wir haben erkannt, dass viele unserer Probleme im Verhalten vieler Kinder und Jugendlicher – in unserer Moral, der Kultur und der Produktion – zum Teil durch die Lockerung der familiären Bindungen und die Vernachlässigung der familiären Verantwortung verursacht werden. Dies ist ein paradoxes Ergebnis unseres ernsthaften und politisch gerechtfertigten Wunsches, die Frau dem Mann in allen Bereichen gleichzustellen. Mit der Perestroika haben wir angefangen, auch diesen Fehler zu überwinden. Aus diesem Grund führen wir jetzt in der Presse, in öffentlichen Organisationen, bei der Arbeit und zu Hause hitzige Debatten über die Frage, was zu tun ist, um den Frauen zu ermöglichen, zu ihrer eigentlichen weiblichen Lebensaufgabe zurückzukehren.«[80]

Das sind die ehrlichen Worte eines weltweit anerkannten Politikers, der zur Wahrheit nahezu gezwungen wurde: durch eklatante gesellschaftliche Missstände, durch den Zusammenbruch eines riesigen Reichs. Ähnliche Tendenzen beim aufrichtigen Bilanzieren der Frauenemanzipation zeichnen sich in Schweden ab, dem Land, in dem berufstätige Mütter seit mehreren Jahrzehnten die Regel sind, und das als leuchtendes Beispiel immer dann herangezogen wird, wenn es um Beweise für das reibungslose Funktionieren umfangreicher Krippenbetreuung geht.

So heißt es in einer Tagesschau.de-Meldung von Albrecht Breitschuh: »Die bürgerliche Vier-Parteien-Regierung führt zum 1. Januar 2008 eine Betreuungsunterstützung von rund 300 Euro netto pro Monat für Eltern ein, die ihr Kind in den ersten drei Lebensjahren zu Hause lassen. Vor der Wahl im September 2006 hatten bereits drei Stockholmer Kommunen das Betreuungsgeld eingeführt. Seitdem sind rund 100 neue Kommunen dazugekommen.«[81]

Der Korrespondent berichtet, dass nach einer Umfrage des staatlichen Meinungsforschungsinstituts Sifo 79 Prozent der Schweden dafür seien, dass der Staat auch die häusliche Erziehung unterstützen solle. Bisher gab es nur Geld vom Staat, wenn beide Eltern berufstätig waren. In dem Beitrag wird eine schwedische Mutter mehrerer Kinder mit den Worten zitiert: »Wir haben einen Bekannten, der längere Zeit in Deutschland gearbeitet hat. Er und seine Frau haben drei Kinder, und sie haben es dort sehr genossen. Man konnte an einem ganz normalen Tag Kinder auf dem Spielplatz sehen. Schauen sie sich mal auf einem schwedischen Spielplatz um – wie ausgestorben.«

Das wird sich aufgrund der Beschlüsse der Europäischen Union nun demnächst auch in unserem Land ändern. Deutschland ist, ebenso wie alle übrigen EU-Länder, aufgrund einer Unterschrift aus dem Jahr 1999 zum flächendeckenden Krippenausbau gezwungen.

Der Schlüsselbegriff zu diesem Programm heißt »Gender-Mainstreaming«, ein Ausdruck, der seit einiger Zeit zum festen Sprachgebrauch der internationalen politischen Debatte und im Besonderen zum verbalen Rüstzeug der feministischen und homosexuellen Szene gehört. Das englische Wort »gender« beschreibt die erlernte Geschlechterrolle. Es drückt nach Meinung vieler Verfechter des »Gender-Mainstreaming« die Vorstellung aus, dass Männer und Frauen sich nur deshalb unterschiedlich verhalten, weil sie von der Gesellschaft dazu erzogen werden. Das behauptete bereits die Feminismus-Ikone Simone de Beauvoir 1949 in ihrem Buch *Das andere Geschlecht*: »Man kommt nicht als Frau zur Welt, man wird es.«[82]

Tatsächlich ist die Forderung nach einem »Gender-Mainstreaming«, also der konsequenten und kompromisslosen Gleichstellung von Mann und Frau, eine Reaktion auf die Klage vieler Feministinnen in den Neunzigerjahren, dass die traditionellen Instrumente der Frauenförderung nicht ausreichten. Dabei bedeutet »Gender-Mainstreaming« im Grunde das Gegenteil: Ursprünglich war damit gerade die Unterschiedlichkeit der Geschlechter gemeint und die Notwendigkeit, in allen gesellschaftlichen Bereichen geschlechtertypische Programme zu entwickeln.

Inzwischen bedeutet »Gender-Mainstreaming« jedoch nur noch, dass Frauen alle Rechte für alles haben sollen, Gleichstellung ist hier gleichbedeutend mit Gleichberechtigung in allen Bereichen, ohne Rücksicht auf geschlechtsspezifische Eigenschaften oder Rollenwünsche, wie sie etwa durch die Mutterschaft entstehen. Weltweit verliehen gut vernetzte Feministinnen ihren politischen Forderungen unter diesem Begriff Nachdruck.

Was daran problematisch ist: Feministinnen waren und sind immer eine Minderheit der Gesellschaft gewesen. In der Regel sind sie Singlefrauen, die andere, meist ungebundene Frauen fördern, damit diese in der Arbeitswelt gleiche Rechte wie die Männer erhalten. Folglich interessieren sich Feministinnen selten für familienpolitische Belange. Dennoch nehmen sie heute häufig wichtige politische Schlüsselpositionen ein und treffen Entscheidungen für die Mehrheit – auch für die Mehrheit der Frauen, die eine Familie haben oder sich eine eigene Familie wünschen. Muss man sich unter diesen Voraussetzungen wundern, dass viele Bestimmungen an den wahren Interessen und Bedürfnissen der Bürger vorbeigehen?

Seit einigen Jahren haben die sogenannten Gleichstellungsbemühungen in allen Bereichen des öffentlichen Lebens Einzug gehalten. Dies geschieht angeblich im Einklang mit der öffentlichen Meinung. Ziel ist es, neben der massiven Frauenförderung Männer zunehmend dazu zu bringen, auf ihre Macht und ihren Einfluss zu verzichten. Frauen dagegen werden in unserer heutigen Gesellschaft stark gefördert. Nahezu jede Behörde auf Kommunal-, Landes- oder Bundesebene verfügt bereits über Gleichstellungs- und Genderabteilungen.

Es soll nicht der Eindruck entstehen, ich spräche mich gegen Frauenförderung aus. Doch müssen wir klar erkennen, warum sie in umfangreichstem Maße vorangetrieben wird: Frauen sollen brauchbar gemacht werden für den Arbeitsmarkt. Damit sie nicht zu Hause »herumsitzen« und sich »nur« um ihre Familie kümmern, sondern moderne, produktive Leistungsträger unserer globalisierten Welt sein können. Nur so könne das deutsche Bruttosozialprodukt international wettbewerbsfähig werden. Somit steht auch fest: Familienpolitik ist nicht notwendigerweise Politik für Familie.

Familienpolitik – die Ziele des Staates

Von meiner Schulfreundin Anja erhielt ich vor einigen Wochen einen langen Brief. Darin berichtete sie voller Glück, dass sie in wenigen Wochen zum ersten Mal Mutter würde, sie und ihr Mann freuten sich sehr auf das Kind. Doch gleichzeitig war Anja verzweifelt. Als sie den Brief schrieb, arbeitete sie noch als Zahnarzthelferin und trug ihren Teil zum Gesamteinkommen der Eheleute bei. Nach der Geburt möchte sie die ersten Jahre zu Hause bleiben und sich ihrem Kind widmen. Doch der Staat unterstützt sie dabei nur wenig.

»Im ersten Jahr bekomme ich 67 Prozent meines letzten Gehalts, das ist ja ganz schön«, heißt es in dem Brief. »Danach können wir uns allerdings keine großen Sprünge mehr erlauben, jegliche weitere Zuwendung fällt weg. Wir werden uns sehr einschränken müssen.« Die werdenden Eltern sind bereit dazu, Anja selbst erlebte ihre eigene Mutter durchweg anwesend zu Hause. »Das war mit einem großen Glücksgefühl für meine beiden Geschwister und mich verbunden, auch wenn wir damals wenig Geld hatten. Das Gleiche möchte ich für meine Kinder tun.«

Doch neben der finanziellen Benachteiligung erlebt Anja ständig Angriffe ihrer Kolleginnen und Freundinnen. »Sie können meinen Entschluss, zu Hause bleiben zu wollen, nicht verstehen. Ich werde als Made im Speck bezeichnet, die nicht arbeiten und nur faulenzen will, wenn ich über die Zukunft daheim spreche«, klagt sie. »Aber ich rede inzwischen schon gar nicht mehr über unsere Familienpläne.«

Anjas Beispiel ist kein Einzelfall. Der gängige Verdacht, den nicht berufstätige Mütter auf sich ziehen, wenn sie aus der Erwerbstätigkeit aussteigen wollen, ergibt sich zwangsläufig aus den öffentlich propagierten Plänen der Regierung. In Zeitungen, im Fernsehen, im Radio und Internet gibt es kaum eine andere Sprachregelung mehr, als die der Verherrlichung der berufstätigen Mutter. Wen wundert's? Finden wir doch aufklärende Worte im derzeitigen Koalitionsvertrag von CDU, CSU und SPD, der da lautet: »Kinder dürfen künftig kein Hemmnis mehr sein für Beruf und Karriere!«

Diese ausgesprochen negative Formulierung, was Kinder betrifft, kann gar nicht oft genug wiederholt werden, um zu verstehen, was nicht zu verstehen ist. Um zu begreifen, dass unsere Gesellschaft dem Streben nach materialistischen Werten eindeutig Vorrang vor Familienwerten und mitmenschlicher Kultur gibt. Es geht daraus eindeutig hervor, wie wichtig es für die moderne Frau geworden ist, für den Arbeitsmarkt zur Verfügung zu stehen. Wichtiger jedenfalls als das Ideal einer Familie. Hier beginnt die Weichenstellung in eine völlig andere Richtung des Zusammenlebens, abgewandt von Häuslichkeit, Gemeinschaft und Zuwendung. Und das alles, um das straffe Arbeitsleben möglichst reibungslos organisieren zu können, ohne »hinderliche« Familie, ohne »belastende« Kinder. Wenn sie dennoch kommen, dürfen sie »kein Hemmnis« sein.

Ob die Frauen heute wissen, was sie hier blind akzeptieren und oftmals überzeugt vertreten? Dass es im Prinzip um nichts anderes geht als darum, möglichst seine eigenen Beiträge in die Sozialversicherungen zu bezahlen und dem Staat nicht als »faulenzende Mutter« auf der Tasche zu liegen? Dass es nur allzu günstig für den Staat ist, Frauen, die immer noch etwa 22 Prozent weniger Einkommen erhalten als die Männer, zum frühen Wiedereinstieg ins Berufsleben zu motivieren?

Familienpolitik ist anscheinend zur Wirtschaftspolitik geworden und hat das offen eingestandene Ziel, die Erwerbstätigkeit der Frauen drastisch zu erhöhen. Um das zu erreichen, müssen »Vereinbarkeitserleichterungen« her, damit Frauen möglichst schnell in die vermeintlich einzige Variante ihrer Selbstverwirklichung, in den Beruf, zurückkehren können. Das Ganze wird mit lautem politischem Getöse auch noch als »Wahlfreiheit« verkauft.

Leider ist die hier beschriebene Wahlfreiheit das Gegenteil der Möglichkeit, sich unabhängig für eine Lösung zu entscheiden. Mit der Bereitstellung von Hunderttausenden von Krippenplätzen werden diejenigen unterstützt, die nicht zu Hause bei ihren Kindern bleiben. Doch jenen, die den Wunsch haben, sich selbst um ihre Kleinen zu kümmern, wird jegliche langfristige Aussicht auf finanzielle Entlastung oder gar Unterstützung genommen. Die Politik, im Schulterschluss und in engster Abstimmung mit der Wirtschaft, vermindert und verhindert eher die Familiengründung und die Aussicht, das Familienleben individuell zu gestalten.

Seit dem 1. Januar 2007 wurde mit der Einführung des Elterngeldes und der steuerlichen Absetzbarkeit von Kinderbetreuungskosten für erwerbstätige Mütter ein deutliches Zeichen der Regierung gesetzt. Es handele sich um eine familienfreundliche und -fördernde Maßnahme, hieß es. Familienministerin Ursula von der Leyen betonte immer wieder, man könne damit die Geburtenfreudigkeit der Deutschen ankurbeln und die Kinderzahl im Land in absehbarer Zeit deutlich erhöhen.

Nun ist dies grundsätzlich ein begrüßenswerter Vorschlag, und angesichts unserer derzeitigen demografischen Misere ist sicherlich jede sinnvolle Maßnahme wichtig. Doch wer genauer hinschaut, muss sich fragen, ob diese Bestimmungen wirklich den gewünschten Effekt erbringen können oder ob sie nicht vielmehr das Gegenteil bewirken. Dass die amtierende Familienministerin selber nicht an den geburtssteigernden Erfolg ihrer Bestimmungen zu glauben scheint, lässt sich leicht daran erkennen, dass sie den geplanten Krippenausbau mit dem demografisch eingesparten Kindergeld finanzieren will.

Die Diskussion über eine staatliche Unterstützung für daheim Erziehende in Höhe von monatlich 150 Euro, wie von der CSU vorgeschlagen, oder in Höhe von 300 Euro, wie von einigen Kirchenvertretern und engagierten Familienverbänden gefordert, verlief in der Öffentlichkeit dementsprechend höhnisch und wurde vom Koalitionspartner SPD als »Herdprämie« lächerlich gemacht und herabgewürdigt.

Abgesehen davon, dass eine Summe von 150 Euro als monatliche Unterstützung für zu Hause bleibende Mütter läppisch gering ausfällt, ist es geradezu skandalös, dass noch dazu unterstellt wird, man müsse kontrollieren, wofür das Geld dann von den Empfängern verwendet wird. Als Stimmen darüber laut wurden, Eltern könnten die 150 Euro möglicherweise für sich selbst verwenden, anstatt sie den Kindern zugute kommen zu lassen, ließ die Familienministerin über ntv-online.de verlauten: »Unverzichtbarer Maßstab muss sein, dass das Geld der Steuerzahler tatsächlich und sicher zum Wohl der Kinder in ihre Erziehung fließt.« Und: »Es muss sichergestellt werden, dass das Geld des Bundes tatsächlich in die frühe Förderung der Kinder fließt und nicht in noch größere Flachbildschirme oder Play-Stations in den Kinderzimmern.«[83]

Wer hätte je gefragt, ob das Kindergeld für Kinderkleidung und Spielzeug ausgegeben wird? Wer hätte unterstellt, das neue Erziehungsgeld würde nicht in Babybettchen und Windeln investiert? Bei der Herabwürdigung elterlicher Kompetenz und Verantwortlichkeit jedoch sehen wir eine seltene Einigkeit der Parteien.

Abfällige Worte kamen beispielsweise von den Grünen, bei denen die mütterliche Kinderbetreuung ganz unten auf der Liste angesiedelt zu sein scheint. Der Pressedienst der Grünen kommentierte die Pläne: Durch den »Erziehungsbonus« würden die Anreize verstärkt, »nach der Geburt eines Kindes die Rückkehr in eine Erwerbstätigkeit lange aufzuschieben«[84].

Die SPD lässt sich ebenfalls mit Beleidigungen nicht lumpen, was mütter- und familienfeindliche Kommentare angeht: Die SPD-Politikerin Christel Humme sagte, ihre Partei lasse nicht zu, dass 2,5 Milliarden Euro als Betreuungsgeld »verschwendet« würden.[85] Und als gäbe es einen Wettstreit, versucht sich Mieke Senftleben auf dem FDP-Parteitag im Juni 2007 mit folgenden Worten: »In Berlin reden wir nicht von ›Herdprämie‹, sondern von ›Schnapsgeld‹.«[86]

Es scheint fast ein Vorsatz zu sein, Eltern als unfähig darzustellen, Verantwortung übernehmen zu können. Um dies zu verdeutlichen, übersehen die Politiker denn auch ruhig einmal die wichtigsten Grundsätze des Verfassungsrechts.

Dass es in unserer Gesellschaft sicherlich immer wieder bedenkliche Konstellationen zwischen vernachlässigenden Eltern und verwahrlosten Kindern gibt, in denen erkennbar schwierige Familienverhältnisse herrschen, die überprüft und begleitet werden müssen, steht außer Frage. Doch wachsen die meisten unserer Kinder heute immer noch in weitegehend geordneten Verhältnissen und mit zurechnungsfähigen Eltern auf. Es ist deshalb unumgänglich, dass auch das Problem mangelnder elterlicher Fürsorge ebenfalls genauer diskutiert werden sollte. Als Alibiargument taugt es jedoch wenig.

Zunächst aber muss man fragen: Auf welcher Rechtsgrundlage geschehen die derzeitigen familienpolitischen Umwälzungen? Die Verfassung überträgt der staatlichen Gemeinschaft in Art. 6 Abs. 2

Satz 2 im Grundgesetzbuch ein staatliches Wächteramt. Danach darf ein Kind gegen den Willen der Eltern von diesen nur getrennt werden, wenn sie versagen oder die Kinder aus anderen Gründen zu verwahrlosen drohen. Diese Regelung besagt eindeutig, dass es bei der Ausübung des staatlichen Wächteramtes darum geht, das Kind vor Schaden zu bewahren.

Aber statt überforderten Eltern Entlastung zu geben, ihren Erziehungsauftrag wahrnehmen zu können, sie zu stärken und zu begleiten, werden die Mittel für die Kinder- und Jugendhilfe dramatisch gekürzt, bundesweit in den letzten fünf Jahren allein um 15 Prozent.[87]

Die Politiker, die hier also – das vermeintliche Kindeswohl im Auge – gegen das Erziehungsgeld argumentieren, streichen auf der anderen Seite hemmungslos die Mittel für die Familienhilfe und haben das Kinder- und Jugend»hilfe«system in einen Zustand versetzt, in dem Fälle nur noch verwaltet werden und echte Unterstützung für die Familien, bevor ein Kind überhaupt zum Fall wird, gar nicht mehr möglich ist. Wenn es also das Kindeswohl ist, was die Politik antreibt, dann stellt sich die Frage, warum die Jugendämter, die nach dem Kinder- und Jugendhilfegesetz (KJHG) neben ihrem staatlichen Wächteramt gleichberechtigt auch die Familien beraten und Erleichterungen geben sollen, diesen Aufgaben aufgrund drastischer Kürzungen nicht mehr nachkommen können.

Deutschland braucht diese Debatte um die Kinder- und Jugendhilfe, um auf das Problem von Armut, das besonders die Kinder betrifft, reagieren zu können. Statt dieses Problem in einer von Kinderhilfsorganisationen seit Langem geforderten konzertierten Aktion von Bund, Ländern und Gemeinden anzugehen – nur diese drei staatlichen Ebenen können es gemeinsam lösen –, werden nun Eltern pauschal unter Generalverdacht gestellt. So viel zur Ernsthaftigkeit, wenn mit den Worten »für unsere Kinder« argumentiert wird.

Rechtlos – Kinderrechte und Verfassung

Nicht ungefährlich ist in diesem Zusammenhang die Diskussion über Kinderrechte, die in die Verfassung aufgenommen werden sollen. Ausgelöst durch die spektakulären Tötungen von Kevin und Jessica, entdeckte die Politik dieses Thema. So gab es am 20. November 2006 auf dem Höhepunkt der Debatte um Kindesmisshandlungen eine Anhörung der Kinderkommission des Deutschen Bundestags.[88] Vor Kurzem hat Schleswig-Holstein Kinderrechte in der Landesverfassung als »Maßnahme zum Kinderschutz« verankert.

Grundsätzlich klingt diese Initiative erst einmal einleuchtend: Ja, wird man sagen, damit sind Kinder und ihre Rechte in unserem Land besser abgesichert. Doch was steckt in Wirklichkeit dahinter? Das Recht der Kinder auf körperliche Unversehrtheit, auf Anerkennung ihrer Würde und auf ein Aufwachsen in einer kinderfreundlichen Gesellschaft wird ihnen bereits nach derzeitiger Verfassungsrechtslage garantiert (Art. 1 und Art. 2 GG). Auch das Recht der Kinder auf Chancengleichheit und frühkindliche Bildung ist gesichert. Warum also werden diese Pläne so hartnäckig diskutiert?

Die Antwort fällt nicht schwer: Noch stellt Art. 6 Abs. 2 die Kindererziehung unter verfassungsrechtlichen Schutz. Das bedeutet, dass eine allgemeine staatliche Kollektiverziehung außerhalb der Familie mit unserer Verfassung nicht vereinbar wäre. So auch beschrieben von der ehemaligen Berliner Justizsenatorin Lore Peschel-Gutzeit, die 2006 im Auftrag der Friedrich-Ebert-Stiftung prüfte, ob und wie die staatliche frühkindliche Förderung verbindlich, das heißt verpflichtend, werden kann. Sie kommt dabei übrigens zu dem Schluss, dass dies nur durch eine Vorverlegung der Schulpflicht funktionieren wird, was wiederum bedeutet, dass der Staat noch früher gesetzlich Zugriff auf die Kinder nehmen kann.[89]

Es geht auch hier um die Hoheit des Staates und seine Vorbereitung weiterer Eingriffsmöglichkeiten auf private Familienangelegenheiten. Es geht um seine Ermächtigung, alle familienpolitischen Weichenstellungen in Zukunft mit dem Hinweis auf das dann geänderte Grundgesetz zu legitimieren!

Wenn etwa der Staat beschließen würde, dass das Recht des Kindes auf Bildung mit dem ersten Lebensjahr beginnt und diese nur in einer Kinderkrippe vermittelt werden kann, dann müssen sich die Eltern dem beugen und ihrem einjährigen Kindern dieses Recht gewähren. Wer sich dagegen entscheidet, dem kann aufgrund dieser gesetzlichen Grundlage ohne Weiteres das Sorgerecht entzogen werden.

Und auch eine Vorverlegung der Schulpflicht bedeutet nichts anderes, als dass der Staat bestimmt, wann die Kinder aus den Familien herausgelöst werden und aus dem Haus müssen. Dabei bleiben die Rechte der Eltern auf der Strecke, vor allem derjenigen, die Wert darauf legen, möglichst viel Zeit mit ihren Kindern zu verbringen. Hat der Staat erst einmal die Hand drauf, müssen die Kinder in die jeweiligen Betreuungseinrichtungen, ob sie wollen oder nicht.

Doch die Politiker schlagen Einwände gegen diese von oben verordneten Maßnahmen in den Wind, wenn sie ihnen denn überhaupt zuhören. Die deutsche Familienministerin von der Leyen bekräftigte im Juni 2007 bei der Vorstellung einer Studie des Instituts für Deutsche Wirtschaft gemeinsam mit dem EU-Kommissar Günter Verheugen einmal mehr, dass nur bessere Bildung und mehr Geburten Deutschland wettbewerbsfähig erhalten könnten. Dabei müsste die Vereinbarkeit von Beruf und Familie besonders im Mittelpunkt stehen. Als Kriterium für das »Wachstumspotenzial« wurde besonders die Frauenerwerbsquote in den Vordergrund gerückt. Sie läge in Deutschland im EU-Vergleich mit rund 60 Prozent im Mittelfeld, bei Müttern mit Kindern unter drei Jahren sacke sie auf 20 Prozent ab. Dies solle nun geändert werden.[90]

Auch hier wird wieder deutlich, wohin die Pläne gehen, Hand in Hand mit den EU-Ländern: Die Frau soll dem Staat so schnell wie möglich wieder zur Verfügung stehen, um Deutschland im internationalen Vergleich »wettbewerbsfähiger« zu machen. Es geht weder um ihr persönliches Glück noch um ihre Kinder oder Familien. Deswegen muss man sich bei der Unterstützung dieser Pläne über die wirklichen Konsequenzen im Klaren sein.

Eingriffe – die Lufthoheit über den Kinderbetten

Oft war in letzter Zeit von Politikern und auch von Medienvertretern zu hören, der Staat sei besser in der Lage, Kinder im Kleinstkindesalter zu erziehen als die Mutter. Eine Aussage, die nicht nur Kirchenvertreter in Rage bringt, sondern Millionen von Müttern und Vätern, die sich engagiert für ihre Kinder einsetzen. Längst verdrängt scheinen einst heftig umstrittene Forderungen wie die staatliche »Lufthoheit über den Kinderbetten« – diese Formulierung des SPD-Bundespolitikers Olaf Scholz hatte offenbar zu aggressiv geklungen, als er sie vor einigen Jahren unvorsichtigerweise in die Diskussion warf. Doch genau das steht uns jetzt bevor. Auch wenn der Ausbau der Kindertagesstätten offiziell nun ein viel edleres Motiv bekommen hat: die frühkindliche Bildung.

Und noch ein weiteres Argument wird angeführt, welches auf den ersten Blick plausibel wirkt: dass Krippenbetreuung wegen des Trends zur Einkindfamilie dringend nötig für die Entwicklung der Kinder sei. Gerade die vielen Einzelkinder müssten die Erfahrungen des sozialen Miteinanders mit anderen Kindern in der Krippe und im Kindergarten machen.

Übersehen wird dabei, dass dies in den ersten drei Lebensjahren nicht vordringlich ist. Kinder bis zum Alter von etwa drei Jahren spielen meist nicht miteinander, sondern eher nebeneinander her. Der frühe Gruppendruck Gleichaltriger wirkt sich im Gegenteil nachteilig auf das Selbstwertgefühl der Kleinen aus. Vollends kommt man aber ins Staunen, wenn man sich eine Erhebung des Statistischen Bundesamts von 2006 anschaut: 1996 waren von den Kindern unter achtzehn Jahren 25 Prozent Einzelkinder, 2005 waren es 25,4 Prozent – ein Zuwachs von lediglich 0,4 Prozent in neun Jahren![91] Ist das Argumentieren mit mehr Einzelkindern also vorsätzlich irreführend oder geschieht es aus purer Unwissenheit?

Die manchmal spitzfindige Art und Weise, wie die Bürger durch das Instrument der Geldverteilung zu einer staatlich erwünschten Lebensform gedrängt werden sollen, ist die eine Sache. Die vorsätzliche Beeinflussung durch Halbwahrheiten jedoch ist eine völlig andere. Wenn man der Regierung Glauben schenkt, geschehen alle Maßnahmen nur zu unserem Besten.

Schweden, eines der häufig angeführten »fortschrittlichen« skandinavischen Länder, hält dem Ruf nicht stand, den es hierzulande hat. Über 70 Prozent der schwedischen Väter nähmen ihren gesetzlichen Erziehungsurlaub und beteiligten sich damit in überwältigend hohem Umfang an der Betreuung ihrer Kleinsten, argumentierte die deutsche Familienministerin vor der Einführung des deutschen Elterngeldes immer wieder. Sie forderte damit gleichzeitig eine höhere Beteiligung der deutschen Väter an der Betreuung ihrer Kinder.

Doch beim genauen Hinsehen stellen sich die schwedischen Vorbilder anders dar. Zwar nehmen laut Bundeszentrale für politische Bildung zirka 36,2 Prozent der schwedischen Männer ihre Väterzeit in Anspruch, jedoch nur für einen kurzen Zeitraum. Von den ihnen zustehenden sechzig Tagen nutzen sie im Durchschnitt lediglich etwa elf Prozent, also ungefähr sieben Tage. Der Elternurlaub in Schweden beträgt achtzehn Monate, davon sind zwei nur den Vätern vorbehalten – nach dem Motto: »Use it or loose it.«[92] Unterm Strich unterscheidet sich also die Situation nicht von unserer in Deutschland: Hier tun die Männer in der Regel genau dasselbe – sie nehmen in der Geburtszeit ihres Kindes Urlaub.

Es spricht viel dafür, dass Halbwahrheiten eingesetzt werden, um deutschen Eltern einzureden, sie dürften im Hinblick auf andere europäische Länder nicht »den Anschluss verpassen«.

Ein anderes Beispiel. Unser Nachbarland Frankreich wird in vielen öffentlichen Darstellungen als *das* Krippenland bezeichnet. Ein Mythos, der über die tatsächliche Situation hinwegtäuscht. Während wir in Deutschland derzeit bei etwa zehn Prozent Krippenangeboten liegen, sind es in Frankreich laut Französischer Botschaft in Deutschland – ohne Paris – 6,1 Prozent Krippenplätze. Wenn Paris mit der deutlich höheren Anzahl von 25,2 Prozent dazugerechnet wird, liegt Frankreich bei einem durchschnittlichen Krippenplatzangebot von etwa neun Prozent.[93]

Wie lange werden sich unsere Bürger solche Argumentationsweisen noch gefallen lassen?

Kindererziehung ist in unserer Gesellschaft eine gemeinschaftliche Aufgabe, denn unsere Nachkommen werden es schließlich sein, die später die Belastungen der Sozialsysteme zu tragen haben. Familien, die heute schlechter gestellt sind, weil sie die wertvolle Ressource »Humankapital«, wie sie von Wirtschaft und Politik immer wieder bezeichnet wird, aufziehen und erziehen und dafür eigene, persönliche Ansprüche zurückstellen, müssten eigentlich jede Unterstützung und Fürsprache erhalten, die möglich sind. Das ist schlicht eine Frage der Gerechtigkeit. Denn auch kinderlose Rentner, die es in großer Zahl geben wird, werden entscheidend von den Nachfolgegenerationen profitieren. Diese werden sich in der Rolle weniger Beitragszahler für überproportional viele Renten- und Pflegeansprüche wiederfinden. Sie werden die Verantwortung tragen müssen für eine sprunghaft wachsende Schicht älterer und alter Menschen.

Hermann Adrian, Professor an der Johannes Gutenberg-Universität Mainz und Mitglied der Deutschen Gesellschaft für Demografie, gehört zu jenen Theoretikern, die einen Paradigmenwechsel in der Familienpolitik schon lange für dringend notwendig halten. In einem Vortrag, den er bereits im März 2004 in Klingenmünster hielt, rechnete er vor, welche Auswirkungen die niedrige Geburtenrate auf Wirtschaft und Gesellschaft in Deutschland haben wird: Durch das Ausbleiben von etwa 300 000 Kindern pro Jahr, die geboren werden müssten, um den Bestand der Bevölkerung zu erhalten, wird die Binnenwirtschaft in etwa dreißig Jahren zum Erliegen kommen, sagt er voraus. Denn es wird dann entsprechend weniger Menschen geben, die Autos, Häuser und Wohnungen kaufen, der Konsum wird dramatisch zurückgehen.

Ein weiterer beunruhigender und gefahrvoller Effekt entstehe dadurch, dass wissenschaftliche Innovationen, die unserem Land weiterhin eine Spitzenposition in der Welt ermöglichen könnten, eher von jungen und Menschen mittleren Alters kommen. Auch die Bereitschaft, Firmen zu gründen und damit Arbeitsplätze zu schaffen, sind Leistungen, die zwischen dem fünfundzwanzigsten und vierzigsten Lebensjahr erbracht würden. Haben wir weniger Nachwuchs, bedeutet das ein entsprechend geringeres Potenzial an Innovationen und wirtschaftlich relevanten Initiativen, die unser Land konkurrenzfähig halten könnten.

Adrian fasst seine Erkenntnisse in dem Satz zusammen: »Eine Gesellschaft, die sich Kinder aus den verschiedensten Gründen vorenthält, zerstört damit ihre eigene Lebensgrundlage.«[94]

Soziale Schieflagen – das Wahlkampfthema

Unsere derzeitigen familienpolitischen Rahmenbedingungen geben also nicht gerade Anlass zum Durchatmen, im Gegenteil. Während wir nach dem Bewusstwerden der demografischen Wende Anfang dieses Jahrtausends noch erregt über Maßnahmen berieten, wie die Geburtenrate zu steigern wäre, scheinen diese Überlegungen inzwischen nur noch auf den Ausbau der Kinderbetreuung konzentriert zu sein, der nachweislich nicht zur Geburtensteigerung verhilft. Längst ist die Familienpolitik eines der wichtigsten Wahlkampfthemen geworden. Und zum Zankapfel. Die Koalitionspartner streiten miteinander, selbst innerhalb der Parteien gibt es harte Richtungskämpfe.

Während dieses Politkrieges wird die wirtschaftliche Benachteiligung der Familien immer größer, und die Kluft zwischen existenzbedrohten Familien und den sogenannten *Double incomes*, den kinderlosen Doppelverdienern, vertieft sich. Der ehemalige Verfassungsrichter Paul Kirchhof verdichtete diese Ungerechtigkeit zu der sarkastischen Bemerkung »Heute kann man am besten dadurch von Kindern profitieren, dass man keine hat!«

Viele Menschen, die einen nicht so stark ausgeprägten Kinderwunsch empfinden und höchstens ein, zwei Kinder haben möchten, verzichten häufig ganz darauf oder bekommen nur ein Kind. Dadurch steigt der Anteil der lebenslang kinderlosen Frauen und auch Männer weiterhin an.

Die fortdauernd niedrige Geburtenrate hat weitere, vielfältige politische und gesellschaftspolitische Konsequenzen. Es verändern sich nicht nur die Beziehungen zwischen den Generationen. Es stellt sich in diesem Zusammenhang auch die Frage nach der Vermittlung politischer Werte.

So führt der unaufhaltsam wachsende Anteil der über Sechzigjährigen dazu, dass deren politische Wählerstimme ganz natürlich jenen Kandidaten gilt, die dieser Altersgruppe mehr versprechen. Dieses »mehr« führt jedoch unausweichlich zum Nachteil anderer Ansprüche und Bedürfnisse.

Entscheidet sich der Staat für die Bildung von Rücklagen, um die Renten aus Steuereinnahmen oder abgabeähnlichen Einnahmen zu finanzieren, bedeutet das gleichzeitig, dass diese Mittel nicht mehr für andere Zwecke zur Verfügung stehen, wie beispielsweise für die Familienpolitik oder die Steuerentlastung der Familien. Schon heute zahlt der Staat viele Milliarden Euro aus Steuereinnahmen in die Rentenkassen.

Wenn ein Staat mit leeren Haushaltskassen Rentnern zusätzliche Leistungen bewilligt oder an diesen festhält, haben die künftigen Generationen, die die Schulden des Staates übernehmen müssen, später die Zeche für diese Vergünstigungen zu zahlen.

Bei Bund, Ländern und Gemeinden muss durch unvermeidbare Etatbeschränkungen laufend eine Auswahl getroffen werden: sei es durch Bewilligung von Subventionen für Vereine, für den Vorrang des Baus einer Kinderkrippe, eines Sporthauses für Jugendliche oder eines Seniorenklubs.

Die Entscheidung für eine oder mehrere der hier erwähnten möglichen Maßnahmen hängt immer mehr vom Wählereinfluss der einzelnen Altersgruppen und nicht notwendigerweise von der politischen Richtung der Verantwortlichen ab, frei nach dem marktwirtschaftlichen Prinzip von Angebot und Nachfrage. Selbst wenn gewählte Lokalpolitiker ideologisch stark gebunden sind, handeln sie in erster Linie pragmatisch und setzen sich eher für die Menschen ein, deren Stimme sie erhalten haben oder auch wieder haben wollen.

Die infolge einer geringen Geburtenrate überalterte Bevölkerung setzt stärker auf Sicherheit als auf Entscheidungsfreudigkeit. Sie wird es im Zweifel wichtiger finden, die Anzahl der städtischen Polizisten zu erhöhen, deren Präsenz in Uniform und ihre Tätigkeit in der Strafverfolgung für die Wähler sichtbarer sind, als die Zahl der Sozialarbeiter zu vermehren, die offensichtlich nicht so sehr ins Auge fallen und deren Präventivarbeit in der Drogen- oder Kriminalitätsbekämpfung schwer zu bewerten ist.

Die Politik, die die Pflicht hat, für das Gemeinwohl zu sorgen, muss ihr Handeln so ausrichten, dass die Werte der Freiheit und Solidarität in einer sich wandelnden Gesellschaft weiter wirksam bleiben.

Doch wo es keine Betroffenheit gibt, kann nicht immer Engagement vorausgesetzt werden. Denn die Gruppe derjenigen Mandatsträger im Deutschen Bundestag, die vom Lebensalter selbst für eine Familiengründung infrage kommt, nämlich Frauen und Männer bis zum Alter von fünfundvierzig Jahren, sind – bis auf die Fraktion der CDU – mehrheitlich kinderlos.

So sind derzeit von insgesamt einundsechzig Mandatsträgern und -trägerinnen der SPD vierunddreißig ohne Nachkommen, bei der CDU sind es von einundsechzig Mitgliedern achtundzwanzig, von den zwanzig FDP-Abgeordneten fünfzehn, von den insgesamt achtzehn Grünen elf, und bei den Linken gehören zwei Drittel zu den Kinderlosen, also acht von zwölf Mandatsträgern.

Das bedeutet, dass gerade die für die politische Weichenstellung unserer Zukunft so wichtige Gruppe der Abgeordneten, die für die Verbesserung der Rahmenbedingungen für Familien zuständig sind, für sich selbst die Frage nach Familiengründung mehrheitlich negativ beantwortet. Was heißt in diesem Zusammenhang eine »kinderfreundliche Politik« zu machen, wenn man Kinder für sich selbst ausschließt?

Um Missverständnissen vorzubeugen: Es muss im Ermessen eines jeden Menschen selbst liegen, den eigenen Lebensentwurf frei zu wählen; aber wenn diese Männer und Frauen sich anschicken, neu zu definieren, was denn »kinderfreundlich« beziehungsweise »familienfreundlich« sei, dann sollte dem kritischen Bürger die Frage nach der Glaubwürdigkeit von familienpolitischen Botschaften erlaubt sein, zumal man davon ausgehen kann, dass Politiker – ähnlich wie Privatpersonen – immer auch ihre eigenen Lebensbezüge zu rechtfertigen suchen. Das bedeutet konkret, dass es gar nicht darum gehen kann, diesem Personenkreis einen Vorwurf zu machen, sondern dass davon ausgegangen werden muss, dass dieser Gruppe schlichtweg die Lebenserfahrung fehlt, um Entscheidungen kompetent fällen zu können. Aus der Kenntnis dieses Tatbestands heraus wundert mich nun nicht mehr das hohe Maß von Misstrauen, das die Volksvertreter gegenüber der Erziehungskompetenz der Eltern hegen.

Perspektiven für mehr Familiengerechtigkeit

Es ist bestürzend, dass in der heutigen hoch entwickelten Gesellschaft die einfachsten und natürlichsten Rahmenbedingungen fehlen und die Förderung des Familienlebens geopfert wird im Namen der Wettbewerbsfähigkeit und der Kostensenkung. Und es ist beschämend, dass unsere Politik diese negativen Entwicklungen derartig nachlässig behandelt, ja, verschlafen hat und auch heute, wo bereits deutlich sichtbare Alarmzeichen zu erkennen sind, kaum etwas unternimmt.

Etliche Experten haben sich in den letzten Jahren Gedanken darüber gemacht, welche politischen Veränderungen und Maßnahmen eingeleitet werden müssten, um Familien gerechter zu behandeln. Gehört werden sie selten, Einflussmöglichkeiten erhalten sie so gut wie nie.

Der bereits zitierte Demografieexperte Hermann Adrian dazu: »Wer sich die Freiheit nimmt, keine Kinder zu haben und sich so Kosten, Arbeit und Zeitaufwand für Kinder erspart, muss zukünftig die Verantwortung und die Konsequenzen für dieses Tun selbst tragen. Lebenslang Kinderlose müssen einen Teil der eingesparten Mittel für ihre eigenen hohen Kosten im Alter (Rente, Gesundheit, Pflege) sparen und dürfen nicht den Kindern anderer zur Last fallen.«[95]

Jürgen Borchert, Sozialexperte und Richter am hessischen Landessozialgericht Darmstadt, fordert, dass die »Transferausbeutung der Familien« ein Ende haben müsse. Er schlägt deshalb eine direkte Berücksichtigung der Kindererziehungsleistung in den umlagefinanzierten Sozialsystemen vor, also die Kranken- und Pflegeversicherung und Rentenbeiträge betreffend. Dies könnte als »generativer, echter geldwerter Beitrag« eingeschätzt werden.[96] Wer also Kinder erzieht, leistet damit seinen Beitrag zum Erhalt dieser Systeme und braucht daher nicht noch weitere Einzahlungen vornehmen. Finanziert werden sollten die Sozialversicherungen wiederum über Beiträge, die an die Einkommensteuer gekoppelt sind, so wie jetzt schon der Solidaritätszuschlag.

Der Sozialrichter lehnt eine organisierte Umverteilung von Staatsmitteln an Familien, so zum Beispiel ein »Hausfrauengehalt«, wie von der CSU gefordert, aus ethischen Gründen ab, weil die Familien damit zu Almosenempfängern würden und es den Kindern kaum zu vermitteln wäre, warum sie etwas lernen und leisten sollen. Stattdessen möchte er die Steuern für Familien derart senken, dass diese vom »selbst erwirtschafteten Einkommen auch tatsächlich leben können«.[97] Dies ist schon allein als Vorbild für die Kinder wichtig.

Auf der steuerlichen Seite mahnt Borchert an, dass die indirekten Verbrauchssteuern, vor allem die Mehrwertsteuer, Familien wegen der höheren Personenzahl über Gebühr belasten und daher ein Ausgleich geschaffen werden muss. Schließlich seien Kosten für Kinder kein Konsum, sondern Investitionen in die Zukunft der gesamten Gesellschaft, und die dürften nicht besteuert werden.

Der ehemalige Bundesverfassungsrichter Paul Kirchhof fordert ebenfalls familiengerechte Steuern, in seinem Modell spricht er von einer »erweiterten Kinderkomponente«.[98] Diese ist verbunden mit einem Familiensplitting und hohen Kinderfreibeträgen, damit die Mehrausgaben für Kinder nicht zu einer finanziellen Benachteiligung gegenüber Kinderlosen führen. Er regt an, den Teil des Einkommens, der für die Kinder aufgewendet wird und daher nicht zum Konsum durch die Eltern zur Verfügung steht, komplett steuerfrei zu stellen.

Udo Di Fabio, Verfassungsrichter und Professor für öffentliches

Recht an der Universität Bonn, fordert ebenfalls den Transfer von Familien zu Kinderlosen zu beenden. Da es nicht gerecht sei, dass die Familien die späteren Renten- und Krankenkassen-Beitragszahler für die kinderlosen Alten aufziehen, müsse eine Leistungsgerechtigkeit für Familien hergestellt werden. Er spricht von »Freiheit für Familien«, lehnt also jegliche staatliche Eingriffe in das Leben von Familien ab. Zusammenfassend sagt Di Fabio: »Die gesamte Sozialpolitik muss dem Umstand Rechnung tragen, dass Kinderlose mit Erwerbseinkommen weit größere Möglichkeiten zu freiem Konsum oder gerade auch zur Altersvorsorge besitzen als vergleichbare Einkommensbezieher mit Kindern.«[99]

Die relevanten Kritiker des jetzigen Gesellschaftssystems und seiner ökonomischen Entscheidungen sehen also den Handlungsbedarf vor allem auf zwei Gebieten: bei den Steuern und in der Mechanik der Sozialsysteme.

Das Bundesverfassungsgericht hat übrigens mehrfach eingegriffen und die Politik in vier Urteilen dazu aufgefordert, endlich Gerechtigkeit für Familien zu schaffen und »die Ausbeutung von Menschen mit Kindern zugunsten der Kinderlosen« zu beenden, damit die Familie existenzfähig bleibt und lebenstüchtige Menschen heranziehen kann, die eine stabile Gemeinschaft bilden können.[100] Die Vorgaben sind die Berücksichtigung der elterlichen Leistungsfähigkeit im Steuer- und Abgabensystem, die Gestaltung eines familiengerechten Sozialsystems und die Verwirklichung von echter Wahlfreiheit für Eltern im Spannungsfeld zwischen Familien- und Erwerbsarbeit. Diese vier großen Familienurteile, die in ihrer Grundstruktur den Vorschlägen der hier aufgeführten Experten sehr ähnlich sind, stellen damit die wichtigsten Ecksteine einer zukunftsfähigen Familienpolitik dar.

Alle familienpolitischen Vorschläge, die vonseiten der Europäischen Union, von der Bundesregierung und dem zuständigen Familienministerium angedacht, diskutiert und erlassen werden, müssen in Zukunft viel kritischer geprüft und hinterfragt werden. Die einzige Möglichkeit, sogenannte Wölfe im Schafspelz, also angeblich familienfreundliche Maßnahmen, die in Wirklichkeit jedoch keine sind, rechtzeitig zu enttarnen, liegt darin, laut aufzubegehren. Es gibt bereits zahlreiche Organisationen im Land, die sich für die wahren Interessen der Familien einsetzen und stark machen. Jede Stimme, die hinzukommt, bedeutet auch, größeren Einfluss nehmen zu können. Wenn die Politiker feststellen müssen, dass sich Widerstand formiert, müssen sie ihre Taktik verändern, wenn sie nicht Wählerstimmen verlieren oder sogar abgewählt werden wollen.

7

Gemeinsinn – eine vergessene Tugend

Wir wollen aufeinander Acht haben und einander Mut machen zur Liebe und zu guten Werken. Und wir wollen unsere Zusammenkünfte nicht verlassen, wie einige sich angewöhnt haben, sondern einander ermutigen.

Hebräer 19, 10–25

Egotrip – ich will alles!

Kürzlich trafen wir uns mit mehreren Familien in einem Restaurant zu einer frühabendlichen Pizza. Während wir am Tisch beisammensaßen und das Essen bestellten, fiel mein Blick auf das schräg gegenüberliegende Fitnesszentrum. Hinter den großen Fensterscheiben stählten Scharen junger Frauen und Männer ihre Körper auf Laufbändern, an Fitnessgeräten. Sie taten es sehr ernst und konzentriert, ohne ein Wort, ohne ein Lächeln. Ich sah auf die Uhr – es war kurz nach sechs.

Was mir so bemerkenswert daran erschien? Früher wäre das die Tageszeit gewesen, in der sich zumindest die Fünfundzwanzig- bis Fünfunddreißigjährigen um ihre Kinder gekümmert hätten: gemeinsames Abendessen, Vorlesen, ein letztes Spiel vor dem Zubettgehen. Jetzt aber betrieben sie völlig selbstverständlich ihre sportlichen Aktivitäten. Ich erkannte mich selbst wieder. Denn vor einigen Jahren, als mein Kind noch nicht geboren war, fand auch ich mich regelmäßig in solchen »Muckibuden« ein, manchmal zwei, drei Stunden lang – schließlich wollte ich, wie alle anderen, die gängigen Ansprüche an Wellness und Vitalität erfüllen.

Inzwischen hat sich meine Blickweise verändert. Ich habe neue Prioritäten gesetzt, mein Mann und mein Kind sind in den Mittelpunkt meines Lebens gerückt. Sicherlich sind Gesundheit und ausreichende Bewegung immer noch wichtig für mich, doch an diesem Abend wurde mir plötzlich klar, dass ich nicht mehr zu jenen Singles gehöre, die einen großen Teil ihrer Freizeit dem modernen Körperkult widmen. Wie sahen die Hauptanliegen dieser Menschen aus? Welchen Stellenwert mochten für sie Familie und ein Zuhause haben?

Während ich immer wieder hinüberschaute, ging mir durch den Kopf, wie stark sich die Lebensvorstellungen heute verändert haben. Nicht Privatheit, sondern Öffentlichkeit wird gesucht. Nicht einer gemeinsamen Spielidee dient die Bewegung, sondern ausschließlich dem eigenen Körper. Man trifft sich nicht mit anderen, sondern trainiert atemlos, sprachlos, einsam nebeneinanderher. Wie groß war doch der Kontrast zu unserer kleinen Truppe am Tisch! Wir aßen, tranken, redeten, die Kinder machten ihre Späße, es ging lebendig und turbulent zu.

Während ich den schweigsam schwitzenden Sportlern gegenüber weiterhin zusah, dachte ich unwillkürlich: Jeder erarbeitet sich da drüben im Grunde alles nur für sich allein nach dem Motto: »Das Gegenüber im Spiegel bin ich selbst. Ich bin das Thema, ich bin das Ziel.« Der Blick auf sich selbst genügt. Das ganze Fitnessstudio erschien wie ein überdimensional großer Spiegel, in dem der Einzelne sich selbst in der Anonymität sucht.

Und noch etwas kam mir in den Sinn: Gedanken an Mutterschaft, an Schwangerschaftsstreifen, an Beeinträchtigungen des perfekten Bodys sind für diese jungen Frauen vermutlich unerträglich. Ein tolles Körpergefühl, die Illusion ewiger Jugendlichkeit, der Stolz auf die Unabhängigkeit, die der Beruf zu geben vermag, verdrängen zunehmend Gedanken an eine Familie mit fester Partnerschaft, mit lebenslanger Verpflichtung. Millionen von Menschen haben sich auf den Egotrip begeben, jeder für sich allein.

Als wir später aufbrachen, war das Fitnessstudio noch immer gefüllt. Auf dem Weg nach Hause begegneten uns ein paar einzelne Jogger, den iPod in der Tasche, Kopfhörer auf oder in den Ohren, abgetaucht in ihre eigene Welt. Sie suchten offensichtlich die Einsamkeit, die soziale Isolation, und sicherlich empfanden sie das als Luxus: endlich allein!

Das Leitbild des Singles gilt heute als eine der verführerischsten Optionen im Supermarkt der Lebensstile. Zu kompliziert, zu anstrengend sind offenbar Beziehungen geworden, zu problematisch das Familienleben angesichts der vielen Krisen, die man im Umfeld erlebt. Dann doch lieber ein Leben ganz auf sich gestellt, mit losen Freundschaften, aus denen man sich zurückziehen kann, wenn es zu Konflikten oder zu hemmenden gegenseitigen Ansprüchen kommt. Niemand bedauert mehr die junge Frau, die allein im Café ihren Latte Macchiato trinkt, niemand wundert sich über den Mann im besten Alter, der sonntagnachmittags auf seinem Mountainbike »mutterseelenallein« durch den Wald radelt. Genuss ist eine selbstbezogene Sache geworden.

Dass Singles nicht mehr abfällig oder gar als Versager betrachtet werden, mag ein Fortschritt sein. Wir haben uns daran gewöhnt, dass viele nicht unfreiwillig, sondern ganz bewusst allein leben. Doch diese neue Lebensform, die so viel Freiheit verheißt, hat eine Nebenwirkung, die das gesellschaftliche Klima unmerklich verändert: Immer mehr Menschen sind heute ausschließlich mit sich selbst beschäftigt. Sie kreisen nur um sich, um ihr Wohlergehen, sie fliehen Verpflichtungen und Bindungen, die ihren Freiheitswillen und ihre individuellen Vorstellungen einschränken könnten.

Erleben diese Singles noch echte Gemeinschaft? Sind sie bereit, auf ihre Freiheiten zu verzichten, um sich später vielleicht um Partner und Kind zu kümmern? Es sieht eher so aus, dass die Familie kräftig Konkurrenz bekommen hat durch den Lebensstil der Alleinlebenden, die sich ungebunden und autark fühlen. Sie gelten als Gewinner in einer Gesellschaft, deren Credo lautet: »Ich will alles!« Doch dieses »alles« bedeutet immer weniger Familie und immer häufiger hohen Lebensstandard, mehrere Reisen pro Jahr, entfesselten Konsum.

Ich hatte noch das Bild des Fitnesscenters im Kopf, als ich zufällig einen Buchtitel des amerikanischen Soziologen Robert Putnam entdeckte. Er hieß: *Bowling Alone.*[101] In seiner Untersuchung aus dem Jahr 2000 ging Putnam von einer ganz ähnlichen Beobachtung aus, wie ich sie gemacht hatte: Immer mehr Amerikaner, stellte er fest, gehen allein zum Bowling, statt sich dort mit Freunden zu verabreden – für ihn ein Symptom für das Nachlassen der gesellschaftlichen Bindekräfte, für die Auflösung des sozialen Zusammenhalts. Äußerst scharfsinnig erläuterte er, was das für die Gesellschaft langfristig bedeutet: Er nennt es die »Erosion des Sozialkapitals«[102]. Was scheinbar so theoretisch klingt, wird sofort klar, wenn man sich den Begriff »Sozialkapital« näher anschaut. Gemeint ist damit die Summe jener Eigenschaften, die aus Gemeinsinn, Anteilnahme und persönlicher Verantwortung fürs Ganze bestehen. Kein Staat, argumentiert Putnam, kann ohne dieses Sozialkapital funktionieren. Alle ökonomischen, verwaltungstechnischen und politischen Prozesse seien nur dann möglich, wenn der Einzelne Empathie und Engagement zeige.[103]

Spontan fiel mir der berühmte Satz von John F. Kennedy ein: »Frage nicht, was der Staat für dich tun kann, frage, was du für den Staat tun kannst.« Wer würde sich heute bei uns schon diese ehrenwerte Frage stellen? Oder zumindest diese: »Was kann ich für die Gemeinschaft tun?« Speziell der Singlekult ist eindeutig ein Gegenmodell, auch wenn dessen Mentalität bei Weitem nicht auf Singles beschränkt ist. Immer häufiger wird geradezu panisch gefragt: »Bekomme ich alles, was ich brauche? Ist nicht noch mehr drin? Wie kann ich lästige Pflichten loswerden, die nicht meinem eigenen Wohl dienen?«

Eiszeit – wie wir unser Umfeld aus dem Blick verlieren

Es sind zuerst die kleinen Dinge, die nicht mehr richtig funktionieren. Lappalien, wie man meinen könnte. Neulich schob ich meinen Einkaufswagen durch den Supermarkt und sah schon von Weitem, dass eine Tüte Mehl auf dem Boden lag, die offenbar jemand aus Versehen aus dem Regal gestoßen hatte. Abgesehen davon, dass dieser Jemand es nicht für nötig befunden hatte, sie aufzuheben, kümmerten sich auch die anderen Kunden nicht darum. Sie machten einen Bogen um das Päckchen. Irgendwer wird schon dafür zuständig sein, dachten sie sicherlich. Als ich stehen blieb, es aufhob und zurück ins Regal stellte, erntete ich mitleidige Blicke, die zu sagen schienen: »Hat die das nötig? Wie peinlich!«

Der kleine Vorfall hatte für mich etwas zutiefst Exemplarisches. Auch wenn ein Päckchen Mehl nicht der Rede wert zu sein scheint – die Gleichgültigkeit, mit der es bedacht wurde, erzählt nur im Kleinen von der großen Stumpfheit, die unsere Gesellschaft erfasst hat. Andere Beobachtungen ergänzen das Bild. Da läuft ein Kleinkind weinend über die Wiese eines Schwimmbads, weil es seine Eltern sucht – es dauert lange, bis sich endlich jemand erbarmt, es an die Hand nimmt und den Bademeister alarmiert. Da steht eine alte Dame verwirrt an der Kasse eines Ladens und kramt in ihrem Portemonnaie – alle rollen entnervt mit den Augen, einer aus der Warteschlange ruft aggressiv: »Seniorenalarm«, statt der Frau seine Hilfe anzubieten.

Wir alle haben solche Begebenheiten schon erlebt, haben zugesehen, unschlüssig, ob wir eingreifen, helfen sollen – und haben es dann gelassen. Geht uns doch nichts an, was haben wir damit zu tun?

Eine ganze Menge. Denn wenn wir auch nicht die Welt retten können, wir alle können etwas tun, um das Zusammenleben menschlicher, erträglicher zu machen. Genau dort, wo wir leben, genau dort, wo wir uns täglich aufhalten. Stattdessen üben wir uns in der Unkultur des Wegschauens, um »keinen Ärger« zu erhalten. Den Impuls zu helfen spüren wir vielleicht noch, doch um ihn in die Realität umzusetzen, dafür fehlt vielen von uns bereits das soziale Verantwortungsgefühl – das »Sozialkapital«, von dem Putnam spricht. Man könnte auch den Begriff »Gemeinsinn« benutzen. Und so bewegen wir uns auf eine Eiszeit zu, die keiner von uns sich wissentlich wünscht, die wir aber durch unser Verhalten nur allzu oft billigend in Kauf nehmen.

Wie entsteht überhaupt Gemeinsinn? Und warum kommt er uns abhanden? Schon kleinste Kinder lernen im Idealfall, dass sie sich in einem vielschichtigen Beziehungsgeflecht befinden, in dem sie nicht nur Bedürfnisse äußern, sondern auch Aufgaben erfüllen sollten. Wenn der Großmutter die Zeitung herunterfällt, wird das Kind ermahnt: »Heb doch mal für Oma die Zeitung auf!« Wenn ein älteres Kind seinen Saft verschüttet, wird die Mutter es bitten, die Flecken selbst aufzuwischen. Allmählich entwickelt das Kind so etwas wie eine »innere Instanz«, ein Gefühl dafür, was man tun sollte und was nicht. Es sind zunächst Rituale der Höflichkeit wie die Begrüßung oder das Bedanken, dann aber erweitert sich der Blick, und es lernt, etwas zu teilen, ein anderes Kind zu trösten, der Mutter beim Tischdecken zu helfen.

In vielen kleinen Schritten begreift das Kind, dass es nicht allein auf der Welt ist, sondern soziale Beziehungen hat, die sich schließlich auch auf Personen jenseits der Familie ausweiten. Um beim Beispiel zu bleiben: Ein Kind, das vollkommen selbstverständlich seiner Großmutter etwas Heruntergefallenes aufhebt, wird das möglicherweise auch tun, wenn im Bus einem älteren Herrn die Brille von der Nase fällt. Und ein Kind, das seinen verschütteten Saft eigenhändig aufwischen musste, wird aufpassen, sein Getränk nicht auf dem Sitz im Bus auszugießen. Es hat gelernt, auf sein Umfeld achtzugeben.

Lange galten solche Gesten als Drill, als unwürdige Unterwürfigkeit. Doch in Wahrheit verbirgt sich etwas anderes dahinter: Respekt. Ein unbequemer Begriff. Wir haben uns angewöhnt, lieber die Toleranz zu preisen. Diese propagierte Weitherzigkeit wird aber mittlerweile als Lizenz zur Gleichgültigkeit verstanden. Und so verkommt das Toleranzgebot immer mehr zur bequemen Ignoranz. Gemeinsinn dagegen beinhaltet nicht nur die hehre Gesinnung, dass es irgendwie allen gut gehen soll, sondern darüber hinaus auch die aktive Handlung: Ich habe Verantwortung, also tue ich etwas! Oder lasse etwas anderes.

Wenn diese Haltung in der Familie erlernt wird, so kann man davon ausgehen, dass auch der Erwachsene später davon geleitet wird. Wir wissen, dass dies längst nicht mehr der Fall ist. Für Erziehung bleibt oft zu wenig Zeit und Energie, die Lockerung der Familienbande schränkt die Erfahrung ein, im Umgang mit Eltern, Großeltern und Geschwistern Respekt zu erleben. Und so wichtig und richtig auch Gruppenerfahrungen für Kinder im Kindergarten und in der Schule sein mögen: Achtung vor Gleichaltrigen wird eher selten vermittelt, Tugenden und Werte stehen überhaupt ganz unten auf der Skala der Betreuungsprinzipien. Es geht eher ruppig zu, die »Platzhirsche« haben das Sagen und geben den Ton an, wer allzu zartfühlend und rücksichtsvoll ist, gilt leicht als zu weich.

Auch Kinder, die allein gelassen in Elektronikwelten spielen, erleben Interaktion weniger als Eingehen auf andere, eher als offensive, oft aggressive Verhaltensform. Und wenn man keine Lust mehr hat, stellt man den Computer aus und setzt sich vor den Fernseher. Diese »Einbahnstraßenkommunikation« ist längst ein Problem geworden; die zunehmenden Verhaltensauffälligkeiten, die Erzieher beklagen, erfolgen häufig aus einem Mangel an sozialer Kompetenz.

Auch Erwachsenen fehlt sie. Früher waren sie weit häufiger als heute in ehrenamtlichen Verbänden aktiv, in kirchlichen Gruppen, in Vereinen, Stiftungen, Wohltätigkeitsorganisationen. Keine Zeit, winken heute viele ab, ich arbeite den ganzen Tag, abends will ich mein Bier, meinen Fernsehkrimi und meine Ruhe. Wieso soll ich etwas für andere Leute tun? Innerhalb weniger Jahrzehnte haben sich immer mehr Menschen in ihre sorgsam gepflegte Einsamkeit zurückgezogen.

In anderen Ländern läuft das ganz anders: In den USA beispielsweise ist es völlig selbstverständlich für jeden, in seinem Viertel mindestens einmal wöchentlich Suppe an Obdachlose auszuteilen oder mitzuhelfen, wenn der Spielplatz um die Ecke renoviert werden muss. Man wartet nicht auf den Staat – der sich ohnehin viel weniger verantwortlich fühlt –, man legt selbst Hand an.

»War schon komisch«, erzählte ein Bekannter, der als Korrespondent viele Jahre in New York gelebt hat, »sonntags stand ich wie alle anderen vor der Kirche und verteilte Eintopf. Man fand das völlig normal. In der Schule, die meine Kinder besuchten, wurde ich gleich am ersten Tag von anderen Eltern angesprochen: Ob ich beim Streichen des Klassenzimmers helfen könnte, wann ich denn Zeit für die

Eintopfaktion hätte? Niemand entzog sich – und es machte sogar Spaß.«

Ohne Gemeinsinn fehlt uns der Gegenpol zum Egoismus. Der Instinkt schreibt uns vielfach die rücksichtslose Durchsetzung unserer Interessen vor, erst Erziehung korrigiert diesen und vermittelt so etwas wie ein »ethisches Organ«, das ein harmonisches Zusammenleben ermöglicht. Dazu bedarf es der Reflexion: Handele ich richtig? Grenze ich andere aus? Schätze ich die Menschen, mit denen ich umgehe?

Wie katastrophal sich der fehlende Gemeinsinn auch auf der politischen Ebene auswirkt, bestätigen die vielen Fälle von Unterschlagung und Missbrauch unserer Institutionen. Versicherungsbetrug ist zum Kavaliersdelikt geworden, die vielfach nicht ganz legale Ausnutzung von Sozialleistungen wird als Cleverness beklatscht: »Nimm mit, was du kriegen kannst!« statt »Diene dem Allgemeinwohl!«

Abgesehen von der Bedenkenlosigkeit, mit der der Wohlfahrtsstaat zuweilen ausgeplündert wird, ist es vor allem die erschreckende Gleichgültigkeit, mit der wir uns im Alltag durchlavieren. In der langen Schlange vor dem Zoo steht eine Mutter mit drei erschöpften, quengelnden Kindern – warum lässt man sie nicht einfach vor? Eine junge Frau sitzt weinend im Arbeitsamt – wer tröstet sie oder fragt einfach, ob man ihr helfen könne? Eine gehbehinderte Frau müht sich am Bahnhof mit ihrem sichtlich zu schweren Koffer ab – wer bietet ihr an, das Gepäck in den Zug zu heben? Viel zu viele sind der Meinung, es sei schon irgendwer anderes zuständig. Falsch – wir alle sind es. Und haben die Pflicht, offenen Auges durch die Welt zu gehen, um dort zu helfen, wo es gerade nötig ist.

Voll geil – schnelle Kicks statt Nachhaltigkeit

Es ist sicherlich kein Zufall, dass der Begriff der »Nachhaltigkeit« in dem Augenblick Karriere machte, in dem die beschleunigte Gesellschaft ein gewisses Schwindelgefühl erfasste. Höher, schneller, weiter, mit diesen Maximen ist die moderne Industriegesellschaft mittlerweile an die Grenzen ihrer Überlebensfähigkeit gekommen. Was bleibt?, wird plötzlich gefragt. Wie sorgen wir für das Morgen vor?

Der Wunsch nach Nachhaltigkeit entspricht aber nicht nur der beginnenden politischen Erkenntnis, dass wir nicht auf Kosten späterer Generationen mal dies, mal jenes ausprobieren dürfen, dieser Wunsch entspringt auch einem diffusen Gefühl, dass die Feier des Hier und Jetzt auf Dauer zutiefst unbefriedigend ist. Um im Bild zu bleiben: Die Party ist vorbei.

Längst spüren das noch nicht alle. Noch immer sind Millionen Menschen auf der Suche nach dem nächsten Kick, nach einem neuen Kitzel, der dem Leben einen gewissen Reiz verleihen könnte. Das Wort von der »Erlebnisgesellschaft« beschreibt ein Gefühl rastloser Suche, ohne Verweilen, ohne Zukunft. Die Stimulationen, die dafür nötig sind, müssen notgedrungen immer stärker werden.

Die harmloseste Form solcher Reize erschöpft sich noch in den vielen »Events«, die Zerstreuung und einzigartige Erfahrungen versprechen. Eine ganze Unterhaltungsbranche hat sich darauf spezialisiert, den zunehmend gelangweilten Konsumenten etwas »Besonderes« zu bieten: Erlebnisgastronomie mit Akrobaten und Feuerschluckern, riesige Open-Air-Konzerte an verrückten Orten, nächtlich geöffnete Museen. Ohne ein Plus kein Genuss, möchte man fast witzeln.

Wem auch das noch zu fade ist, der entscheidet sich für Sportarten und Freizeitaktivitäten, bei denen das Spiel mit der Angst zur Lust wird. Ob Bungeespringen, Kanurafting oder Survival Camps in der Wildnis – bei all diesen Hobbys geht es um die Steigerung der Empfindungen, um die Erhöhung des Adrenalinspiegels, der signalisiert: »Ich bin lebendig!« Immer neue Herausforderungen werden in Angriff genommen, um dieses berauschende Gefühl zu erleben.

Problematisch wird der unersättliche Hunger nach Kicks, wenn wir uns das Freizeitverhalten der Jugendlichen ansehen. »Komatrinken« ist zum neuen Sport einer Generation geworden, die im Rausch und im völligen Verlust der Selbstkontrolle nahezu verzweifelt nach Extremsituationen sucht. In diesen Zusammenhang gehört auch das lebensgefährliche S- und U-Bahn-Surfen, bei dem die tollkühnen Jugendlichen sich um der Mutprobe willen an fahrende Züge hängen – und bewusst ihr Leben riskieren.

Längst sind solche Dinge keine Einzelfälle mehr. Die Reaktion ist vertraut, wie immer werden Verbote gefordert, schärfere Kontrollen. Ändern werden sie wenig, solange sich niemand um die Ursachen kümmert, die für die selbstzerstörerischen Rituale verantwortlich sind.

Es spricht vieles dafür, dass es eine umfassende Perspektivlosigkeit ist, die immer mehr Menschen in die Lust am Augenblick treibt, auch wenn es eine schnell vorübergehende oder sogar gefährliche Laune ist. »Nach uns die Sintflut« – diese Devise zeugt nicht nur von Gleichgültigkeit, was die Zukunft der Gemeinschaft betrifft, sie beschreibt auch treffend eine seltsame Stimmung, die weite Teile der Bevölkerung erfasst hat: Heute ist heute, was morgen kommt, interessiert mich nicht.

Wo der Sinn fehlt, werden nur noch die Sinne stimuliert. Anders gesagt: Der Hang zum Kick ist auch die Lust am Vergessen und die Angst vor dem Morgen. Der Moment ist alles, er soll so intensiv und so rauschhaft wie möglich sein. Wer nicht an eine erfüllte Zukunft glaubt, der hat nur noch das Jetzt.

»Ich habe alles ausprobiert«, sagte kürzlich Mark, ein junger Mann Ende zwanzig. »Und ich habe jede Menge Dummheiten gemacht, getrunken, gekifft, One-Night-Stands. Je heftiger, desto besser. Aber dann bin ich eines Morgens im Hinterhof einer Disco neben einer Mülltonne aufgewacht und wusste nicht mehr, wie ich dahin gekommen bin. Ich hatte einen schweren Kater – nicht nur körperlich. Während ich mich nach Hause schleppte, dachte ich: Willst du ewig so weitermachen? Was geschieht als Nächstes? Wohin führt das alles?«

Während Mark seine Geschichte erzählte, hielt er Oliver auf dem Arm, seinen einjährigen Sohn. »So komisch das auch klingt: Ich beschloss, mein Leben zu ändern«, berichtete er weiter. »Ich hatte Heiraten und Kinderkriegen immer für spießig gehalten. Ich dachte, ich hätte noch nicht genug Frauen kennengelernt. Doch mit einem Mal wusste ich: Ich muss mich jetzt entscheiden. Entweder lasse ich mich treiben und wache vielleicht eines Morgens gar nicht mehr auf oder ich mache etwas mit Zukunft.«

Mark hat den Absprung geschafft – aus einem perspektivlosen Dasein der fragwürdigen Kicks hin zu einer Lebensform, die auf die Zukunft gerichtet ist. Die Sehnsucht danach ist groß. Betrachtet man etwa die 15. Shell-Jugendstudie von 2006, dann wünschen sich die meisten Jugendlichen feste Partnerschaften und eine Familie. Doch oft überlagern die Versprechungen eines auf Egoismus und Konsum gerichteten Umfelds diese Interessen. Sie werden beiseite geschoben, auf ein Später vertagt – bis es zu spät ist.

Was wir dagegen tun können? Jeder Einzelne hat es in der Hand, anderen ein Vorbild zu sei, etwas anderes vorzugeben als puren Erlebnishunger. Das, und nur das bedeutet Nachhaltigkeit: Fundamente zu bauen, die das Morgen überdauern, Familienbeziehungen zu gestalten, die so stabil sind, dass sie auch Belastungen und Konflikte aushalten.

Bindung – warum sie so wichtig ist

Gemeinsinn ist eine Tugend, die erlernt, besser: gelebt werden muss. Zunächst aber muss sie auch erlebt werden. In diesem Zusammenhang hat die Bindungsfähigkeit den Stellenwert einer Schlüsselkompetenz. In starken Beziehungen erfahren wir, dass ein Zugehörigkeitsgefühl nicht nur im familiären Kreis entsteht, sondern auch Freunde, Bekannte, schließlich größere Gruppen bis hin zum Staatswesen umfasst. Wo wir Identität erleben, sind wir auch bereit, für das, womit wir uns identifizieren, zu kämpfen – und eigene Interessen in den Hintergrund treten zu lassen.

Zur Überlebenstaktik wird diese Haltung, wenn es hart auf hart kommt. Wir erinnern uns: Bei Unglücken wie dem Untergang der »Titanic« galt unverrückbar die Leitlinie »Frauen und Kinder zuerst!«. Was sich darin ausdrückt, ist eine Handlungsmaxime, die von der Idee geleitet ist, dass die Schwächeren des Schutzes der Gemeinschaft bedürfen.

Viele Philosophen haben diese Idee formuliert, allen anderen voran Immanuel Kant mit seinem kategorischen Imperativ: »Handle nur nach derjenigen Maxime, durch die du zugleich wollen kannst, dass sie ein allgemeines Gesetz werde.« Können wir diesen Satz heute noch akzeptieren? »Nein«, wird derjenige argumentieren, der sich einzig als Individuum begreift. »Ich kämpfe nur für mich, für meinen eigenen Lebensentwurf.« Mit einem »Ja« wird derjenige die Frage beantworten, der sich an Menschen gebunden fühlt und begreift, dass auch eine scheinbar abstrakte Angelegenheit wie die Bevölkerung eines Staates etwas ist, woran er sich gebunden fühlt. Weil er davon profitiert, weil er sich zugehörig zählt.

Mit der Beziehungslosigkeit im Privaten allerdings schwindet auch die Bindung an größere Gemeinschaften. Allenfalls als Instanz wird man den Staat dann in die Pflicht nehmen, wenn die Verhältnisse unerträglich werden. Das geforderte Alkoholverbot für Jugendliche ist solch ein Notruf an den starken Staat. Eltern, Erzieher, Kneipenwirte – wer nimmt sie in die Pflicht? Wer appelliert an ihre Verantwortung?

Wir alle wissen, dass Gesetze nur Rahmenbedingungen schaffen können. Die Befolgung von sinnvollen Regeln, die Einhaltung von Verboten und der Protest gegen Verstöße obliegt jedem Einzelnen. Die Eigeninitiative aber erlischt immer mehr. Stattdessen werden wir eine Gesellschaft, die alles nur noch an Spezialkräfte delegiert. So verlagern wir auch Verantwortung.

»Ich tue alles für mein Kind«, seufzte eine Mutter, die beruflich stark eingebunden ist und nur wenig Zeit mit ihrer Tochter verbringen kann. Alles? »Klar«, sagte sie stolz, »Gina hat einen Nachhilfelehrer für Mathe, einen Personal Trainer, der mit ihr Sport macht, das Au-pair-Mädchen, wenn ich abends unterwegs bin, und als sie neulich in der Schule ein Problem mit Mobbing hatte, besorgte ich ihr sofort eine gute Therapeutin.« Ich begann zu rechnen: Vier Profis hat diese Mutter engagiert, um »alles« für ihre Tochter zu tun.

Ob sich Gina danach sehnt, einmal die Hausaufgaben mit ihrer Mutter durchzusprechen? Mit ihr Sport zu machen? Von ihr ins Bett gebracht zu werden? Sich ihr anzuvertrauen, wenn sie von den Mitschülern gehänselt und ausgegrenzt wird? Kein Kind der Welt, davon bin ich überzeugt, lässt sich gern an Fachkräfte verweisen, die alle möglichen Bedürfnisse abdecken. Das Beispiel mag ein Extremfall sein, und doch macht es eine bedenkliche Tendenz sichtbar: die Haltung nämlich, sich nicht zuständig zu fühlen.

So wie im Kleinen läuft es auch in größeren Zusammenhängen ab. Ein Gemeinsinn, der auf einer stabilen Bindungsfähigkeit beruht, lässt die Augen offen für die nebensächlichen oder auch bedeutungsvollen Missstände im unmittelbaren Umfeld. Doch wir mögen es, wenn überhaupt, lieber distanziert. Stellvertretend dafür steht das Phänomen, dass die Deutschen als »Spendenweltmeister« gelten. Speziell in der Weihnachtszeit sind die Geldbörsen weit geöffnet, wenn eine TV-Show an das schlechte Gewissen mahnt und zum Spenden aufruft. Und so kann es passieren, dass größere Euro-Beträge überwiesen werden, dass aber in der unmittelbaren Nachbarschaft ein Rentner an der Armutsgrenze lebt, an dem man peinlich berührt vorbeischaut, wenn er in der Mülltonne wühlt.

Diese Mentalität ist allerorten spürbar. Als vor einigen Jahren ein so trockener Sommer herrschte, dass die Bäume in den Städten schon im Juni braune Blätter bekamen, riefen viele nach der Stadtverwaltung, sie sollte endlich etwas tun. Doch es entstanden auch kleine Bürgerinitiativen, die nicht auf irgendwelche Programme warten mochte. Sie gaben die Devise aus: »Pflege den Baum vor deiner Haustür.« Nun konnte man Menschen beobachten, die die Linde oder die Kastanie vor der eigenen Wohnung versorgten: Jeden Abend gingen sie mit einem Eimer Wasser zu »ihrem« Baum und gossen ihn. Doch bald erlosch das Interesse wieder, viele Linden oder Kastanien vertrockneten.

Solche Beispiele der eigentlich unverständlichen Gleichgültigkeit ließen sich beliebig fortsetzen. Was ihnen gemeinsam ist: Sie zeigen die Unfähigkeit, eine starke emotionale Bindung zum Umfeld aufzubauen, seien es Bäume oder Menschen.

Auf der Suche nach Gründen für diese fast autistische Verhaltensweise, stieß ich auf ein spannendes Phänomen: Vor einiger Zeit diskutierten Demografiefachleute, Politiker und Soziologen über die

Entstehung der Achtundsechziger-Bewegung und die Frage, warum sie einen derartig schwerwiegenden Einfluss auch auf die nachfolgenden Generationen haben konnte. Immerhin: Damals wollten sich viele Menschen von allen »gesellschaftlichen Zwängen befreien« inklusive der traditionellen Familie. Und durch die Ablehnung von Familien-, Eltern- und Kindbindungen führte dies zu einer neuen Gesellschaft, nicht zuletzt leitete sie die demografische Wende ein.

Ein Soziologe brachte es aufgrund seiner jahrelangen Forschungsarbeit und auch seiner eigener Erfahrungen auf den Punkt: Bei den sogenannten Achtundsechzigern handele es sich um die Generation von Frauen und Männern, die noch während oder kurz nach dem Krieg geboren wurden. Ihre Eltern seien mehr oder weniger aktiv in die Kriegsereignisse verstrickt gewesen, zumindest als Zeitzeugen, die sich mit den politischen Entscheidungen einer gefährlichen, ideologisch verblendeten und zerstörerischen Diktatur auseinandersetzen mussten. Und viele seien auch unmittelbar verantwortlich für das gewesen, was sich an grauenvollen Ereignissen mit Millionen von Toten und Ermordeten zugetragen hatte.

Als ihre Kinder in die Phase der Pubertät kamen, brachen erbitterte Auseinandersetzungen los. Mit dem kritischen Blick von Jugendlichen stellten sie unbequeme Fragen, die an die Substanz gingen. Die Kriegsgeneration, die in einem Überwachungssystem gelebt und gelernt hatte, dass Schweigen Konflikte vermeiden konnte, war davon alles andere als begeistert. Sie wollten nicht über Schuld und Verantwortung sprechen, stattdessen klagten sie die Erziehungsideale ihrer Jugend ein: Zucht, Härte und Disziplin. Das erzeugte Wut, Trotz und erbitterten Widerstand gegen die Eltern.

In vielen Familien eskalierte der Streit: Auf der einen Seite stand der strenge Vater, der Verbote aussprach und häufig noch mit körperlichen Strafen durchsetzte, auf der anderen die aufbegehrende nächste Generation. Der Vater wurde in seiner Rolle des Erziehers und des autoritären Familienoberhaupts immer weniger respektiert – hatte er durch seine Biografie im Dritten Reich nicht jedes Recht auf Erziehung verwirkt?

Mit der harschen Kritik an der Elterngeneration stand zugleich deren gesamter Lebensentwurf zur Diskussion, ihre Überzeugungen, ihre Werte, ihr soziales Modell. Die jugendlichen Rebellen fanden es nun absolut notwendig, sich abzugrenzen, anders zu leben als jene, die sich schuldig gemacht hatten, sei es als Täter oder Mitläufer.

Es war die Geburtsstunde der Selbstbefreiung von allen Traditionen, allen Zwängen. Nichts schien altmodischer und rückständiger als eine dauerhafte Paarbeziehung, nichts langweiliger als Familie, Werte und Tradition. Und die Emanzipation der Frauen passte bestens ins Bild des »neuen Menschen«. Die drei K's, Kinder, Küche, Kirche, die nun als Herrschaftsinstrument weiblicher Rollenzuweisung im patriarchalischen Staat galten, wurden zum Symbol unfreien Lebens.

Die Begeisterung über neue Lebensentwürfe ließ wenig Raum für die Frage, ob wirklich alles über Bord geworfen werden musste, was die Elterngeneration vorlebte. Insbesondere die traditionelle Familie wurde in Bausch und Bogen als lächerliche Altlast entsorgt. Ob sie nicht vielleicht auch Werte transportiert hatte, wurde erst gar nicht in Betracht gezogen. Zusammenhalt, Verantwortung – all das wurde nicht mehr in der familiären Umgebung gesucht, sondern in den Gruppen von politischen Aktivisten, in feministischen Bewegungen, später auch in der Öko- und der Friedensbewegung. Kurz, das Kind wurde mit dem Bade ausgeschüttet.

Erst allmählich wird vielen klar, dass damit langfristig ein Klima der Beziehungslosigkeit entstand, die Unverbindlichkeit von wechselnden Zugehörigkeiten, die Identitätslosigkeit von Einzelwesen, die sich immer wieder neu definieren mussten. Der Staat, seit der Achtundsechziger-Bewegung ohnehin eher Feind als Sinnbild für eine große Gemeinschaft, wird als anonym empfunden. Was auf der familiären Ebene verloren ging, setzte sich auch als politisches Bewusstsein der Bürger durch: Ich gehöre niemandem, ich gehöre *zu* niemandem, ich versuche von allem zu profitieren, was sich mir bietet, aber darüber hinaus bin ich nur mir selbst verantwortlich.

So wurde die Gesellschaft zu einem rechtlich definierten Zweckverband, ohne Mittelpunkt, ohne traditionelle Riten und ohne gemeinsam erlebte Höhepunkte. Allenfalls in Momenten kollektiver Euphorie, wie etwa während der Fußballweltmeisterschaft 2006, lässt sich das Gefühl der Zugehörigkeit noch wecken. Um schon wenig später wieder ernüchtert in den alten Trott und auseinanderzufallen. Nachbarn, die sich gerade noch begeistert mit Fähnchen zugewinkt hatten, wenn die deutsche Mannschaft einen Sieg feierte, gingen nun wieder grußlos aneinander vorbei.

Perspektiven für ein verantwortungsvolles Miteinander

Sagen wir es gleich vorweg: Ein Zurück gibt es nicht. Entwicklungen sind nicht umkehrbar, und selbst wenn sie es wären, so hätten sich die gesellschaftlichen Randbedingungen doch zu sehr geändert, als dass man ein diffuses »früher« beschwören könnte. Sehen wir also nach vorn: Was können wir tun?

Lara störte es immer mehr, dass in dem großen Mietshaus, in dem sie wohnt, vieles nicht mehr funktionierte… Viele Bewohner schimpften auf die »lärmenden« Kinder, irgendwer warf immer Eispapier und Zigarettenkippen ins Treppenhaus, Pakete verschwanden. Jeder gegen jeden, keiner für alle. Jetzt hat Lara etwas getan. »Ich war überzeugt, dass wir uns alle einfach zu wenig kennen«, erzählte sie mir. »Also schrieb ich eine Einladung für ein Flurfest, fotokopierte sie und warf die Zettel in die Briefkästen.«

Es war ein Experiment. Sie hatte geschrieben: »Liebe Nachbarn, wollen wir nicht einfach mal einen Schluck zusammen trinken? Hier bei uns, auf dem Hausflur? Am kommenden Samstag um 15 Uhr? Jeder kann eine Kleinigkeit beisteuern. Ich freue mich, wenn Sie mitmachen.«

Am folgenden Samstagnachmittag öffnete sie ihre Tür und stellte zwei Stühle für sich und ihren Lebensgefährten davor. Außerdem ein Tischchen mit ein paar Kleinigkeiten zum Essen. Ihre beiden Kinder liefen treppauf und treppab und klingelten bei den Nachbarn. Gebannt wartete Lara, was passieren würde. Als Erstes öffnete sich die Tür gegenüber, und die alte Dame, die immer so säuerlich guckte, kam etwas unsicher lächelnd mit einem Kuchen heraus. Nach und nach füllte sich das Treppenhaus. Man stellte sich einander vor, sprach über das, was alle störte. Zum Schluss holte sogar jemand ein Radio, und es wurde Musik im Hausflur gespielt.

So zwanglos und improvisiert das alles war – es wirkte wie eine Erlösung. Die feindselige Sprachlosigkeit war endlich vorbei. Seitdem ist alles wie verwandelt. Die alte Dame bot Lara sogar an, dass sie mal für eine Stunde die Kinder nehmen könnte, wenn sie einen Engpass hätte. Der mürrische Endzwanziger aus dem vierten Stock setzte sich mit einem Bier auf den Treppenabsatz und erzählte, dass er im Schichtdienst arbeite und tagsüber Ruhe zum Schlafen brauche. Deshalb sei er manchmal so grantig zu den Kindern. Man vereinbarte, dass man gegenseitig Pakete annahm, statt den Paketboten zurück zum Postamt zu schicken. Und was den Müll im Hausflur betraf, entschloss man sich, dass jeder ihn einfach aufheben und zum Container bringen sollte, statt darüber hinwegzusteigen.

Zum ersten Mal erfuhr Lara, dass im Dachgeschoss eine gelähmte Rentnerin wohnte. Mit zwei anderen Mietern überlegte sie, dass man künftig abwechselnd dieser Frau einmal wöchentlich einen kurzen Besuch abstatten könnte. Keine weltbewegende Sache, aber mit großer Wirkung. Und das unausstehliche Rentnerpaar aus dem ersten Stock entpuppte sich als pensioniertes Lehrerpaar, das spontan anbot, dann und wann die Hausaufgaben der Kinder nachzusehen. Sicherlich gibt es immer noch Probleme in Laras Haus. Doch nun war die zufällige Ansammlung von Mietern zu einer Hausgemeinschaft zusammengewachsen.

Als Lara davon erzählte, wurde mir schlagartig klar, wie klein im Grunde der Schritt ist von Egoismus und menschlicher Einsamkeit hin zum Gemeinsinn. Und wie spielerisch, fast beiläufig Verantwortung und Zusammengehörigkeit entstehen können, die allen ein Stück Lebensqualität beschert. Doch dazu müssen wir begreifen, dass wir auf unseren Inseln der Selbstbezüglichkeit nicht glücklich werden können. Nur Einsiedler können es sich leisten, die Augen vor der Welt zu verschließen.

Haben Sie sich einmal gefragt, ob es jemanden in Ihrer nächsten Nähe gibt, der sich einmal im Monat darüber freut, wenn er besucht, wenn ihm vorgelesen wird? Haben Sie sich gefragt, ob Sie in der Schule Ihrer Kinder etwas verbessern könnten? Haben Sie sich Gedanken darüber gemacht, wie Sie helfen könnten?

Vor einigen Jahren begegnete mir in Hamburg eine etwa fünfzigjährige Frau, die ganz spontan und ohne großen Aufwand eine grandiose Aktion ins Leben rief. Sie hatte am Hauptbahnhof oft die bettelnden Junkies beobachtet, viele unter zwanzig, abgemagert, mit Hoffnungslosigkeit im Blick. »Ich wollte ein Zeichen setzen, nur eine Geste«, erläuterte sie ihre Idee. Was sie tat? Sie verabredete sich mit Freundinnen, einmal in der Woche Kuchen zu backen. Damit zogen sie nun jeden Montagnachmittag zum Hauptbahnhof und verteilten Gebäck und Tee an die Junkies.

»Es ist wichtig, dass es selbst gebacken ist«, sagte sie. »Diese verwahrlosten Kinder spüren, dass sich jemand für sie besonders diese Mühe macht. Wirklich helfen kann ich ihnen natürlich nicht, das geht nur mit Entzugsprogrammen, doch sie verstehen ganz genau, dass es Menschen gibt, die sich für sie interessieren, die sie nicht einfach aufgeben.«

Auf der Arche Noah ist viel Platz für solche Ideen. Absolut jedem wird eine »Baustelle« im nächsten Umfeld einfallen, wenn er nur will. Dazu gehört auch Mut, denn die Mauer zwischen sich und anderen einzureißen fällt oftmals schwer. Vielleicht beißt man zuweilen auch auf Granit, wird zurückgewiesen. Doch es lohnt sich, es zu versuchen. Wir brauchen jede Menge »Sozialkapital«, wenn wir nicht menschlich verarmen wollen. Also machen Sie sich selbst reich, indem Sie Bindungen leben, Beziehungen aufbauen. Entdecken Sie Ihren Familiensinn, und erweitern Sie ihn, indem Sie ihn nicht an Ihrer Haustür enden lassen. Sie werden staunen, wie Sie Ihr persönliches Lebensklima verbessern können.

Nachwort

Am Anfang war das Wort und nicht das Geschwätz,
und am Ende wird nicht die Propaganda sein,
sondern wieder das Wort.

Gottfried Benn

Vieles liegt in unserer Gesellschaft im Argen. Wenn man beginnt, sich darüber Gedanken zu machen, kommt man nicht immer zu bequemen Schlussfolgerungen. Oft sogar widersprechen sie dem herrschenden Zeitgeist. So wie auch das *Eva-Prinzip* wird dieses Buch nicht jedem sofort einleuchten, es wird sich Widerspruch regen – dennoch hoffe ich sehr, dass es auch jenen Anregungen geben kann, die nicht immer mit meiner Sicht der Dinge übereinstimmen.

Es wäre sehr viel einfacher für mich zu schweigen. Bereits das *Eva-Prinzip* hat mein Leben nachhaltig verändert. Ich habe einiges aushalten müssen, doch wenn man mich fragt, warum ich es schrieb und auch negative Konsequenzen in Kauf nahm, habe ich nur eine einzige Antwort: Ich konnte nicht anders. Es fällt mir schwer, mich abzufinden mit den vielen Irrtümern, die wir täglich akzeptieren, mit dem Erkalten unserer Gesellschaft, mit der Gleichgültigkeit und Härte, die uns immer häufiger und selbstverständlicher begegnen. Und es wäre erfreulich, wenn mehr Menschen ehrlich Bilanz ziehen könnten, warum sie ihr Familienglück und liebevoll gelebte Bindungen aufs Spiel setzen, um anderen Leitbildern zu folgen.

Journalisten haben den Auftrag, neutral und vor allem sachlich zu informieren. Achtzehn Jahre lang war ich bei einer der wichtigsten und seriösesten Nachrichtensendung dieses Landes beschäftigt und habe unzählige Male erlebt, wie genau jedes einzelne Wort abgewogen wurde, bis die Meldung aufs Papier kam. Man versuchte, sachlich und neutral über die Weltgeschehnisse zu berichten, ohne Rücksicht auf das, was die Zuschauer erwarten, ohne Zugeständnisse an das zu machen, was sie vielleicht lieber hören würden.

In der Nachrichtenbranche ist das alles eine Frage der Redlichkeit. Im privaten Bereich aber ist es eine Frage der Wahrhaftigkeit. Wir alle haben heute Zugang zu Informationen jeglicher Art. Sie auszuwählen fällt nicht leicht, sie aber richtig zu nutzen bedeutet auch, Verantwortung zu übernehmen.

»Die jetzt Kinder sind, werden ja einst die Geschäfte der Welt übernehmen, sofern dann noch etwas von ihr übrig ist«, sagte Astrid Lindgren anlässlich der Verleihung des Friedenspreises des Deutschen Buchhandels 1978 in Frankfurt. »Sie sind es, die über Krieg und Frieden bestimmen werden, und darüber, in was für einer Gesellschaft sie leben wollen.« Und weiter fragte sie: »Gibt es auch nur die geringste Hoffnung darauf, dass die heutigen Kinder dereinst eine friedlichere Welt aufbauen werden, als wir es vermocht haben? Und warum ist uns dies trotz allen guten Willens so schlecht gelungen?«

Astrid Lindgren handelte sich damals, vor knapp dreißig Jahren, eine Menge Ärger für diese Rede ein. Es sollte ihr sogar verboten werden, sie zu halten, doch die berühmte Kinderbuchautorin ließ sich nicht davon abhalten. Sie hätte eher auf diese besondere Auszeichnung verzichtet und setzte so ihren Willen beherzt durch.

Wie weit sind wir eigentlich fortgeschritten, seit Astrid Lindgren ihre Rede hielt? Es sieht eher so aus, als hätten wir uns seither noch weiter vom Sinn des Seins entfernt. Wir haben viele Prinzipien über Bord geworfen, die einst unser Überleben und eine menschenwürdige Existenz sicherten.

Welche Instanzen haben wir noch, die uns leiten und uns davor bewahren, uns selbst zu zerstören? Täglich berichten die Medien über weltweite Konflikte. Über Kriege, die mit brutalsten Einschüchterungs- und Drohgebärden und gefährlichsten Waffen unerbittlich geführt werden. Wir werden Zeugen von Glaubenskämpfen, die Tausende in den Tod treiben und Not und Elend über die Menschen bringen. Oft sind es wirtschaftliche Machtinteressen, die die Schwächeren ausbeuten und vernichten, damit einher geht das Auseinanderbrechen der familiären Systeme, die ständig größer werdende Distanz zu Werten, die Auslöschung der Liebe.

Jeder Kriegsschauplatz hat seine Opfer, seine Krieger und seine Feldherren. Niemand scheint da zu sein, der Einhalt gebietet und innehält, um konstruktive Lösungen anzubieten. Keiner gibt nach, vielmehr ist der Anspruch auf den eigenen Vorteil eine ungeheure Triebkraft. Sucht man Mittler und Friedensstifter, steht man meist mit leeren Händen da. Hilflos müssen wir uns selbst dabei zusehen, wie wir scheitern, auch mit den besten Absichten.

Viele Denker und Wissenschaftler sind angetreten, um im Namen des Fortschritts die Welt zu verändern. Verbessert haben sie sie nicht. Wir haben uns die Welt untertan gemacht. Aber mit welchem Ergebnis? Natürlich gibt es grandiose Entdeckungen, geniale Erfindungen, die unseren Alltag erleichtert haben. Doch bei genauerem Hinsehen entdecken wir, dass die Errungenschaften der Moderne wenig hinterfragt werden. Dass wir mit den Segnungen des technischen Fortschritts und den Fantasien der Machbarkeit vielmehr den einzelnen Menschen, sein Umfeld und das, was wir Glück nennen, aus dem Blick verlieren. Eher wird eine Mentalität der Unersättlichkeit gefördert, die uns rastlos nach neuen Höchstleistungen suchen lässt, statt menschliche Beziehungen in den Mittelpunkt zu rücken. Die Erschütterungen traditioneller Rollenverteilung von Mann und Frau, die Erosion der klassischen Familie haben viele Vorkämpfer eifrig beklatscht. Doch was haben sie stattdessen anzubieten?

Adam und Eva wurden aus dem Paradies verjagt, weil sie die Frucht vom Baum der Erkenntnis aßen. Das biblische Bild ist eine eindringliche Warnung, dass Erkenntnis ein Fluch sein kann, wenn man sie nicht sorgfältig betrachtet und aus ihr lernt. Wenn man nicht fragt, welchen Zielen sie dient. Aus Fehlern könnte man lernen, das war auch die Botschaft der Paradiesaustreibung. Seither musste der Mensch selbst Verantwortung übernehmen – doch das fällt offenbar immer schwerer angesichts der Vielzahl von Möglichkeiten, sein Leben selbst zu gestalten.

Es ist ein Geschenk, sich der eigenen Fesseln zu entledigen. Doch die gewonnene Freiheit ist nicht einfach eines, das nur ausgepackt werden muss, sie ist eine gewaltige Herausforderung, das Paradies als Vision, als Sehnsuchtsort nicht ganz aus dem Herzen zu verlieren. Doch genau das ist heute der Fall. Wir haben versucht, Natur durch Kultur zu ersetzen. Wir wollen alles neu erfinden, was in den natürlichen Gesetzen bereits vorliegt. Deshalb sind wir auch im Begriff, die Familie neu zu erfinden. Mit der beklagenswerten Folge, dass wir sie in Wahrheit zerstören. Wir zerstören Liebe und Bindungen, wir zerstören den innigen Zusammenhalt, und mit der Weigerung, überhaupt eine Familie zu gründen, geht diese Entwicklung zur Zeit in ihre fatalste Phase.

Das alles liegt deutlich zutage – doch mit Verwunderung stelle ich oft fest, dass die Reaktionen auf solche Bestandsaufnahmen häufig spöttisch ausfallen. Wenige nur scheinen besonders darunter zu leiden, dass ein hohes Maß an Lebensqualität, an Liebesfähigkeit, an Wärme dahin ist. Der angebliche Fortschritt kann auf Dauer kein Ersatz dafür sein. Kein noch so hoher Lebensstandard kann über die Leere hinwegtäuschen, die das Fehlen intakter menschlicher Bindungen hinterlässt.

Selbst die fundierten Forschungsergebnisse von Soziologen, Psychologen und Medizinern, die in aufrüttelnden Studien den psychischen und physischen Verfall beschrieben, den die moderne Zivilisation hervorruft, konnten wenig ausrichten. Ihr Wort gilt kaum im Talkshowbusiness, ihr Urteil ist nicht gefragt, wenn Politiker neue Konzepte entwickeln.

Es waren unzählige Interviews und Gespräche, die ich fast ein Jahr lang zu diesem Thema führte. Zahlreiche Menschen nahmen Stellung, es waren Tausende, die schrieben und sich positiv äußerten, weil ich den Finger in die Wunde gelegt hatte. Viele spüren ein Unbehagen, und sie sind auch bereit, etwas zu verändern. Gleichzeitig fühlen sie sich hilflos angesichts der Macht politischer Entscheidungen, die neuerdings immer empfindlicher bis ins intimste Privatleben hinein Veränderungen anmahnen.

Wir werden nicht umhinkommen, uns auf dem Weg in die Selbsterkenntnis auch die Frage zu stellen, was der Sinn unserer Existenz sein könnte. Geht es nur darum, zu arbeiten, Geld zu verdienen, berufliche und damit gesellschaftliche Anerkennung zu erlangen? Und als Tüpfelchen auf dem i ein, zwei Kinder zu haben, die morgens in wildfremden Häusern abgegeben werden, um Kopf und Hände frei zu haben für die eigene Selbstverwirklichung?

Wenn wir uns am Ende unseres Lebens die Frage stellen müssen, was übrig geblieben ist von unseren Plänen, Träumen und Wünschen, die wir einst hatten, wie sieht die Antwort dann aus?

Die Wahrheit ist die allerwichtigste Orientierungshilfe im Leben eines Menschen, vorausgesetzt, man stellt sich ihr. Aber wann halten wir schon inne und horchen in uns hinein? Wann gestehen wir uns ein, dass wir erschöpft sind von der Jagd nach äußerem Erfolg und dass wir uns nach dauerhaften, glücklichen Bindungen sehnen, unabhängig davon, wie arm oder reich, wie erfolgreich oder missglückt unser Lebens bis jetzt verlief?

Ich selbst habe häufig erfahren müssen, dass die Wahrheit auch mit Schmerz verbunden ist. Aufrichtigkeit kann die Gewissheiten, auf die wir gebaut haben, nachhaltig erschüttern. Die ersten wichtigen Fragen, die ich mir bereits als Kind stellte, lauteten: »Warum lebe ich? Warum ausgerechnet ich? Welchen Sinn und welches Ziel hat mein Dasein? Wäre ich bei anderen Eltern in einem fremden Land zu einer anderen Zeit geboren, würde ich dann die gleichen Fragen formulieren, dieselben Ideen entwickeln?«

Schon als kleines Kind wurde mir recht schnell klar, dass mir offenbar niemand weiterhelfen konnte, weder meine Eltern noch meine Großmutter oder der Pastor, vor dem ich sonntags auf der Kirchenbank saß. So angestrengt ich ihm auch zuhörte, seine Worte erreichten mich nicht. Später gab es Phasen, in denen meine Sinnsuche überlagert wurde von anderen Dingen, von Interessen, von der Ausbildung, von meinem Wunsch, Karriere zu machen. Solange alles scheinbar mühelos funktionierte, sah ich auch wenig Anlass dazu, ständig Sinnfragen zu stellen. Doch wenn dann auf Sonnenschein Sturm und Regen folgten, wurde mir vor Augen geführt, dass die Suche weitergehen musste.

Als ich sechs Jahre alt war, starb mein Vater. Wenn man ein kleines Kind ist, nimmt man ein solch einschneidendes Erlebnis noch nicht mit all seinen Wirkungen und Folgen wahr, man ahnt noch nicht, dass es das ganze weitere Leben entscheidend verändern wird. »Seht dort oben am Himmel den hellsten Stern, das ist euer Vater, der jetzt immer aufpasst und euch behütet« – für diese Worte werde ich meiner Mutter ewig dankbar sein, denn die Vorstellung, meinen Papa im Himmel über mir zu wissen, wurde zur größten Kraft und Antriebsfeder für vieles, was ich später erreichte. Und sie wurde zum Fundament für meinen Glauben. Denn wenn schon der eigene Vater im Himmel war und liebevoll heruntersah, musste ich bei der Vorstellung eines großen und allmächtigen Vaters nicht mehr umdenken; ein Blick nach oben genügte, und ich fühlte mich grenzenlos von seiner unendlichen Weisheit und Güte geleitet und beschützt.

Einige Wochen nach Erscheinen des *Eva-Prinzips* nahm mich eine langjährige Kollegin zur Seite. Sie war fassungslos über einige Passagen, in denen ich unseren Schöpfer erwähnt hatte. Ich sei wohl von allen guten Geistern verlassen. Ob mir klar sei, dass ich meinen Ruf als Journalistin bei so viel Gefühlsduselei gefährde. Erstaunt entgegnete ich ihr, dass ich immer gedacht hätte, sie sei ebenfalls ein gläubiger Mensch. Ja, das sei sie durchaus, lautete ihre erregte Antwort, aber das müsse man schließlich nicht an die große Glocke hängen.

Ihre Einstellung glich der Aussage eines Politikers, dessen Interview wenige Tage zuvor im deutschen Fernsehen ausgestrahlt worden war und in dem er auf die Frage nach seinem Glauben erwidert hatte, eine Antwort darauf sei ihm zu intim und persönlich. Doch was ist ein Glaube wert, den man versteckt, den man nicht offen bekennt und als Anleitung für ein bewusstes Leben auch nach außen zeigt?

Bei den Leseveranstaltungen zu meinem Buch kam die Sprache öfter auf Gott und den Glauben. Auch hier passierte es, dass Menschen, die sich positiv über die Erwähnung des Schöpfers äußerten, von manchen anderen ausgelacht wurden. Diese Reaktionen verwunderten mich, doch machten sie mich auch unendlich traurig. Ist nicht die sichtbare und die unsichtbare Welt, in der wir leben dürfen und alles, was darüber hinaus existiert, die Sonne, die Sterne, das gesamte Universum, genügend Beweis für die Anwesenheit einer übergeordneten Macht, ganz gleich, ob man sie Schöpfer des Alls oder Gott nennen möchte?

Lange dachte ich darüber nach, warum ein öffentliches Glaubensbekenntnis für Unmut, sogar für Hohn und Spott in unserem Land sorgen konnte, und warum es sogar meine journalistische Glaubwürdigkeit untergraben sollte. Ich habe noch immer keine Antwort darauf gefunden. Sicher, ich bin weit davon entfernt, Menschen missionieren oder Überzeugungsarbeit leisten zu wollen. Jeder Mensch hat das Recht auf eine und die Verantwortung für die eigene Entscheidung, auch und gerade zu diesem Thema. Möglicherweise sind die geschilderten Reaktionen nur der Spiegel einer stark verunsicherten Gesellschaft, die dringend Hilfe nötig hätte.

Andererseits: Sehr viele Menschen bedankten sich auch bei mir, dass ich als gläubiger Mensch öffentlich Stellung genommen hatte. Und sie ermutigten mich, diese Haltung auf keinen Fall aufzugeben, allen Anfeindungen zum Trotz. Das werde ich sicher niemals tun, weil ich aufgrund meiner eigenen Erfahrungen felsenfest von Gottes Anwesenheit und Liebe überzeugt bin, von seiner urewigen Macht und seiner unerschöpflichen Kraft.

Auch wenn mich der Glaube immer stärkte, musste ich im Laufe der vergangenen Jahre erkennen, dass der Beistand von oben mich nicht davor bewahrte, Fehler zu machen. Fehler sind wichtig, denn sie geben uns die Chance, bei Erkennen den Kurs zu ändern und uns dadurch weiterzuentwickeln. Vor allem mein Glaube half mir, die Folgen einigermaßen stabil durchzustehen. Ein stummer Dialog in schwierigen Situationen festigte mich und verlieh mir oftmals Nerven wie Drahtseile. Genau in jenen Situationen tauchten dann immer wieder die vertrauten Fragen auf: »Was ist der Sinn? Und was soll ich lernen?«

Wer sein eigenes Leben betrachtet, das Erreichte auf den Prüfstand stellt und es möglichst ohne Rücksicht auf eigene Eitelkeiten zu durchleuchten versucht, hat eine gute Chance, ein Stück weiterzukommen, sich eben zu entwickeln. Wahrhaft kein einfacher Weg. Er verlangt uns Ausdauer und Kraft ab, und führt trotzdem nicht immer gleich ans ersehnte Ziel. Es ist allemal leichter, sich bequem zurückzulehnen und den Geist zu beruhigen mit dem Hinweis, jeder habe das Recht auf Ruhe und Zufriedenheit.

Jeder, der seine Verantwortung gegenüber der Schöpfung spürt, seien es Pflanzen, Tiere oder Menschen, der erkennt auch die Grenzen unserer Machbarkeit. Er begreift, dass wir nicht alles tun dürfen, was wir tun könnten. Und dass wir nicht ungestraft alle Ressourcen plündern können, um sie unserer Maßlosigkeit und unserem Egoismus zu opfern.

Manchmal befällt mich geradezu Scham, wenn mein Sohn mich nach der Zukunft fragt. Was haben wir ihnen zu bieten, unseren Kindern, denen unsere ganze Liebe gehört? Was haben wir für sie erhalten, gepflegt und was geben wir an sie weiter? Eine gesunde Natur? Eine funktionierende Gesellschaft mit Menschen, die füreinander sorgen? Werte? Nächstenliebe? Es sind nicht viele Menschen, die diese Frage positiv für sich beantworten. Ich wünschte mir, dass ich dazugehören könnte. Was uns davon trennt, sind Eitelkeiten, Selbstsucht, manchmal auch Ängste. Auch bei mir blieb etliches auf der Strecke. Vieles von dem, was ich mir ausgedacht, was ich geplant und aufgebaut hatte, zerbrach oft in kürzester Zeit.

Doch wir müssen uns damit nicht zufriedengeben und akzeptieren, dass unsere guten Absichten, unsere Visionen und Träume irgendwann dem Realitätsprinzip geopfert wurden. Haben wir nicht vielmehr das Recht, das wiederzufinden und zurückzuerobern, was wir oft achtlos oder gedankenlos weggegeben haben? Ganz gleich, wie weit wir uns vom einstmals eingeschlagenen Weg entfernt haben mögen: Wenn wir wollen, können wir es wieder spüren und empfinden, das Glück, welches tief in uns verankert ist, verborgen in der Substanz, die wir Geist oder Seele nennen.

Noah wurde von Gott auserwählt, weil er noch einen Funken in sich trug, den Funken der Wahrheit. Der Rest der Menschheit war zu tief gesunken und nicht mehr in der Lage zu erkennen, was ihre wahre Aufgabe hier auf Erden war. Als er auf Gottes Geheiß Holz gesucht und das Schiff gebaut hatte, begann er zusammen mit seiner Frau, den drei Söhnen, deren Ehefrauen und zahlreichen Tierpaaren voller Gottvertrauen seine ungewisse Reise. Vierzig Tage und Nächte lang regnete es, bis alles Leben auf der Erde vernichtet, alle Menschen ertrunken waren. Noah wusste nicht, wie lange die Fahrt dauern würde, so ließ er eine Taube fliegen, um zu erkunden, ob es wieder Land gäbe, und als die Taube mit einem Ölblatt im Schnabel zurückkehrte, war dies für ihn das sichere Zeichen der Hoffnung. Hoffnung auf neues Leben, die Verheißung für eine glückliche Zukunft.

Das Prinzip Arche Noah will helfen, diese Zukunft zu finden. Und selbst wenn die Reise dahin schwierig wird, so mag es doch sein, dass wir all die Hürden und Barrieren erst durchbrechen und die schweren Zeiten durchleben müssen, um am Ende ein neues, sicheres Fundament geschaffen zu haben, das Fundament der Liebe. Hier wird ein einfaches Gesetz deutlich, vielleicht das einfachste überhaupt. Und jeder kann es verstehen. Die Entscheidung für Kinder, für eine Familie, für die Gemeinschaft, für die Liebe zu den Menschen ist heute auch eine Geste der Hoffnung und des festen Glaubens an die Liebe Gottes. Wer nur um sich selbst kreist, wird irgendwann feststellen, dass er verkümmert, dass ihm das Gegenüber fehlt, um Liebe zu erfahren im Geben und im Nehmen. Denn nur im Miteinander können wir erforschen, wer wir sind, was wir können, welche ungeahnten Kräfte und Fähigkeiten in uns schlummern.

Freude, Trost, Begeisterung und Hilfe – was wären sie ohne geliebte Menschen, die uns nahe sind? Die Arche Noah kann überall gebaut werden. Überall dort, wo Menschen fest entschlossen sind, das Leben nicht nur als Überlebensmanöver zu begreifen, das mit Zähnen und Klauen verteidigt werden muss. Sondern als eine Chance, Achtsamkeit, Nächstenliebe, Einfühlungsvermögen und Verantwortung zum Gebot des Handelns zu machen. Das ist es, was am Ende uns auch selbst glücklich macht. Und was wir unseren Kindern mitgeben müssen.

Anmerkungen

[1] Jennifer Head, Stephan A. Stansfeld und Johannes Sigrist: The Psychosocial Work Environment and Alcohol Dependence: A Prospective Study. In: Occupational and Environmental Medicine 2004, 61:219–224

[2] Martin Wolf: Unter Wölfen. In: *Der Spiegel*, 10/2006

[3] Volker Zastrow: Gender Mainstreaming. Politische Geschlechtsumwandlung. In: *FAZ* vom 20. Juni 2006

[4] Zitiert nach: Sybil Gräfin Schönfeldt: Astrid Lindgren. Mit Selbstzeugnissen und Bilddokumenten. Reinbek 2005

[5] Parship.de Single- und Partnerstudie: Der neue Mann, 2006, nachzulesen unter: www.parship.de, Presse/parship-Studien

[6] Alice Schwarzer im Gespräch mit Paul Sahner: »Frauen mit Siebenmeilenstiefeln.« In: *Die Bunte* vom 28. Juni 2007

[7] Alice Schwarzer: Die Antwort. Köln 2007, S. 77 (Kapitel 5, »Das Kind braucht die Mutter«)

[8] Ebenda, S. 78

[9] Ebenda, S. 79

[10] Alle Zitate sind aus dem Presseheft zu *Schwesterherz*, Regie: Ed Herzog.

[11] BASF-Studie 2007, zitiert in: *GQ*, 4/2007

[12] Norbert Bolz: Väter zwischen Windeln und Beruf. Anmerkungen zu einer überforderten Spezies. SWR2-Interview am 29. Oktober 2006

[13] Ebenda

[14] Ebenda

[15] Volker Elis Pilgrim: Manifest für den freien Mann. Programm für die praktische Veränderung männlichen Verhaltens. Reinbek, Teil 1: 1977, Teil 2: 1983

[16] Andreas Lebert, Stephan Lebert: Anleitung zum Männlichsein. Frankfurt am Main 2007

[17] Louann Brizendine: Das weibliche Gehirn. Warum Frauen anders sind als Männer. Hamburg 2007

[18] Ebenda

[19] Inge Seiffge-Krenke: Interview im *Deutschen Ärzteblatt*, 10/2002

[20] Jean LeCamus: Väter. Die Bedeutung des Vaters für die psychische Entwicklung des Kindes. Weinheim 2003

[21] Jugend 2007 – zwischen Versorgungsparadies und Zukunftsängsten: Die Studie

wurde durchgeführt vom Rheingold-Institut für qualitative Markt- und Medienanalysen im Auftrag von Axel Springer-Mediahouse

[22] Gordon Neufeld und Gabor Maté: Unsere Kinder brauchen uns! Die entscheidende Bedeutung der Eltern-Kind-Bindung. Bremen 2006, S. 12

[23] Ebenda

[24] Siehe: James Coleman: http://paedpsych.jk.uni-linz.ac.at:4711/LEHRTEXTE/BertramHennig98.html

[25] Jugend 2007 ..., a. a. O.

[26] Wolfgang Bergmann: Ich bin nicht in mir und nicht außer mir. Bindungsstörungen, Symbolisierungsschwäche und die depressive Nervosität moderner Kinder. In: Hyperaktivität. Kulturtheorie, Pädagogik, Therapie. Herausgegeben von Bernd Ahrbeck. Stuttgart 2006

[27] Bundeszentrale für gesundheitliche Aufklärung, siehe unter: www.ihre-vorsorge.de/Sucht-Woche.html

[28] Ebenda

[29] Wolfgang Bergmann: Gehorsam ohne Angst. Wie wir den Respekt unserer Kinder gewinnen, ohne ihre Liebe zu verlieren. Weinheim 2007, S. 57

[30] Frank Beuster: Väter auf Zeit gesucht. In: *taz* vom 7. April 2007

[31] KiGGS-Studie zur Gesundheit von Kindern und Jugendlichen in Deutschland, durchgeführt von Mai 2003 bis Mai 2006, finanziert vom Bundesministerium für Gesundheit und vom Bundesministerium für Bildung und Forschung

[32] Wolfgang Bergmann. Gehorsam ohne Angst, a. a. O., S. 68

[33] KiGGS-Studie, a. a. O.

[34] Ebenda

[35] Ebenda

[36] www.welt.de/welt_print/article926723/GEW_prueft_ein_Volksbegehren_fuer_die_Gemeinschaftsschule.html

[37] Studie von Bildungspsychologen der Universität Wien, für die 419 Schüler aus Hauptschule und Gymnasium eine Kalenderwoche lang Tagebuch über ihre Arbeit für die Schule führten. APA, Wissenschaft und Bildung, 23. Mai 2005

[38] Siehe: www.sciq.agindo.info/special/index.cfm?useid=444

[39] Siehe: www.polizei-beratung.de

[40] Siehe: www.polizei-beratung.de/vorbeugung/jugendkriminalitaet/gewalt_an_schulen/

[41] Siehe: www.polizei-beratung.de/mediathek und die offizielle Polizeistatistik: www.bka.de/pks/pks2005/index2.html

[42] Rheingold-Jugendstudie, a. a. O.

[43] Walter Wüllenweber: Sexuelle Verwahrlosung. Voll Porno! In: *stern* vom 1. Februar 2007

44 René Scholz: Liebe Macht Sinn. Die Spielregeln menschlicher Bindung. Lage 2007 (noch nicht veröffentlicht). Persönliches Gespräch mit dem Autor

45 Das Zitat stammt aus einem persönlichen Interview mit dem Autor am 12. Juni 2007

46 Siehe: www.sexualaufklaerung.de

47 Ratgeber für Eltern zur kindlichen Sexualerziehung vom ersten bis zum dritten Lebensjahr, S. 16, siehe: www.sexualaufklaerung.de

48 Ebenda, S. 27

49 Ebenda

50 Ebenda, S. 25

51 Ebenda, S. 13

52 Nase, Bauch und Po, siehe unter: www.sexualaufklaerung.de

53 Georg Ehrmann in einer persönlichen Stellungnahme zu diesem Buch

54 Wolfgang Bergmann, persönliches Interview vom 12. Juni 2007

55 KiGGS-Studie, a. a. O.

56 Rheingold-Jugendstudie, a. a. O.

57 Thomas Schirrmacher: Der Segen von Ehe und Familie. Interessante Erkenntnisse aus Forschung und Statistik. Wetzlar 2006, S. 102

58 Siehe: www.vamv.de/DOCs/info_2_07-internet.rtf

59 Stockholmer Zentrum für Epidemiologie. Siehe: www.sueddeutsche.de/wissen/artikel/935/38897/article.html

60 E. Mavis Hetherington und John Kelly: Die Perspektiven der Kinder. Weinheim 2003

61 Siehe: www.vamv-bundesverband.de

62 Studie des Instituts für Sozialarbeit und Sozialpädagogik im Auftrag des Arbeiterwohlfahrt Bundesverbandes, 2002–2003

63 Inge Seiffge-Krenke, a. a. O.

64 Siehe: jc.de/buendnis_texte/detail.php?nr=1101&kategorie=buendnis_texte

65 In einem persönlichen Gespräch am 13. Februar 2007

66 Siehe: Forschungsbericht: Erwerbsquote und Fertilität in Deutschland, Universität Bielefeld, Juni 2006

67 Siehe: www.bmfsfj.de/Kategorien/Forschungsnetz/forschungsberichte,did=75114.html

68 Siehe: www.deutschlandjournal.de/Aktuell/Einladung.pdf

69 Stanley I. Greenspan: Der erste Gedanke. Frühkindliche Kommunikation und die Evolution menschlichen Denkens. Weinheim 2007, S. 9

70 Ebenda, S. 10

71 Ebenda, S. 214

72 Ebenda, S. 234

73 Ebenda, S. 16

[74] In: *Bunte* 23/2007

[75] Tagesspiegel.online vom 29. Mai 2007

[76] Siehe: www.dagen.no/show_art.cgi?art=7299

[77] Hans Magnus Enzensberger: Plädoyer für den Hauslehrer. In: Politische Brosamen. Frankfurt am Main 1983, S.165

[78] Ebenda, S. 171

[79] Siehe: www.europa.nrw.de/newsletter/nlapril07_web_de.html

[80] Michail Gorbatschow: Perestroika. Eine neue Politik für Europa und die Welt. Die Zukunft der Sowjetunion. Köln 1988, S. 147

[81] Albrecht Breitschuh: Staatliche Regelung in der Kritik!, ARD-Hörfunkstudio Stockholm, 23. Februar 2007

[82] Simone de Beauvoir: Das andere Geschlecht. Sitte und Sexus der Frau. Reinbek 2000

[83] Siehe: www.ntv-online.de/806189.html

[84] Siehe: http://rsw.beck.de/rsw/shop/default.asp?sessionid=5B0F46FC0FF24F8D81 33922919567877&docid=225906&docClass=NEWS&site=Beck%20Aktuell&from =HP.0110

[85] Siehe: www.christel-humme.de/index.php?nr=6756&menu=1

[86] Siehe: www.focus.de/politik/deutschland/parteitag_aid_63641.html?drucken=1

[87] Siehe: www.paritaet-berlin.de/artikel/artikel.php?artikel=2137?

[88] Siehe: www.bundestag.de/aktuell/presse/2006/pz_0611131.html

[89] Siehe: http://kita.rlp.de/Themen.148.0.html

[90] Siehe: www.familienbund.org/2/showartikel.php?id=246

[91] Siehe: www.sozialpolitik-aktuell.de/bilder/VII/abb/abbVII19.gif

[92] Siehe: www.bpb.de/popup/popup_druckversion.html?guid=T3GGDU

[93] Siehe: www.botschaft-frankreich.de/article.php3?id_article=380

[94] Siehe: www.evpfalz.de/werke/studi/html/vortrag_adrian.html

[95] Siehe: www.eurac.edu/NR/rdonlyres/89188C1A-38C8-4D3A-8612-334AEDA873 C0/0/abstract_Adrian.pdf

[96] Siehe: www.single-generation.de/sozialstaat/juergen_borchert.htm:

[97] Ebenda

[98] Siehe: www.familie-ist-zukunft.de/FragenKirchhof.htm

[99] Siehe: www.deutscher-familienverband.de/fileadmin/DFV/Bund/Dokumente/ Schwerpunktthema_2006.pdf

[100] Siehe: www.gerechtigkeit-fuer-familien.de/start/familienpolitik.htm

[101] Robert Putnam: Bowling Alone. The Collapse and Revival of American Community. New York 2001

[102] Ebenda

[103] Ebenda

Literatur

Aristoteles: Nikomachische Ethik. Dietzingen 1986

Bergmann, Wolfgang: Ich bin nicht in mir und nicht außer mir. Bindungsstörungen Symbolisierungsschwäche und die depressive Nervosität moderner Kinder. In: Hyperaktivität. Kulturtheorie, Pädagogik, Therapie. Herausgegeben von Bernd Ahrbeck, Stuttgart 2006

– : Gehorsam ohne Angst. Wie wir den Respekt unserer Kinder gewinnen, ohne ihre Liebe zu verlieren. Weinheim 2007

Beuster, Frank: Väter auf Zeit gesucht. In: *taz* vom 7. April 2007

– : Die Jungenkatastrophe. Das überforderte Geschlecht. Reinbek 2006

Bolz, Norbert: Väter zwischen Windeln und Beruf. Anmerkungen zu einer überforderten Spezies. SWR2-Interview am 29. Oktober 2006

Beauvoir, Simone de: Das andere Geschlecht. Sitte und Sexus der Frau. Reinbek 2000 (Erstveröffentlichung 1949)

Breitschuh, Albrecht: Staatliche Regelung in der Kritik!, ARD-Hörfunkstudio Stockholm, 23. Februar 2007

Brizendine, Louann: Das weibliche Gehirn. Warum Frauen anders sind als Männer. Hamburg 2007

Bueb, Bernhard: Lob der Disziplin. Eine Streitschrift. Berlin 2006

Enzensberger, Hans Magnus: Plädoyer für den Hauslehrer. In: Politische Brosamen. Frankfurt am Main 1983

Gorbatschow, Michail: Perestroika. Eine neue Politik für Europa und die Welt. Die Zukunft der Sowjetunion. Köln 1988

Greenspan, Stanley I.: Der erste Gedanke. Frühkindliche Kommunikation und die Evolution menschlichen Denkens. Weinheim 2007

Head, Jennifer, Stansfeld, Stephen A., und Johannes Sigrist: The Psychosocial Work Environment and Alcohol Dependence: A Prospective Study. In: Occupational and Environmental Medicine. 2004; 61:219–224

Hetherington, E. Mavis, und John Kelly: Die Perspektiven der Kinder. Weinheim 2003

Lebert, Andreas, und Stephan Lebert: Anleitung zum Männlichsein. Frankfurt am Main 2007

LeCamus, Jean: Väter. Die Bedeutung des Vaters für die psychische Entwicklung des Kindes. Weinheim 2001

Meves, Christa: Geheimnis Gehirn. Warum Kollektiverziehung und andere Unnatürlichkeiten für Kleinkinder unschädlich sind. Gräfelfing 2005

Mitscherlich, Alexander: Auf dem Weg zur vaterlosen Gesellschaft. Ideen zur Sozialpsychologie. Weinheim 2003

Neufeld, Gordon, und Gabor Maté: Unsere Kinder brauchen uns! Die entscheidende Bedeutung der Eltern-Kind-Bindung. Bremen 2006

Pilgrim, Volker Elis: Manifest für den freien Mann. Programm für die praktische Veränderung männlichen Verhaltens. Reinbek, Teil 1: 1977, Teil 2: 1983

Putnam, Robert D.: Bowling Alone. The Collapse and Revival of American Community. New York 2001

Schirrmacher, Thomas: Der Segen von Ehe und Familie. Interessante Erkenntnisse aus Forschung und Statistik. Wetzlar 2006

Scholz, René: Liebe Macht Sinn. Die Spielregeln menschlicher Bindung. Lage 2007

Schönfeldt, Sybil Gräfin: Astrid Lindgren. Mit Selbstzeugnissen und Bilddokumenten. Reinbek 2005

Schwarzer, Alice: Die Antwort. Köln 2007

Wüllenweber, Walter: Sexuelle Verwahrlosung. Voll Porno! In: *stern* vom 1. Februar 2007

Zastrow, Volker: Gender Mainstreaming. Politische Geschlechtsumwandlung. In: *FAZ* vom 20. Juni 2006

Danksagung

Dieses Buch wäre nicht möglich gewesen ohne die liebevolle Nachsicht, Unterstützung und Rückendeckung von Micha, Sam und Günther.

Schlussbemerkung

Zu meinen Freunden und Bekannten gehören Schwule, Lesben, Verheiratete, Geschiedene, Alleinerziehende, Familien, Ausländer, Deutsche, Behinderte, Kranke und Gesunde. Sie gehören ganz unterschiedlichen Glaubensgemeinschaften und Religionen an, sind also Katholiken, Protestanten, Buddhisten, Moslems, Juden, Atheisten und anderes. Sie haben ein unterschiedliches Alter und sind Mitglieder unterschiedlicher Parteien, außer es handelt sich um extremistische, fundamentalistische oder links- oder rechtsradikale Gruppen, die ich aus tiefster Überzeugung ablehne. Wenn solche Gruppen meine Gedanken für ihre Propaganda benützen wollen, so ist das gegen meinen Willen.

Ich bin ansonsten weder gegen Gruppen noch liegt es mir im Sinn, sie anzufeinden; denn sie bestehen ja aus Individuen mit unterschiedlichen Charakteren. Für mich gilt nur der Einzelmensch. Ich selber gehöre weder einer Partei noch einer Sekte oder irgendeiner Glaubensgemeinschaft an, ich bin also nicht evangelisch oder katholisch, sondern von Geburt an konfessionslos. Meine Erfahrung zeigt, dass man trotzdem allein Gott als die oberste und mächtigste Kraft der gesamten Schöpfung anerkennen und ihm dienen kann.

Der einzige Grund, warum ich Bücher wie dieses oder auch vorherige gesellschaftspolitisch kritische Bücher schrieb, ist meine Sorge um unsere Gesellschaft, um die Menschen und vor allem auch um die Kinder!